高调慈善/高调环保/"高调"议政/高调学雷锋

陈光标如是说

陈光标　著

中央文献出版社

目　录

附录 媒体评论

自序：选择无悔

这些年我一直高调做环保产业及慈善事业创新，努力让慈善的阳光在中华大地闪耀光芒，让中华民族的大爱向世界各地传递。我的这些行为得到了各级领导的关心、广大人民群众的大力支持，也收获了社会各界的认可和赞誉。

为了传播慈善理念，弘扬社会正气，这些年来我接受了大大小小数百家媒体的采访，与网民朋友们做了无数次的交流互动。这是我人生中难忘的幸福时刻，也是我人生中爱的华章。应该说，我的高调行善在受到各界好评的同时，也有人对我的高调不理解，甚至有质疑。经历过各种赞誉、各种议论之后，一些好朋友问我：假如能够从头开始，你会改变自己的做法，改变自己的选择吗？在这里，我可以坚定地告诉关爱我的朋友8个字：大爱有声，选择无悔。

前不久，中央文献出版社的同志同我谈，想将近些年来我的一些文章、谈话和与网友们的互动交流，以及媒体有关对我的一些评论等汇集出版。这让我很感动，我答应了。祖国需要我，人民需要我，社会需要我，我必须更多地用言行投入到环保产业与公益慈善事业创新中来，投入到这片充满爱的世界中。

此时此刻，我不由得回想起了2009年获得全国道德模范时的获奖感言：

"我会坚决做到：祖国唯一，人民至上，富而有德，德富财茂，帮助别人，快乐自己。

我会坚决做到：尽自己的全部力量去引领中国富人的财富

观、人生价值观、道德观和灵魂、良知的苏醒与进步，以身体力行去影响和带动更多的人做好人、长好心、行好事，推动社会的和谐与安定。

我会坚决做到：努力让富人把口袋中的钱自愿掏出来，帮助那些需要帮助的人。小平同志说过，先富帮后富。先富起来的人必须要行动起来，去帮助困难的人，为减少贫富差距做贡献。

我想说三个感谢：第一感谢毛主席，是他让中国人民站起来了；第二感谢邓小平，是三十年改革开放的好政策改变了我们这一代人的命运；第三感谢以胡锦涛为总书记的中央领导集体，是他们免除了中国农民延续2600多年的农业税，免除了义务教育阶段学生的学杂费。"

此时此刻，我不由得想起了自己的童年和自己今天的来之不易。我小时候家里特别穷，记得1976年、1977年我上小学一二年级的时候，家里只能点煤油灯，到1978年改革开放第一年，家里才通了电，全家人用上了一个15瓦的电灯。也是在这一年暑假，我靠卖水来挣学费，坚持上学，邻居家的孩子没钱交书本费，是我帮他交了1.8元的书本费，让他重返校园。这是我第一次用自己赚的钱帮助别人。如今，我做企业赚了钱，就发自内心地想去回报社会，回报人民。2008年，改革开放30周年之时，我也以年度1.8亿元的捐赠成为"中国首善"。从30年前的1.8元，到30年后的1.8亿元，是改革开放的好政策让我的生活越来越好，也实现了我努力回报社会的愿望。

说实在的，环保和慈善是一个对国家对社会对人民有意义的事，同时也是一件让自己的生活充满快乐，充满阳光的事。做企业10多年来，我带领着江苏黄埔公司围绕基础教育、孤残儿童、老少边穷和突发灾难四个方面进行捐助，至今已捐赠款物约16亿元，受益人口约200多万人。现在，每当想到我在祖国各地捐建的173所光彩、希望小学，想到我为偏远乡村修建的总长约

80公里的乡村公路，想到我在少数民族地区以及山区修建的100多个水窖和10多座人马桥，我经常睡到半夜都会"哈哈哈"做梦笑醒，因为我梦见了许多人在我的手上改变了命运。我已经记不清有多少孩子们坐在我捐赠的电脑前学习，有多少曾经失学的孩子在我的资助下完成了大学学业，有多少病重的孩子在我的捐助下恢复了健康，我真正感觉到帮助别人，使自己非常非常快乐。

如今，我收到的荣誉证书约3000本，奖杯约400座，锦旗约1万面，还收到少数民族地区朋友赠送的哈达、羌红等2万多条，这数万件荣誉的见证对我而言是最大的褒奖和鼓励，让我在慈善的道路上坚定前行。

做企业就像做人，企业社会责任的缺失就如同一个人社会道德的沦丧。我始终认为，一个企业家只有把自己的命运和国家和人民的命运紧紧相连，才会基业长青，也才会感到快乐。

我认为中国不断壮大的企业家群体应当树立一个基本观念：实现一个企业可持续发展并能够屹立在世界企业之巅最重要的前提，就是要养成对国家、对民族乃至对世界的责任感。要成为一个责任公民，自觉承担社会责任，才能够在社会上获得较高的认可和信任，增强企业的长远发展能力与长大的格局和空间。

我始终认为，保护环境与慈善一样，是企业社会责任的又一个重要方面和必然要求。环保是人对自然的慈善，慈善是人对人的慈善，二者的实质都是造福全人类、惠及子孙后代的事业。如果不注意环保，社会就会像一个没有底的杯子，无论倒进去多少价值最终都会漏光的。我们江苏黄埔公司在创业之初就注意环境保护，公司主要从事的是建筑物拆除、建筑垃圾及生活垃圾处理的再生循环利用产业，变废为宝，保护环境，是我们义不容辞的责任。

成绩代表过去，未来需要我们前行。我今后的使命，就是要坚持诚信做企业，坚持守法经营，勇敢承担起公益慈善、环境保护等更大更多的社会责任，这也将是我今后的无悔选择！

在我家里有两个条幅每时每刻都在提醒我，一个是胡锦涛总书记的话：一方有难，八方支援。一个是温家宝总理的话：企业家身上要流淌着道德的血液，不要只流着利润的血液，做一个有良知、有爱心、有感情、有灵魂的企业家，为建设社会主义和谐社会做出更大贡献！

朋友们，把你我的爱传递给他人、传递给社会，让我们生活的世界拥有更多的爱吧！

陈光标

2012年5月1日

民营企业家应有的责任与贡献

——在首届中国民营企业家精神财富论坛上的发言

靠自己改变命运；做慈善，完全发自内心；我一直高调做慈善；我要求公司做"道德企业"；让更多的人享受黄埔发展的成果；经营企业最好的办法，就是确保养成社会责任感；我与民营企业家同仁的三点共勉；我建议巴菲特和比尔·盖茨号召世界的富豪来中国投资；如果不注意环保，世界就会像一个没有底的杯子，无论倒进去多少水都会漏光；我将儿子改名为陈环保、陈环境。

在中国改革开放30年的历史大潮中，民营企业家群体应运而生。民营企业家沐浴着改革开放的春风，赶上了党和政府的好政策，一步一个脚印，用自己的智慧、勤劳和进取精神，弘扬了中华民族的商业文化，并且在融入经济全球化的时代潮流中不断创新，为国家创造了巨大的物质财富，同时也给社会带来新的市场文化，创造了丰富的精神财富，并在

推进我国改革开放历史进程和推动非公有制经济发展中日益成长壮大，成为我国国民经济的重要组成部分。

我生于安徽，长在江苏，小时候家里面非常贫穷，我姊妹5个，哥哥姐姐是饿死的，我到现在42岁不知道自己真实生日，到18岁办身份证的时候，我问母亲生日是多少，她说不知道，我只知道你是属猴，大概是七、八月份生的，是在夜里干农活生出来的，回家里面洗洗，借别人的奶、熬米粥喝到3岁。我上小学一二年级的时候，一块多钱的书本费也是东家两毛、西家三毛钱凑起来的。父母亲借了钱之后就常念叨，等鸡下蛋后卖掉还债。我现在虽然身家百亿，但至今仍然无法释怀。从那时起，我便立志"靠自己改变命运"。1978年，我开始了人生的第一笔生意。当时年仅10岁的我利用中午放学时间，用两个5斤重的桶从三四十米深的井中提出水，用小扁担挑到离家1.5公里的小集镇上卖，一分钱随便喝，每天能赚个两三毛钱。开学的时候要交书本费，也就1.8元，后来听说邻居家的孩子还没有钱交书本费，就去学校帮他把书本费交了。

一路走来，我认为两样东西吃的特别多，第一个吃的苦多，第二个吃的亏多，吃亏是福，吃苦是财富。其次就是放下架子和面子。我今天两手空空再回过头摆地摊完全是可以的，我卖过水，睡过马路，从温州大市场批发小商品到江苏、安徽去卖，到南京开过兰州牛肉拉面馆，我做过的事情很多，吃的苦和亏非常多，我认为今天的成就，首先得益于30年改革开放党和政府的好政策；其次是小时候父母的影响力很大，这是我最宝贵的精神财富。

我是从一个真正贫苦的农民家庭走出来的，深知生活的不易。我从小就心地善良，看到别人有困难就想帮助。对于做慈善，完全发自于内心。我在《人民日报》要闻版"人民论坛"上发表的《富而有德 德富财茂》文章中，曾引用过这样两句名言：一句是美国钢铁大王卡耐基的："在巨富中死去是一种耻辱"。一句是印度一位哲学家说的："财富无常而仁德永恒，故一旦有财须及时行善。"作为一个企业家，我认为我有责任和义务去回报社会，为他人、为社会做些事情。

我做企业第一年赚了不到20万，就拿出3万元救助了安徽的一个重病患儿；第二年盈利约60万，我又捐出28万元为偏远农村修了一条4.8公里的乡村道路；后来，我又为地处海拔4000多米的青海玉树藏族自治州的孩子们一次性捐建了46所光彩希望小学，解决了4200名藏族孩子入学，并克服了高原反应去看望他们，和他们一起在宽敞的教室里听课。

与藏族小学生一起听课

多年来我一直高调做慈善。面对每天数以百计的各类求助信息，我们亦深感力量的渺小。为了带动更多的企业参与到社会慈善事业中来，我们举行捐赠活动，都会邀请到地方政府领导、受助方代表和媒体界朋友，举行捐赠仪式，一来是做个见证，一来更希望藉此宣扬一种慈善精神。当前中国的慈善事业，就好像30年前的改革开放初期一样，也需要大胆创新、大胆尝试，也要解放思想，摸着石头过河。在解放思想的基础上，只要是为了慈善事业的发展，怎么做都不为过。但是需要全社会来支持它、包容它，因为中国慈善事业才刚起步，西方国家慈善事业发展已经200多年了，只有充分获得全社会的支持、包容，才能逐步完善我们中国的慈善事业，促进其制度化、法制化、使它们上台阶、上水平。因此，哪怕是做秀，也应该支持。中国慈善的春天已经来临了，但尚未百花齐放，汶川大地震将中国的慈善事业和华夏儿女的爱心凝聚力至少推进了10年。因此，我们也希望更多的企业家能够加入到慈善公益事业中来，积沙成塔、众志成城。

我们认为，中国不断壮大的企业家群体应当树立这样一个基本观念：经营一个企业的最好办法，就是确保养成社会责任感。企业自觉承担社会责任，能够在社会上获得较高的认可和信任，有助于树立良好的企业形象，也有助于增强企业的长远发展能力。总之，企业履行好自己的社会责任，需要企业的自觉自发，社会的宽容理解，以及政府部门的鼓励扶持，只有各方面共同努力，中国企业的社会责任履行才会走上健康、快速发展之路。

我做这些，正是对企业社会责任的深切认知。企业越强大，承担的社会责任就越多。"让更多的人享受到黄埔发展的成果"，这已成为我们黄埔人不断追求的目标。2009年，在全球金融危机下，许多企业经营受到影响。我公司在全国十多个省市拆除、回收、再利用创造的年产值近百亿，净利润4.1亿，2009年捐出款物3.13亿。2010年上半年我已经捐出1.5个亿，这些大家都可以从网上查到的。

我所创办的江苏黄埔再生资源利用有限公司成立于2003年，

长期致力于发展循环经济、绿色经济、可再生资源回收、加工和再利用。公司成立以来，一直坚持环保发展、循环发展的原则，创办6年，贯彻落实科学发展观，投入"节约型社会"建设，借鉴国外先进经验，引进先进设备，利用技术优势，提高资源利用效率，发展循环经济，变废为宝，初步形成以资源节约型、清洁生产型、生态环保型为特征的发展格局，为社会作出贡献，公司也实现了又好又快发展。

作为江苏省政协常委、南京市人大代表，我利用参加各类会议的机会，宣传环保理念，呼吁企业切实承担起环保责任。我们的发展不能以牺牲子孙后代活下去的条件为代价，这是西方国家发展曾走过的弯路，我们不能走他们的老路。如果不注意环保，世界就会像一个没有底的杯子，无论倒进去多少水都会漏光的。正如长江上游滥砍滥伐，引发多次大水，如果不把环境保护好，无论投多少钱去治理，都解决不了问题；生活垃圾、化学废物乱排乱放，严重污染环境，致使癌症高发，如果不把环境保护好，即使投入再多的救助，癌症的发病率也会持续走高。如果我们每一个企业都前进一小步，那么整个社会将会前进一大步。

我一直要求公司要做"道德企业"：一是加大对环境保护的宣传，组织专家学者以长三角和珠三角地区为主巡回宣讲环境保护知识，唤起人们的环保意识，为子孙后代留下一片蓝天、一块净土、一方净水；二是利用自身的技术优势进一步整合资源，与同行之间实现优势互补，和谐竞争，加快淘汰落后产能，提高资源综合利用的效率，宁可企业投入更多的资金，也要引进更先进、更环保的设备来进行可再生资源的二次加工利用，把"变废为宝"的事业办得更好；三是拓展企业现有的再生资源回收加工再利用的领域，与大学、科研机构、设备厂商等强强联合，加大科研上的投入，以城市建筑垃圾的再生利用为重点，开发出更环保、更经济的技术，加快这些资源的回收利用，进而减轻这些建筑垃圾对环境造成的影响。

前不久，我在上海参加第六届"中国最佳商业领袖奖"颁奖盛典，我在获奖感言中提到三点希望。我也想把这三点希望与在座的各位民营企业家同仁共勉。

第一，希望企业家朋友们把低碳生活宣传好。去年1月我将自己七岁大的儿子改名为陈环保，目的就是提醒大家喊道或听到陈环保的名字时，增强保护环境的意识。这两天七岁小环保正在学习弹唱《低碳——心尔之歌》，他说他和爸爸学了很多慈善，现在要再和爸爸学低碳。我非常希望大家可以跟着小环保一起学唱低碳之歌，一起为低碳环保事业做贡献。

第二，希望有能力的企业家给青年创业者一些支持。要大手拉小手，不要怕他们成长起来成为我们的竞争对手，我们要像大哥哥一样帮助他们。现在国家对青年创业非常重视，鼓励青年尤其是大学生创业是我们企业家义不容辞的责任。因此，我呼吁更多的企业家一起来关注、支持青年创业。在这里还要向大家报告一个好消息，我们将在南京江宁开发区投资创办"中国富二代教育培训学院及大学生创业孵化中心"。这是继江苏黄埔青少年国防教育基地、南京黄埔防灾减灾培训中心后，我们公司主动履行社会责任，急国家所需创办的两个新的具有较强针对性和社会意义教育培训基地。

第三，希望有能力的企业家到西部去资助或投资。在上个月参加"巴比"慈善晚宴上，我特地建议巴菲特和比尔·盖茨先生，能不能号召世界的富豪来中国西部地区投资，来帮助西部地区，还有3000多万的贫困老百姓，还没有脱贫的，3000多万人数也不得了，这相当于欧洲和其他几个小国家的人数，能不能帮助我们西部地区来投资，来拉动经济发展和就业问题。因为慈善本来不分国界，不分民族，不分信仰。

最后我呼吁，全社会包括中国民营企业家自身要正确认识和高度重视创造精神财富的重要性，按照科学发展观的要求建设社会主义市场经济条件下的价值观、人生观，从而为推动和谐社会建设做出新的更大的贡献。

（2010年10月25日）

慈善理念、社会责任与企业成长

让财富与慈善这两种社会品质在企业家身上得到契合；企业家在做强做大企业的同时，应履行自己的社会责任；慈善不是苦难的长征，而是快乐的长征；慈善，是民族的一个凝聚点；慈善和爱心是没有门槛的；财富如水，如果你有一杯水，你可以独自享用；如果你有一桶水，可以存放在家里；如果你有一条河，就要学会与他人分享；行善，不亏反而赚了；扬善，高调就是号召力；就慈善而言，一个人的力量再大，也不过是海洋里的一颗小水滴；富而不仁只能算有钱人；富人的形象也是财富的伦理形象；真正的富人还应富有道德和责任感；慈善是富人洒向社会的阳光；越有钱，越要做慈善；中国不缺富豪但缺富豪慈善家；济天下，责任不可推卸；尊严是靠富人自己的言行赢来的；即便是慈善秀，也应当肯定它的积极意义；财富与慈善相得益彰；我对财富的理解；我赚的每一分钱都有人民的无形股份；"好人"是对我最大的褒奖。

怎样让财富与慈善这两种社会品质，精妙地在企业家的身上得到契合？在现代社会里，慈善事业是回报的重要方式。让更多的人享受到企 用实际行动来体现自己的社会责任。企业家在做强做大企业的同时，应该履行自己的社会责任，通过做慈善事业帮贫济困，在构建和谐社会中为政府解忧。

一、慈善理念，诠释现代企业家精神

慈善不是一时一地的"阵地战"，慈善是长征，而且永远没有终点。但慈善不是苦难的长征，而是快乐的长征。真正的慈善企业家，他关注的不应该是自身财富的享乐与继承。

1. 慈善，一个凝聚点

慈善就是和谐，和谐背后是看不到的无形的推动我们中华民族强大的一个凝聚点。人们终会发现，慈善作为财富的一个出口，它最终通向的是爱。

慈善，在于一份爱心和责任感。做慈善，一方面是为了帮助有困难的人，而另一方面是渴望以自己的实际行动去影响更多的企业家，将这种慈善的热忱传递出去。

"勿以人知为大善"，慈善，那是发自内心地帮助别人，同时使自己快乐的事业。

通过慈善事业，将有同情心的人们的互助行为转变成一种社会行为，成为人类实现自我价值的一种表现形式，这样就能真正诠释"怀有仁爱之心谓之慈，广行济困之举谓之善"的现代企业家精神。

慈善和爱心是没有门槛的，慈善不分国界、不分民族、不分信仰。爱和慈善体现着和谐的力量，是没有门槛的，只要愿意，人人都可以参与。财富如水，如果你有一杯水，你可以自己喝；如果你有一桶水，你可以放在家里；但如果你有一条河，就要学会与他人分享。

在巨富中死去是一种耻辱。一个人活着如果能影响更多的人，并能使更多的人活得更好，这样的生命是有价值、有意义的生命，是值得骄傲和自豪的生命。财产，对企业家而言可能只是数字，但倘若捐出来做慈善，却可以帮助很多人，完成很多事，创造很多本来没有机会存在的成就。在这一层面上，具有人类情

怀、人类视野的慈善企业家的私人财富已经转变成了一种社会财富，而他们的富人形象，也成了社会富有、和谐的象征。而他们由此而获得的社会尊重将超越其财富本身。

还有什么比坚持行善更有意义？行善不在于你在某个特殊的日子做了什么，而在于你能否持之以恒地行善，这个很关键。

2. 行善，不亏反而赚了

没有哪个企业家是因为做善事把企业做垮了的。表面上，做善事花了钱，好像亏了，其实不但不亏，反而赚了。

市场经济时代，人们不再"患不均"，然而，当对于企业家的评判标准连同着"见利忘义"、"为富不仁"，甚至"贪婪"与"奢侈"等传统语汇时，我们从中似乎能看到一种对财富的道义审判。

在这样的"语境"中，企业、企业家的形象需藉自觉履行社会责任而转变。企业家赚钱了，为人民群众解决困难，为党和政府分担重任，这是最明智的选择。没有人会厌恶财富，但在贫富悬殊的社会现状下，越来越多的人希望先富阶层能以强大的资源力量回馈社会。如果固守着敛财之道，甚至无视法规，则只能使财富蒙羞。

为慈善花了钱表面上是亏了，其实反而赚了。为什么？一是因为做善事会产生动力。做了善事，帮助了需要帮助的人，就感到自己活得更有价值。二是因为口碑，一个企业家做了善事，并且长期行善，合作伙伴和政府以及社会大众都会提高对这个企业家的认可度，合作更加愉快。

其实，财富的积累除了是企业家自我价值的实现外，也应该是生成社会创造的力量。这样的一种资本伦理，理应成为社会积极向上的表征。这种富有，代表着现代企业家精神。

3. 扬善，高调就是号召力

"高调"扬善，做了慈善，希望明天全世界就知道！企业家慈善，真正可敬重之处并不在财，而是尽心竭力，亲历亲为，以己示人，形成示范效应，善始善终。

企业家的社会责任，已成为中国社会不可回避的议题。一个人做慈善的力量毕竟有限。有实力的企业家要做，就要做慈善的榜样，号召大家参与进来。要让企业慈善成为风尚，摆脱传统的"藏富"心理，摆脱人们对于一些富人的"为富不仁"的负面观感，促使参与慈善成为企业界的共识。

做个榜样人物，就要依靠舆论的力量推动中国慈善事业的发展。在背后默默捐钱的人大有人在，但是做慈善高调何尝不可，目的就是带动更多的人来关爱社会上的弱势群体。

其实，高调就是号召力，一个难得的来自慈善企业家的正面示范本身就是一股力量，能够成为促进公益事业普及化的契机，帮助中国走向企业家与社会责任结合的新时代。如此，中国的企业做慈善，即便没有关注比尔·盖茨这样的异国参照系，也可以放眼本土实业家中的慈善榜样。

就慈善而言，你一个人的能力再大，所做的事情再多，也只不过是海洋里的一颗小水滴。你应该将自己做的事情告诉大家，让更多的企业家来行善。只有这样，借助更多企业家的力量，才能解决更多社会问题。

就慈善事业的发展而言，当前中国的慈善事业，就好像三十年前的改革开放初期一样，也需要大胆创新、大胆尝试，也要解放思想，摸着石头过河。大发展小困难，小发展大困难，不发展最困难。在解放思想的基础上，只要是为了慈善事业的发展，怎么做都不为过，即便是慈善秀，也应当肯定它的积极意义。这需要全社会来理解它、包容它、支持它。为什么？因为中国慈善事业才刚起步，而西方国家慈善事业发展已经200多年了，只有充分获得全社会的理解、包容和支持，才能逐步完善我们中国的慈善事业，促进其制度化、法制化、使它上台阶、上水平。中国的改革开放经过近二十年的摸索和尝试，才换来了最近十几年的繁荣发展；中国的慈善事业同样也需要经历这样一个过程，才能真正迎来繁荣，全社会都应当鼓励慈善事业的健康发展。我不希望余秋雨"捐赠门"事件的重演，我认为没有必要去指责什么，而更应该看到他多年来为国家所做出的贡献。高调做慈善的目的，就是要推动中国慈善事业的发展，带动更多的企业家和富人参与到慈善公益事业中。

当然，社会不能强求所有企业家都向慈善榜样看齐，但如果能在企业界产生良性的示范作用，在短时间内打造出一种新的慈善氛围，并非不可能。从而促使更多的企业将公益贡献纳入企业经营的核心考虑中。那么，来自慈善榜样的力量就可能膨胀成为成百上千倍的社会公益资源，把惠及大众、救贫解困的慈善事业推向前进，展现出一个崭新的有社会责任感的企业家群体新形象，也带给中国更多的正面建设推动力。

富人在中国还是第一、第二代，中国需要有一个慈善榜样，让富人和他们的后代们知道光有钱远远不够，还有更值得学习和追求的目标。榜样的力量在于，其慈善的行为能够影响各阶层的人，这是能让大家幸福快乐的事情，是有意义的事情。

比如，1998年至2003年，江苏各大慈善基金资金不到1亿，而2003年至2008年则达到了60亿元。很明显，高调做慈善有很大的带动作用。

别怕别人说沽名钓誉，抑或故意炒作。说就说吧，至少做了慈善，如果有人觉得这样的行为在炒作，那么也欢迎他加入进来。

二、社会责任，彰显企业成长价值

慈善事业发达与否，表明了一个社会的文明及进步的程度。慈善事业需要每一个公民的参与，但是，更需要成功的企业家的热情支持。这是社会对富人寄予的天然的道德期望，在道义上拷问着每一个有成就的企业。

1. 富而仁，不只当有钱人

"富而仁"，宅心仁厚，并非"略施小惠"而已，牺牲小我，使多数人生活获得改善，是慈善企业家最让人称道的地方。缘何老百姓对比尔·盖茨、巴菲特这样的富豪崇尚有加？除了其获取财富的正当性，还因为他们的财富是对社会有回馈的。

企业的社会责任感才是真正彰显一个企业社会价值的标尺，要求企业超越把利润作为唯一目标的传统理念，强调对消费者、对环境、对社会的贡献。

富人的形象，本质上也是财富的伦理形象。一位企业家赚钱了，如果没有得到周边老百姓的认可和尊敬，为富不仁，就不算真正的富人，只能算有钱人。中国部分有钱人想得更多的是如何赚钱，于是"拜金主义"严重起来，导致社会上穷人的"仇富"心理也随之而生了。

改革开放之后，"富人"这个概念在中国大地上生根发芽。一般来讲，国外的富人对社会的公益事业贡献比较多，他们认为，自己的财富其实是从社会获得的，所以，理应用自己的财富回馈社会。而一些中国有钱人骨子里却仍旧认为，他们的财富就是自己的，不需要对社会做出回馈。

当然，拜金主义并非中国所独有的，富人能够通过金钱获得比穷人更多的益处。此外，富人也非常害怕私人财产得不到保护，希望能够进一步完善相关的法规。

企业的财富来自社会，当百姓遇到自身难解决的经济困难时，企业家就有责任拿出部分钱返哺社会，帮助他们度过难关。当企业的财富更多地与社会再发展对接，以资本的强势力量反哺社会，人们理所当然地会将他们视为社会进步的创造力量。企业家形象，也将成为社会物质与精神双重富足的象征。慈善是富人发自内心深处的爱，是富人洒向社会的阳光。这应该成为中国富人的精神境界。

让有钱人变成富人，尚需要有个教育和宣传的过程。对于中国来讲，制度完善很有必要，但转变观念也是非常关键。真正的富人，除了财富的富有之外，还应该富有商业道德，富有社会责任感，这才是"为富之道"。企业家利用赚取的财富对社会做出越来越大的贡献，他们的存在对社会发展的影响是非常积极的。

国外类似比尔·盖茨那样的超级富人，不做点社会公益的话，就会被一些公众看不起。而在国内，很多中国富人对自己的钱很不珍惜，花得没有价值。我们的某些"大款"、成功企业家过于吝啬。许多人在富豪榜上名声显赫，但在慈善榜上却名落孙山。而在许多发达国家，一般老百姓对富人有很好的印象，因为富人对社会做出贡献，他们的存在对社会发展的影响是非常积极的。

受尊敬的富人总归比"有钱人"要好一点，其中的很多人曾经出自下层，渴望成为理想的中产阶级。因此，他们首先考虑是否有钱，然后再考虑是否致力于公益事业。这有一个过程。

"仓廪实而知礼节，衣食足而知荣辱"。追求财富是企业家的天职，但企业和先富者在赚取利润的同时，也应主动承担起相应的社会责任。单纯追逐财富并不是一个完美的财富创造者。必须更注重精神上的满足，拥有了财富又要合理去分配和使用这些财富，这才是一个人美好生命的全过程。

2. 更有钱，就要更慈善

应该努力赚更多的钱，因为企业家赚了更多的钱才能够扶助更多的人。将慈善转换为个人更大的动力，将来更好地为百姓大众解决困难，为社会担负重任，这是在改革开放之后富起来的企业家最明智的选择。

慈善事业是有社会责任感的企业回馈社会的一种最直接的方式，也是百姓眼中企业履行企业公民责任的一种重要方式。中国社会的转型需要一个过程，也需要政府的参与，特别是在投资这个方面，成功的企业如何用赚来的钱为社会做贡献是值得思虑的问题。

当前，民众对于企业承担社会责任的态度与认识还颇为"单纯"，经常将企业是不是捐赠、是否积极参与公益事业作为一个非常重要的评定标准。2008年，在前所未有的四川汶川大地震震撼国人心灵的时候，企业社会责任以另一种视角凸现在公众面前。在汶川大地震发生后的第一时间，像企业捐赠排行榜这样的榜单被平面媒体及网络媒体广泛传播，对于慷慨捐赠的国内企业，老百姓会自发传播它们的品牌，与此相对应的是，铁公鸡企业排行榜等榜单，以及逼捐等信息也被民众大肆渲染。

从企业社会责任心的建立来说，可能要花费比较长的时间。在发达国家，富人的社会责任感像一个传统，但最初是为了企业，并不光是为了社会。企业需要有道路进行运输，于是投资建路；工人需要有地方住，于是集资建小镇，相应的配套设施就创设起来了。在这样的过程中，富人、企业和社会的利益都相得益彰地结合起来了。

其实，法制建设，尽量实现法律面前人人平等，是解决当前中国富人问题很重要的手段。观念的变化很重要，必须承认富人的社会地位和积极作用。如今的中国不是以前那样的计划经济体制了，随着市场经济竞争模式的发展，社会逐渐不像以前那么仇视富人了，逐渐认识到富人也是社会重要的组成部分，对社会发展也是很有帮助的。以前，在中国，如果有钱，却不敢说自己有钱，但社会在改变，观念也在随之发生变化。于是，富人能够放胆地说，我有钱了，我能够扶助你，能够回馈社会。

中国不缺乏富豪，但缺少富豪慈善家。慈善的物质基础是财富，但它的感情基础是爱心，有爱心才能拿出金钱去扶助他人。在企业有能力的情况下，应该尽量做我们可以做的事情。如今构建和谐社会的一个重要任务是要大力发展直接关系民众切身利益的社会事业。但一些地方在发展社会事业上投资不足甚至无力投资，这就需要调动一切可以调动的资本。有能力的企业应充分发挥资本优势，为发展社会公益事业，做出自己的力量。赚钱越多，相应地，其释放这样的力量理应更强大。

3. 济天下，责任不可推卸

富人能够成为富人，缘于他们奋斗得更多，但同时他们也消耗和占有了更多的社会资源和生存空间，理所当然应该承担更多的社会责任。不过，企业的社会责任并非只是片面的"解囊相助"。

上善若水，慈济天下。马克思、恩格斯在《德意志意识形态》中对于"社会责任"有着精辟见解："作为确定的人，现实的人，你就有规定，就有使命，就有任务，至于你是否意识到这一点，那都是无所谓的"。即，于人而言，责任是"不可推卸的"。

新时代富裕起来的企业家们在关心利润的高低之外，还应该担负起怎样的责任？日本商人松下幸之助曾说："企业必须有一种使命感，不断地努力生产，使产品像自来水一样丰富而廉价，取之不尽，用之不竭，惠及全人类，彻底消灭贫困。"

在一个社会主义社会的国度里，作为一个富有的商人，除了赚钱，更应该去主动承担必要的社会责任。否则，"安得广厦千万间，大庇天下寒士俱欢颜"的传统的社会责任感哪里去了？扶弱济贫的人间正道又到哪里去了？

尽管企业家因为对社会的投资，创办企业，用纳税、增加就业率等方式回报社会，已体现出他们的社会责任，但是，许多人仍然认为，从体现社会公平的角度而言，富人占有的社会资本或资源比穷人或平民百姓要多，他们必然相应地就比平民百姓要承担更大的社会责任。

经济形势好的时候，富人更富，穷人也在变富，社会矛盾尚不激烈。但经济危机越来越强烈的时候，社会矛盾也会越来越激烈，富人尽管穷一些没以前那么富了，但穷人可能难以存活。因此，在经济不景气的时候，尤其要解决好社会矛盾。

随着社会的发展和进步，单纯依靠税收、依靠政府、依靠慈善公益来解决社会问题也不够了，产生了企业公民和企业社会责任的概念和理论，富人们、企业家们自觉地在生产经营的过程中履行社会责任。

目前中国的收入分配差距悬殊已十分突出。中国目前的状况是，富有阶层个别人缺乏爱心，往往一掷千金，肆意挥霍，而穷人仍在为生活温饱而挣扎。解决社会问题的主要责任当然在政府，但社会各界乃至每个公民也有一些责任，"富人"的责任就更大一些。因为社会责任感的淡漠，"先天之忧而忧，后天下之乐而乐"、"天下兴亡，匹夫有责"的至理名言，才会在一些人的心中忘失，才使得一些人对于弱者的求助置若罔闻。

事实上，社会始终期许富人会博爱地协助穷人走出困境，古今中外，概莫能外。这中国古人有云，"损有余而补不足，天之道也；损不足而奉有余，人之道也。"卡耐基也曾说："有钱人在道义上有义务把他们的一部分财产分给穷人"。美国思想家约翰·罗尔斯在"补偿原则"也提到，跑到前面的人一定要对后面的人进行补偿。显然，这种"道义"和"义务"虽然并非建立在社会强制力量上，但几乎是伴随"富人"概念而生的一个天然的社会道德要求。于富人而言，当一个人占有的资源远远大于社会平均占有量的时候，这也是其人性方面的天然的良知要求，社会责任就应该相应地提高。

允许一部分人先富起来，更要提倡这一群体对社会多做贡献。媒体舆论应多宣传那些富了不忘回报社会而保持艰苦朴素作风的创业者，提倡富人主动履行社会责任，依靠道德做纳税之外对社会有益的事。

君子爱财，取之有道，取之于民，用之于民。应认识到，富人的产生固然离不开基于个人的智慧和努力，但更关键的是来自国家与社会的保障和支持。构建和谐社会，富起来的企业家理应切实承担起更大的社会责任，更多地赚钱，更多地上缴税收，更多地安排就业，更积极主动地关注社会弱势群体。

令人欣喜的是，当前，不少中国人富了不忘回报社会，于是成了颇有影响的社会慈善家。把自己的金钱力所能及地回馈社会，关注弱势群体，这应该是所有富人良知的共同体现。不过，在强调企业社会责任的时候，也应防止滑入另外一个误区，如把社会责任完全等同于"解囊相助"，以企业应担负社会责任为由，向企业要"赞助"，甚至搞变相摊派，认为谁出的钱多，谁"回报社会"更多，否则就是"缺乏社会责任感"，甚至是"为富不仁"。

三、责任担当，寻求企业与社会的共赢

一个人创业很难，取财以行善更难，企业家向慈善家跨越，行善与事业齐头并进更是难上加难。如何处理企业发展与做慈善事业的关系？做企业与做慈善不矛盾，做慈善不但不影响企业发展，反而能促进企业发展，回报社会越多，社会对企业的回报也越多。

1. 契合点：财富与慈善相得益彰

企业家既然能够撑起经济的脊梁，就应该给这个社会撑起一片爱的蓝天。企业慈善是一种必然的责任担当，是公益性与社会性的双赢。然而，企业家赚钱是学问，如何有效地把钱捐出去，同样是一门学问，即怎样用有限的资源更有效地济困救难。

做慈善能促进企业发展。对企业家来说，做慈善更能激发做企业的热情。把企业做好了才有更多的财力去做慈善，这是相辅相成的。换从社会公义的角度看，这样的决定是聪明且合理

的。企业家有其贡献，然而社会公共资源的适时投入协助，却也是成功的关键。取之于社会，就还之于社会，不但为个人赢得尊重，而且还能从这些钱所创造的公益效果中得到满足，何乐而不为呢？

慈善对企业产生的正面作用也越来越大。企业对于慈善事业的热忱能让员工工作更有干劲，而且对外所树立的正面形象也能让企业在经营时多了不少"印象分"。每个企业家都应该承担一份社会责任。只要企业有盈利，就应该拿出相对固定的比例做慈善。

其实对慈善企业家来说，什么奖项已经不再重要，重要的是你真正做了些什么。能够号召更多的人来做慈善。中国有句古话"众人拾柴火焰高"，一个人的力量再大也比不上大家的力量。

大额的捐款会不会影响企业资金的周转？捐多少，还是会按照企业的承受能力和一定的比例来进行？这几年我50%的时间用在慈善上面，50%的时间用在企业上。通过我捐赠的数额就能看到，数额一年比一年多，这就说明做慈善不但不影响企业发展，反而能够促进企业发展。回报社会越多，社会给予我的也越多。我希望尽我的力量，帮助更多需要帮助的人们。

赚取财富，需要本事与远见；而做慈善，让财富创造切合社会需求的效益，也需要远见，需要本事。企业、企业家究竟应该捐多少？其实，捐款不在多少，不管到了任何时候，献爱心都不算晚。只要做到了他们能做的，社会就不要在乎其捐的绝对金额是多少，任何个人慈善的力量放在社会的浪潮中都是微乎其微的，但是他们做了，基于一种不求名，不求回报的自发的感情，就够了……也正是因为更多的企业家做了，才能够掀起企业家慈善浪潮。

积极参加慈善事业，尽一份社会责任，为构建和谐社会做贡献。这对企业来讲是一种责任，也是对于企业发展的促进，能得到社会方方面面的支持，能够为企业发展创造很好的环境。

多年以来，随着经济改革的不断推进，作为企业的社会责任已经提到日常生活当中来，所以很多企业在企业发展的同时就不忘回馈社会，尽到企业的社会责任。汶川地震灾难发生后，不同的企业做出了不同的社会责任的危机响应，响应迅速，响应行为得当，引起了社会的极大关注。这样的社会责任一尽到，创和谐社会的基础就有了。

希望我们中国的民营企业家要把钱财看淡一点，人生很短暂，生不带来死不带走的，要那么多钱干什么？社会上需要帮助的人太多了。有的企业家说，捐款会影响到企业的发展，这是一种借口。企业文化和慈善文化结合起来，企业的形象、企业的品位都会得到升华。这样的话，境界就不断地提升起来就达到了"上善若水"的最高境界。

2. 财富观：乐善好施者荣

对于企业家和富人而言，我们应当树立一种新的财富观：为富不仁者耻，乐善好施者荣。

财富并非与生俱来，专供富人挥霍享受之物。富人有回报社会的责任。在今天，市场经济已经造就了一批率先致富的企业经营者，富了不忘回报社会应当成为所有企业家的共识。改革开放让我们先富裕起来，我们就应该履行这个社会责任，回报社会是必然的。

千金散尽还复来。财富的积累并不必然带来尊严，尊严是靠富人自己的言行赢来的。如果他们不想苟安，只是追逐自我享乐，那么现在是要做出一些改变，以行动来为自己正名的时候了。

生活在人们尊敬中的慈善家，比孤独地占有银行存折上僵死数字的守财奴，要更伟大、更光荣、更快乐。财富再多，终归结底都是社会的，我们企业家要看到这一点。我们要尽早地把财富拿出一部分，及时地帮助社会上需要帮助的人，这是最明智的选择。

财富生不带来，死不带去，用自己的财富造福更多的人，创造更大的社会效益和经济效益，这样的财富才是有生命力的，这样的企业家和富人，才活得更有意义和价值。

慈善事业是随着人生事业之路共同成长的，不是等到钱赚多了以后再来做慈善，因为几千块钱就能改变一个孩子的命运，要及时去做。

让更多的人享受到企业发展的成果，应当成为企业家的价值观。企业家要勇于承担社会责任，要做一个有良知、有感情、有道德、有灵魂的企业家。

四、倡导慈善，让人人都成为"首善"

有钱人应该承担更多的社会责任，但并不是说，平民老百姓就可以不承担社会责任，每个人都要承担属于自己的那一部分责任，其实有些责任是超越贫富界线的。

先富起来的人们，千万不要忘记自己应该承担的社会责任！我们这个社会不仅需要"慈善富豪"，也需要更多的慈善公民。真正的感觉一个人力量太有限了，媒体的力量是无穷的，是很大的，我们要把中国慈善事业推向高潮，要引领中国富人树立起正确的人生观和价值观，一个人活在世上如果说能影响更多的人幸福和快乐，这样的人生才是有意义，有价值的人生。

中国的慈善事业目前还是有些缺乏政府和社会的支持，对于做慈善的民营企业家，就是应该大力宣传，让他们成为榜样，让全国人民都来学习，政府应该在慈善事业中充分利用这样的民营企业家。改革开放30年来，聚集在中国民营企业家手中的资金是一笔让人想象不到的巨大财富，不要忽视这些钱，如果能加以利用，那将帮助中国的慈善事业上升一个新的高度。

按照民间说法，所谓善善相报，体现出民间文化的深厚传统。善事无大小，慈善活动并不一定总是大笔大笔的捐款，可以从点点滴滴做起，从身边的小事做起。

现在要号召更多的人来做慈善，帮助他们获得"中国首善"的奖项。我做慈善其中的一个目的是帮助别人，还有一个目的就是带动大家来做慈善。

这个就是号召力，就是坚持，除了坚持还是坚持。首先是自己不要害怕别人来说，自己的意志坚定就是要做慈善，帮助别人。只要你一直坚持，非议你的人自然会越来越少。因为你做多了，人家也就觉得你没必要炒作，没必要炫耀，就是做真正的慈善。这个需要一个过程，做好事也需要别人有个接受的过程。

为唤起全体中国人的慈善意识，建议将"5·12"设为"中华慈善日"，以倡导人们自觉地参与公益慈善活动，让慈善理念深入人心。去年的"5·12大地震"激起了广大国人的爱心，将这一天设为"中华慈善日"具有重大意义。同时加强慈善组织资金的监管力度、提高慈善组织工作人员的素质，以便真正管理好、使用好爱心人士捐赠的资金和物资，保障慈善事业健康发展。

呼吁征收富人遗产税、固定资产税、高消费税、鼓励资源捐赠，对促进社会和谐、拉动第三次分配有很大帮助。

希望更多的企业家，富人要来关注我们社会上的弱势群体。让企业富人，国营企业老总年收入100万以上的，有的企业老总一年拿几千万，还有演艺明星口袋里面都上亿，我们都要纳入遗产税，不要留给子孙后代，尽早地把钱刺激出来来回馈社会上需要帮助的人。

生活在人们尊重中的慈善家比死在财富上的守财奴更伟大，财富再多都是社会的。中国富人的想法就是我赚了财富要给我的子孙后代，这种想法是完全错误的，我们给我们子孙后代留下的是创业精神，是一种吃苦精神，你的儿女培养不出来，再多的财富也没有用，我会在不久的将来带头把我的遗产的90%到国家公证处公证捐给社会。所以，现在要做当代年轻人的好榜样，等人老的时候，还要做老年人的好榜样。

关于慈善捐赠，归根到底要大力宣传、弘扬人对财富的认识，对人生价值的认识，我对财富的理解就是财富如水，你有一杯水自己喝，你有一桶水可以放在家中，你有一条河就应该学会和他人共同分享。俗话说吃饭是为了营养，喝水是为了止渴，财富留下来就应该给社会需要用的人，有了财富不会使用就是负担。

"好人"称谓是对我最大的褒奖。真正的行善，应该伴随一生。我始终认为，我的财富不只属于我个人，我们赚的每一分钱里都有人民的无形股份。倡导爱心观念和正确的财富观，在社会上形成良好的慈善文化氛围。应该把慈善制度化，就像人一天要吃三顿饭一样。希望带动更多的人来做慈善。不管有钱还是没钱，不管是老人还是小孩，只要有一颗爱心，都能来做慈善。如果有更多的企业家与百姓能积极参与各种各样的社会慈善公益活动，自觉地承担应尽的一份社会责任，做一个合格的慈善公民，这对企业、对社会来说，都是"双赢"的好事。

（原载于2009年9月10日《学习时报》）

富而有德，德富财茂

　　"在巨富中死去是一种耻辱"；回报他人和社会，不仅是一种美德，也是一种责任；慈善是回报社会的重要形式；扶弱济贫也是实现社会和谐的一个途径；做慈善，企业有付出也有获得；慈善活动，更重在对慈善的一种深切认识和持久的责任；逐渐在企业中形成一种慈善文化；"财富无常而仁德永恒"；为富不仁者耻，乐善好施者荣；用自己的财富造福更多的人，企业家和富人才活得更有意义；生活在人们尊敬中的慈善家，比孤独地占有银行存折上僵死的数字的守财奴更荣光、更快乐。

　　"在巨富中死去是一种耻辱"，美国钢铁大王卡耐基的一句名言，让越来越多的人寻味。而"饮水思源"这一古训，更体现在许多人的言行中。

　　对于企业家和富人来说，这两句内涵丰富的语句，从不同的侧面，表达了同一个意思：回报他人和社会，不仅是一种美德，也是一种责任。

　　在现代意义上，这种回报早已超越"感恩戴德"、"知恩图报"的层次。一个企业要发展，离不开社会提供的优良环境和支持。另一方面，每个企业都有自己的社会责任，企业越强大，承担的社会责任就越多。让更多的人享受到企业发展的成果，应当成为企业家的价值观。

在现代社会，办慈善事业是这种回报的重要方式。这是一个需要全社会共同参与的事业，企业家和富人应承担更多的责任和义务。而从目前我国企业家和富人投身慈善事业的比重、捐助的数额来看，我们与发达国家还存在较大的差距。造成这种现象的一个重要原因，是对慈善事业的认识不足，重视不够。

孙中山在《建国方略》中说，"物种以竞争为原则，人类则以互助为原则。"扶弱济贫、助人为乐，作为中华民族传承的精神财富，也折射出人类社会的道德良知和思想光芒。慈善作为这种智慧的体现形式，是一个社会、民族文明的标志也是解决社会分配问题，实现社会和谐的一个途径。从一定意义上说，富人自愿通过多种形式捐助和帮扶他人，是一种以道德、爱心为基础的分配机制，也在一定程度上缓解了社会矛盾。困难群体及时得到关爱和帮助，也感受到社会的温暖和人间的温情。

投身慈善活动，企业有付出，也有获得。一个有远见的企业家，最应关注企业长期获得利润的能力。企业自觉承担社会责任，能够在社会上获得较高的认可和信任，有助于树立良好的企业形象，有助于增强企业的长远发展能力。李嘉诚说过："强者特别要学习聆听弱者无声的呐喊，没有怜悯心的强者，不外是个庸俗匹夫。"他的善举不仅使他一直占据华人慈善家榜首，也有力地支撑着他事业的进步，成为全世界华人首富。

从事慈善活动，不应简单地理解为一次性为慈善机构捐了多少钱，更在于对慈善的一种深切认知和持久责任。江苏黄埔集团是一家民营企业，规定每年都要从企业净利润中提取一定比例，纳入慈善基金，列出捐赠目标计划表，专款专用。这种对慈善事业的制度化投入，逐渐在企业中形成了一种慈善文化，也带动了员工从事慈善事业的积极性。慈善成为企业文化的组成部分，可以为企业带来长远的社会效益和经济效益。

印度一位哲人说："财富无常而仁德永恒，故一旦有财须及时行善。"对于企业家和富人而言，我们应当树立一种新的财富观：为富不仁者耻，乐善好施者荣。财富生不带来，死不带去，用自己的财富造福更多的人，创造更大的社会效益和经济效益，这样的财富才是有生命力的，这样的企业家和富人，才活得更有意义和价值。

生活在人们尊敬中的慈善家，比孤独地占有银行存折上僵死的数字的守财奴要更荣光、更快乐。

（原载于2006年4月12日《人民日报》）

道德感言

常怀感恩之心，没有党、国家、亲友和他人的关心帮助，我们在社会上就不会有发展和成就。

常怀慈悲之心，感受到别人的感受，为他们的幸福安康献上一点力量，这是我毕生的愿望。

常怀进取之心，拼搏和奋斗使我们强大，有能力帮助更多的人。

常怀谦卑之心，我们每人都是一滴水珠，只有紧紧地凝聚在一起，才能成为汪洋大海。

越是帮助别人，越是让人感觉到生命的光彩和意义。我希望自己是一根火柴，能够为别人带来一点光亮；我希望自己是一条马路，无数的人在我身上走过。

人的力量有大有小，做好事的心却是一样的。让我们一起约定，每天做一件可以帮助别人的力所能及的小事。我打赌，你会和我一样收获一个美好的人生，我们会共同拥有一个更幸福美好的社会。

（2011年7月6日）

低碳是更大的慈善

低碳是更大的慈善

低碳也是慈善，而且是更大的慈善。是对人类的慈善、对地球的慈善、对自然的慈善。

我们要尽其所能帮助那些处于困难和灾难之中的人们，更应该责无旁贷地去帮助资源一天天减少、环境一天天恶化下去的地球。

做企业的最高法则是利润，但是有良知的企业家应该明白，比利润更重要的是责任！

我们不能以无度地消耗地下资源、无情地污染人类赖以生存的环境为代价去获取利润；珍惜资源、珍爱环境、善待地球是每一个企业家应尽的职责。

企业建在地球上，地球不存在了，哪还有企业？皮之不存毛将焉附？

黄埔再生资源利用公司将废弃的建筑垃圾变废为宝，既保护了环境，又节约了资源，这就是低碳产业的发展方向。

低碳，是中国未来经济转型的制高点。谁占领了这个制高点，谁就拥有了可持续发展的空间。低碳产业必将是我们公司今后发展的主导方向。

企业家的境界：把关爱注入大地，把责任写上天空。

一个懂得爱的人，不可能不关心地球，关爱环境是最大的慈善。

低碳不是口号，关键在于行动。

转型迫在眉睫，行动高于一切！

低碳行动，从我做起，从自身做起。我要做中国低碳第一人！做企业做低碳企业，做人做低碳达人。我让我的两个儿子从小就有低碳意识，建立低碳思维，走低碳之路。他们的名字已经改为"陈环保"和"陈环境"，希望他们能成为人类"爱的使者"。

人类用不科学的发展方式去追求物质、追求利润，最终将毁了人类自己。趁地球还没有被人类自己"消灭"，赶紧改变发展方式，走低碳之路。

中国的经济有没有第二条路好走？答案是，没有。唯有一条路，那就是低碳之路。

（2010年11月5日）

原载于中国文明网"道德模范"栏目

大爱无疆 创新无限 高调无悔

——我的2011"慈善白皮书"

　　帮助不幸的人们，是我人生最大的乐趣；我的台湾"感恩之旅"；大灾大难时候我会冲在前面；我为什么在贵州举办个人慈善演唱会；我为什么砸了自己的奔驰车；我要用自己的爱心和真金白银做慈善；高调，可能会被一些人视为另类；如果有人说三道四，请同我一起裸捐吧；高调做慈善，我一直无悔。

　　我一直认为，慈善需要爱心，需要行动，需要坚持，需要创新。只有这样，才能唤起人世间更多的爱心。

　　在回顾2010年时我曾经说：让爱心在中国大地传递，让遭遇突发事件和不幸的人得到帮助，是我人生最大乐趣，也是我个人最大的收获。

　　那么回顾2011年，我要这么说：我的慈善行为在经受过暴风骤雨洗礼之后，将显得更加纯净而高尚。我最满意的是，在这一年里，我通过自己的行动，让中华民族的大爱跨越疆界，飞得更高更远；让我们的慈善在创新中，永远保持新鲜和受到社会更多人的关心和关注；让我们的低碳环保在创新中，成为更多人的自觉行动。

大爱无疆

　　有一句话叫大爱无疆。过去我一直在国内老少边贫地区做慈善，在2011年，我努力让自己的慈善走得更远。2011年1月底，我带着200多企业家的共同爱心，来到祖国宝岛台湾，给困难户特困户发红包，开始了传递两岸人民血浓于水的大陆企业家赴台"感恩之旅"。在台湾地区引起很大震动，加深了两岸之间的相互了解和感情。我把这次台湾之行称为感恩之旅，因为过去每当大陆发生各种灾难时，台湾的同胞们都会伸出无私之手。我们对台湾同胞心存感激，加上台湾在前一年也发生过台风等灾害，春节到了，我们就是表达感激之心，同时为受灾困难群众传递大陆同胞的爱。我的台湾行，共带善款约1.3亿人民币，折合新台币5亿多，这是全国270多家企业的爱心汇总。

如果说在台湾还是中华民族一家人之间的慈善，那么对日本地震的救助，更是为了向世界其他民族传递中华民族的善良和大爱。这一年3月11日，听说日本东北海域发生大地震后，我第一时间从各个银行里取出100万人民币，汇到日本灾区。当天晚上，我转道香港飞向日本，希望能够凭借自己在汶川、玉树的一些救灾经验，力所能及地帮助邻国民众。尽管有人有不同的看法，我始终认为在灾难面前，没有国界，只有人类共同的悲天悯人的大爱。特别是近年来，中国发生了几次地震，都得到外国的救援。这次，我出些钱，出些力，也算是对过去几次国际社会对华救援的报答。我们到世界其他国家做慈善，可以让中国人的慈善形象、中国人的善良和美德，为世界了解。

创新无限

过去我一直在大灾大难祖国最需要的时候冲在面前，在2011年我努力让自己的慈善不断创新，从而吸引更多的人关注慈善，让贫困人口得到帮助和实惠。

这一年9月25日晚，我在贵州毕节举行了个人慈善演唱会，演唱了包括《好人一生平安》、《感恩的心》、《我的中国心》、《爱的奉献》、《月亮代表我的心》等歌唱人间真情真爱的歌曲，听众大都是困难户、特困户。在演唱会现场，我捐赠给毕节老百姓2000头猪、1000只羊和113台农用机具。有人说，你歌曲唱的不好，竟然开慈善演唱会，不怕别人笑话吗？那么，我为什么到贵州毕节来举办个人慈善演唱会呢？我知道，由于历史的原因，贵州毕节地区还有许多贫困人口，其中许多是少数民族，目前他们正在当地党和政府的领导下，努力克服许多困难，靠自己勤劳的双手在改变着当地的面貌，改变着自己的命运，他们的精神感动了我，所以我到这里来开个人慈善演唱会，一方面是支持他们早日脱贫致富，另一方面也是表达对他们的敬意。其次，我觉得慈善需要爱心，需要行动，需要坚持，同样需要创新。我想通过这种新颖的形式吸引更多人参与慈善，支持任何方式的慈善行为。中国有很多贫穷家庭需要帮助，一个人的力量太有限了，我希望带动更多的人一起做慈善，大手拉小手，人人献爱心。唱歌是我的个人爱好，我觉得演唱会能够寓教于乐，寓慈善于乐。我的慈善演唱会上挑选的都是大家喜爱的歌曲，如传递的是爱国之心，奉献之心，感恩之心，慈善之心，责任之心。我想尽管我唱得不好，但我让慈善这把火更加明朗了。

9月22日是世界无车日，我国已经宣传了5年，然而许多人并不记住这个日子。今年以后，我想许多人都记住了这个日子，因为我为了响应第5个中国无车日，亲自把自己的一辆还有三年才报废的黑色奔驰轿车砸了。这辆奔驰是我创业时候买的，已经行驶16万公里，6.0升的大排量，每百公里的油耗达到30升。我砸大奔消息受到广大网友和媒体关注，其中有赞成的，有反对的，有质疑的。有网友认为我此举倡导节能环保是好事，但也有网友认为当场砸车完全是做秀。事实上，国内外有1031家媒体对此次事件进行了报道和评论，国内媒体有900多家。这对促进我国环境保护是一件多么有意义的事呀，国家也许花几个亿都没有我这么一砸起到的宣传效果好，这说明慈善和环保太需要创新了。

创新无价，创新无限，这是我们中国人做任何事情都必须牢记在心的。

高调无悔

我看到报道说，2009年我国人均捐款为25元，同年我国慈善捐赠占GDP的比例仅为0.01%，而美国的比例为2.2%。在中国、美国、英国、巴西、印度五个国家中，我国捐赠占GDP比重最低。这种现象是不利于我国和谐社会建设，也不利于对外传播中华民族形象的。所以，我格外感到，我必须勇敢地高调地站出来，用自己的爱心、真金白银做慈善，用自己的坚持、创新做慈善，带动更多的人做慈善，提升了国人在世界眼中的形象。

我知道，高调和创新，可能会被一些人认为另类，甚至做秀。但我已经向世界作出裸捐承诺：在自己离开这个世界的时候，将向慈善机构捐出全部财产，我还有什么担心的呢？如果有人说三道四，那么请你和我一起裸捐吧。这时你的指责可能才有价值和说服力。

我多次说过，自己最大的遗憾是没有第二次生命献给我的祖国和人民。我真心希望更多的人一起行动起来，特别是更多的富翁们行动起来，更多地履行社会责任，更多地奉献他们的爱心。所以，我一直高调无悔。

有人问我2012年的打算，我想说的是，我将一如既往地将慈善和环保进行到底。请朋友们记住，地球是我们人类唯一的家园，慈善是对人类的慈善，环保是人类对地球的慈善。我想说的是，我在新的一年将继续探索创新的形式，宣传带动更多的人一起做慈善，关注环保。我想说的是，只有我们一起行动起来，让我们的环境更绿色，心灵更美好，人与人之间更友爱，人与自然之间更和谐。到那时，中华民族在世界上将更加受到尊重，每个中国人也将活得更有尊严。

（2012年1月9日）

我为什么要公布自己的慈善"成绩单"

——做客人民网手机强国论坛

> 我会把网友的支持、鼓励转化为我的动力；我公布"成绩单"是想带动和影响更多的人；我想让更多的人认识到我们手上掌握财富干什么；我在西南结合环保做慈善。

主持人： 各位网友大家好，这里是手机强国论坛，今天我们有幸请到"中国首善"陈光标先生，与手机网友共同分享他的善行历程及两会提案，陈总您好！

陈光标： 主持人好，各位人民网网友，大家新年好！感谢你们一直以来对我的支持、鼓励和关心。我会把你们的支持、鼓励和关心转化为我最大的动力，更好地为党和祖国分忧，更好的为人民解决困难，履行我自己应有的责任和力量。谢谢！

主持人： 您在2010年获得了"中国十大公益新闻人物"称号，您在今年年初继去年公布"成绩单"后，连续第二年发布捐款明细，践行了他在年初向公众的承诺，明细显示您在2010年为慈善和公益事业捐款再次超过3亿元。请您跟大家聊聊2010年所做的大型慈善活动，哪次的善举您印象最深？

陈光标： 我连续两年向社会公布我个人的成绩单，首先的目的就是想影响和带动更多的人来为社会做奉献，同时，我这两年的成绩单公布出来，的确也给不少人带来了带动效应，因为我认为有动力才会有行动。

我每次捐赠1000万以下的我就不说了，说几个大的。2010年春节我带230个企业家到云贵川甘肃进行新春慰问，发放物资款物1个多亿。2010年的两会过后听说西南干旱，我去看了以后，跑了五六个县和地区，花了1300万买了5300吨的矿泉水送到了西南。又通过中华慈善总会、中国红会捐了1200多万现金给老百姓买大米，并组织了21个打井队及给西南地区打了1300多口井。当时我捐矿泉水的时候很多企业家也捐水，矿泉水的瓶子喝完了以后地上仍的到处都是，于是我组织人去收集废弃的矿泉水瓶子，大的两毛钱、小的一毛钱，回来以后卖给浙江温州的老板2分钱一个，这样既帮助了当地百姓又维持了环保，同时也告诉老百姓环保。统计下来，为西南抗旱我做出了6000多万的款物捐赠，包括打井。

舟曲泥石流发生了，我当时的大型器械正在西安拆除老的发电厂，但我还是决定带我的16台大型机械和23名工作人员去舟曲。之后我把16台大型机械捐给舟曲，还买了200台电脑并捐了1000万的现金。因为大家知道，我做好事喜欢大家表扬我，但不是为了表扬，我做好事不是为了让大家知道，做善事对教育我的下一代有很大帮助。

每年之所以把我的"成绩单"公布于众，第一是为了让社会监督；第二是为了激励社会上更多的人去做好人、好事。更多的富人要让更多的人认识到我们一个人活着要干什么，人生的价值所在在哪里，让更多的人认识到我们手上掌握的财富要干什么。我认为我公布成绩单，会影响一部分人去做好人、做善事。

（2011年3月2日）

我听到慈善和文明的脚步声在中国更响了

——在2010上海慈善论坛上的演讲

　　突发灾难我冲锋在前；低碳环保从我做起；为中国文明进步我建言献策；我最自豪的事是，向世界作出裸捐承诺；在"巴比"慈善晚宴上，我提出了三个建议；我的台湾之行；我在台湾邓丽君墓前。

　　难忘的2010年即将过去，作为全国道德模范、中国首善，在2010年，我生命的每一天都在紧张地奔跑。从年初新疆阿勒泰、伊犁雪灾到西南抗旱、南方水灾，从玉树地震到舟曲泥石流，从为了降低碳排放我率先骑自行车上班到为辛勤工作30年的老环卫工人过生日，并推荐我妈妈为中国环卫工形象大使。如果总结起来，可以用三句话来概括：第一句是为突发灾难我冲锋在前，第二句是为低碳环保从我做起，最后一句是为中国文明进步我建言献策，大声疾呼。今年受国务院法制办邀请谈房屋拆迁立法，提出11条建议，被采用9条，其中我最满意的一条就是"凭户口本买房，抑制房价上涨"。我可以很自豪地告诉大家，到2010年底，我十年慈善捐赠总额已超过14亿元，帮助特困户已过70万。

　　2010年，我最自豪的事是，自己向世界作出裸捐承诺，让世界看到中国企业家的爱心和胸怀，也把我的慈善人生推到最高境界。

　　在世界瞩目的巴比慈善晚宴上，我提出了三个建议：一是我国当前最迫切的是需要学习西方在慈善事业发展中一些先进的做

与巴菲特、比尔·盖茨合影

法和成功的管理经验，让中国慈善发展更加快速。如果有机会，我希望到美国学习慈善方面好的经验和做法。

二是目前中国农村还有3000多万人口没有脱贫，3000多万是个什么概念呢？整个加拿大2700万人，整个澳大利亚不足2000万人，整个葡萄牙只有1000多万人。我希望世界富豪们把目光投向中国西部地区，到那里去看看，到那里去做慈善，到那里去投资，为帮助他们早日解决温饱问题，尽自己的一份力，同时也体现了慈善与爱不分国界、不分民族、不分信仰、不分党派。

三是我倡议建立中外慈善家定期交流机制，如果有可能明年我们可以组织一些中国慈善家走出国门，把慈善晚宴办到国外，与世界富豪交流如何把慈善事业做得更好。

在2010年，我最开心的事是，看到越来越多的有爱心的企业家行动起来，投身慈善事业中。中国的慈善事业目前还处于初级阶段。因为经过改革开放30多年，绝大多数中国人民刚刚从温饱走出来，因此无论是慈善规模，比如参与慈善的人数，慈善资金数量，还是慈善制度建设等方面，都刚刚起步。我感到非常欣慰的是，看到越来越多的人行动起来，目前已经有数百名企业家通过各种方式向我表达裸捐的愿望，越来越多的人从开始对我这么高调慈善不理解，到对我坚持真金白银高调慈

2011年1月30日，在台湾花莲县发红包

阿勒泰60年不遇的大雪，零下38摄氏度的气温

手中握着的是少数民族学生写的感谢信

善的尊重和赞扬。我听到慈善和文明的脚步声在中国更响了。这真的让我很开心。

在2010年，我最难忘的事是，在这一年底，我来到了魂

牵梦萦的祖国宝岛台湾。我一方面陪同父母参观了台湾的阿里山、日月潭等美好的景色，看望了遭受"莫拉克风灾"的受灾同胞；另一方面进行了慈善事业交流，低碳环保产业调研，并

为春节期间率大陆爱心企业家赴台为当地特困户和困难户发红包作准备。在宝岛台湾，各界对我的高度评价和热烈欢迎让我非常难忘。他们评价，陈光标来到台湾，传递了两岸人民血脉之情。国民党主席吴伯雄与我进行了亲切会谈，并亲笔题词：光标先生，两岸人民的榜样。亲民党主席宋楚瑜为我题词：光标先生是两岸人民不

台湾亲民党主席宋楚瑜题词

台湾海基会董事长江丙坤（右）题词

可缺失的功臣。台湾海基会董事长江丙坤题词：光标先生，中华两岸人民最优质的桥梁。国民党荣誉主席连战先生还以我的名字题词：光大黄埔精神，标新民族美德。新党主席郁慕明题词：慈悲为怀，心田积善。中华民族是两岸人民共同的家，爱心和慈善是两岸人民共同的精神家园。我想，血永远浓于水，

在邓丽君墓前

我们都有一个心愿，加强两岸慈善交流，爱心交流，让我们中华民族大家庭永不分开。

在台湾，我和父母还来到邓丽君墓前，敬献了一束邓丽君生前最喜欢的洁白玫瑰花。在这个世界上，我最崇敬的是两位艺术家，一位是贝多芬，一位就是邓丽君。邓丽君用自己的歌声歌唱生活，歌唱山水，歌唱人间真情，表现了一种真善美的统一。在她的墓前，我沉思很久，最后动情地题写挽联：音容笑貌千古流芳，天籁之音两岸传唱。

2011年即将到来，我们国家发展形势如何？作为一名企业家，我坚信，中国社会经济发展会迎来更好的发展，因为在今天的中国，科学发展、和谐发展、可持续发展、包容性发展的理念已经深入人心；因为2011年将是我国"十二五"规划开局之年，在"十一五"期间我国不仅战胜全球罕见的金融危机，以较快发展奠定了下一步经济加速发展的物质基础，更重要的是通过深化改革，使许多妨碍我国发展的体制性障碍得以清理，市场经济在中国发展的路径越来越清晰，越来越通畅；因为多难兴邦，经历了汶川地震、玉树地震，舟曲泥石流等一系列灾难之后，中国人民更加意识到，大灾大难对人类是难以避免的，但是只要有了爱，所有的灾难都将被战胜，所有的噩梦都将很快过去，所有的希望都将被高高托起。而这爱，就是人与人之间的爱，人对环境的珍惜和保护。

面对2011年，我将一如既往地将慈善进行到底，将低碳环保进行到底。我最大的期盼是，更多的人一起行动起来，真金白银地献出自己的爱心，我们大家一起做慈善，做环保。只有这样，才能让我们的社会更加充满爱心，让我们的环境更绿色，更低碳，让慈善和文明的脚步声在中国更响，让中华民族在世界上更加受到尊重，也更加有尊严。

（2010年12月28日）

我们该让大爱跨越国界

——赴日本救灾有感

救灾没有国界；我的钱没有比尔·盖茨、巴菲特多，但我的爱心却不逊于他们；富人的罪恶在于无限度地赚钱而不布施；赚钱是一种水平，散财有道则是一种境界；慈善的高调是为了唤醒社会的良知；我的钱是搞环保产业赚来的，挺辛苦的；一路走来，有时很难，也受到一些人误解，甚至有时有一种无助感。

11日，惊悉我们的近邻日本东北海域发生大地震后，我第一时间从各个银行里取出100万人民币，汇到日本灾区。当天晚上，我转道香港飞向日本，希望能够凭借自己在汶川、玉树的一些救灾经验，力所能及地帮助邻国民众。灾难频发，让全世界人们的心都紧紧系在一起。在灾难面前，没有国界，只有人类共同的悲天悯人的大爱。

近年来，中国发生了几次地震，都得到外国的救援。这次，我出些钱，出些力，也算是对过去几次国际社会对华救援的报答。这些年，我在国内各地捐款十多亿，承蒙许多人称我是"中国首善"，但我事实上心中有一个更大的理想，让爱跨越国界，让中国人中出现让世界各国人民尊重的"世界首善"。

我深知，我的财富也许永远不可能像比尔·盖茨、巴菲特那么多，但我相信自己的慈善之心一点都不逊色于他们。我深知，一些朋友对我到世界其他地方做慈善有不同看法，认为中国还有许多地方没有脱贫，没有必要去其他地方捐款。

事实上，这些年我主要是在全国各地做慈善。我想到世界各地去做慈善，是想让中国人的慈善形象、中国人的善良和美德，为世界了解。同时，也真正唤醒世界更多的富人行动起来，帮助穷人。

最近有人在议论我要去华尔街，其实我到那里不是简单的"发红包"，而是与他们交流慈善理念，同时邀请美国一些知名人士和企业家，给纽约的那些失业者、穷人、流浪汉送去救济。我的目的是，让人们看到，贫困是人类的大敌，贫困存在于世界各地，让世界更多的富人多一些善良，多一些爱，多一些为消除贫困的行动。在我看来，富人的罪恶在于无限度地赚钱而不布施，更在于危机之中仍在趁火打劫却不承担救济的天然使命。

古人说"修善功德"。财富集中是社会变迁不可避免的代价，但富人捐献却是弥补社会裂痕的重要手段。在国际交往上，富人的跨国捐献同样是有助于世界和睦、互助互荣、彼此了解的不可缺少的途径。

过去的200年，中国曾深陷贫困与战乱中，无数外国人到中国来帮助我们。他们中有商人、有医生、有科学家、有社会活动家。现在中国人富起来，稍微有点能力了，慢慢地帮助世界，这不仅是一种感恩之举，也让世界知道中国企业家的人文关怀，更可以为加深中国与世界的友好关系做出一点绵薄之力。

中国企业会赚钱是一种水平，而懂得散财有道更是一种境界。富人的责任在于，除了满足自己家属合理的需求外，自己其余的财富都只是社会的托管，需要思考如何用好社会托你管理的这笔财富。

在未来几年，我还会向非洲及其他一些发展中国家的贫困地区捐款，让全世界以及中国人都深切地感受到，包括中国政府在内的所有中国人，正在学会使用一种全球财富观，财富人类共有观，尝试影响国际财富的分配。

有朋友认为我太高调了。但我想，比起那些到世界抢购奢侈品、炫富的有钱人，慈善的高调不仅是社会良知的唤醒，更是一种财富管理的训导。我捐出的是真金白银，都是我借助环保行业赚来的。说实话，挺辛苦的，赚得并不容易。这种精神一直在感染了许多富人，这让我备受鼓舞.

一路走来，有时很难，也受到一些人误解，甚至有时有一种无助感。比如我几年来的业务95%接的都是二手业务，很少能拿到一手；比如现在我的公司已经四个月没有接到一单业务。但我想，这个时代给予我们中国人无限多的历史使命，不断地做慈善事业，注定是我一生必须坚持走到底的道路。我衷心希望能够得到社会更多的理解、支持和帮助，让我们共同为我们的祖国，为我们生活的这个世界不断进步，走向富裕和文明，做出更大的贡献。

（原载于2011年3月14日《环球时报》）

在我离开这个世界的时候，将捐出全部财产

——致比尔·盖茨和巴菲特的一封信

> 在我离开这个世界的时候，将不是捐出一半财富，而是"裸捐"；富人拥有的财富绝不仅仅属于个人；在公司我精打细算，我要将节省下来的每一分钱用于慈善；活着的时候创造财富，死去的时候把财富归还世界，绝不做守财奴。

尊敬的比尔·盖茨和巴菲特先生：

作为美国首富和"股神"，你们最近在全球掀起一股慈善风暴，希望世界各国亿万富豪行动起来，将自己半数财富捐赠出来，支持慈善事业，让我非常敬佩和感动。

去年11月3日晚，我接受比尔·盖茨先生邀请在北京进行私人会晤，就慈善事业进行了亲切交流。这次又应你们共同邀请再商慈善事业，感到非常愉快和高兴。今天，当你们来到以"勤劳、智慧、善良"闻名于世的中国时，我在此郑重宣布：将做第一个响应并支持你们行动的中国企业家。在我离开这个世界的时候，将不是捐出一半财富，而是"裸捐"——向慈善机构捐出自己的全部财产。这也是我给你们两位先生中国之行的见面礼。

地球是我们人类共同的家园，世界各国无论富人还是穷人都是一家人。只是由于每个人的起点不同，机遇不同，分工不同，所以在拥有财富数量上有了差别。事实上，在中国，每一

个企业家的发展都离不开国家政策的支持，离不开稳定的社会环境，更离不开广大普通员工的辛勤劳动。所以，每个富人应该意识到：能够成为富人是幸运的，但你拥有的财富绝不可以仅仅属于自己个人，你有责任为他人，为社会，多做一些事，更多地回报社会。

我作为一个富人，绝不做财富的守财奴。目前我每年都在把公司一半以上的利润拿出来做慈善。2009年我们公司净利润4.1亿，我捐出去了3.13亿，捐出净利润的77.6%。财富是什么？我认为，财富是水，是身外之物。如果有一杯水可以一个人喝，有一桶水可以存放在家里，要是有一条河就该与大家分享。

从1998年做企业以来，我每天都在奔跑中，没有休息过一个周末。为了公司的发展，我总是精打细算，将每一分钱用在该用的地方，因为我要将节省下来的每一分钱用于慈善事业。我认为，慈善不是一时一地的，它永远没有终点，我做企业十年来，到目前，累计向社会捐赠款物13.40亿，直接受益者超过70万人，今后我还将一直这么坚持下来的。

我一直认为，人的一生是短暂的，当我们活着的时候，能够轰轰烈烈地为自己的国家干一番事业，创造财富，创造就业，创造文明和进步，无疑是幸福和快乐的，同样，当我们即将离开这个世界的时候，能够把财富归还世界，让更多遭遇不幸和贫困的兄弟姐妹共享，自己清清白白地离开这个世界，更是一种高尚和伟大。相反，如果在巨富中死去则是可耻的。

人类的慈善是不分国籍的，世界会因为我们的慈善行动而多一些和谐，多一些平等，多一些爱，并且会变得更加美好。这正是我们共同的期望。

祝你们永远健康快乐！

你们的中国朋友　陈光标

2010年9月5日

我为家人自食其力而自豪

——致广大网友的一封信

我为什么对弟弟妹妹"不好";我不想把企业变成家族企业;我的财富观和亲情观;我捐多少个亿同普通人捐十元钱是一样的;我捐钱,想唤醒一些人的灵魂和良知;我承诺"裸捐"说到做到,我不会让我身后及我的子孙后代承受骂名。

尊敬的各位网民朋友:

你们好!

我是陈光标,9月5日,我写了一封给比尔·盖茨和巴菲特的信,宣布在我离开这个世界的时候,将向慈善机构捐出自己的全部财产,引起广大网民朋友和社会各界的广泛关注。很多人对我的行为非常支持,钦佩和感动。你们的支持、赞誉和鼓励,也深深感动着我。然而,也有网友关心:我这么做,家里人理解和支持吗?当人们得知我的妹妹依然在一家饭店洗碗,每月工资只有1800元;我的弟弟依然在做保安,每月工资只有2500元,也有人产生疑问:陈光标为什么这么做,一个人如果对自己亲人不好,怎么可能对其他人好呢?

前一段时间,我一直在为舟曲泥石流灾区捐赠而奔波,今天才抽出时间想给广大网友写信,谈谈作为哥哥的我为什么这么做?以及我对一个亿万富翁该如何对待自己亲人的理解。

2009年获中国慈善排行榜最高奖项
"最具号召力的中国慈善家"称号

首先，我想跟网民朋友先聊一聊我的家。小时候，我们家很穷，哥哥姐姐都是饿死的。可以想象，如果没有改革开放政策，没有稳定的社会环境，我们家今天会是什么样子？我也许只是个靠工资养家糊口的普通人。所以，今天我成为亿万富翁，是幸运的，一直从内心感激社会，感激改革开放，也有责任为国家，为社会，多分忧，多做一些事。

记得小时候，遇到乞丐要饭，我的父母非但不嫌弃，还会请他到自家餐桌上，与我们一家共同吃饭。别人家孩子没奶吃，妈妈就放下自己的孩子，给别人家孩子喂奶。有一次我看到弟弟因为缺奶吃饿得一直哭，就问妈妈为什么。妈妈回答："你小时候也是这样的，我奶水还可以，别人家一点都没有，小孩子要饿死的。"父母虽然贫困，不可能给我们留下什么物质财富，但是他们教会我们如何做人。现在我能用财富回报社会，是父母教会我们的，也是为了尽忠尽孝。有人问我：陈光标，你最大的遗憾是什么？我想我最大的遗憾就是没有第二次生命奉献给我的祖国。

其次，作为亿万富翁，我应该为自己的弟弟妹妹做些什么？有一种传统观念叫"一人得道，鸡犬升天"。的确，如果我把一部分财富送给他们，弟弟妹妹们也许能过着一种养尊处优的生活。现在不少亿万富翁就是这么做的，把企业变成家族企业。然而这么做就对吗？结果就好吗？

我发现60%以上的"富二代"是败家子。财富并没有使他们成为对社会有用的人，他们中有的人甚至吃喝嫖赌，危害社会。这些财富事实上是害了他们。没有辛勤劳动创造、轻而易举获得的财富往往很难珍惜，也很难守得住。所以，我希望自己的弟弟妹妹自食其力，靠自己的本领吃饭，同时也在社会上体现自己的人生价值。现在他们做到了，我为他们骄傲，我想广大网民朋友也会为他们鼓掌的。

我的弟弟妹妹文化程度不高，都是小学文化。我也曾经3次创造机会让他们到我们公司工作，但后来由于受文化水平限制，他们不能适应企业发展要求，先后又离开了。我也犹豫过，是继续让弟弟妹妹留在公司养着他们，还是让他们到社会上寻找适合自己的工作，最后，他们出去找到了自食其力的工作，我觉得他们当保安和洗碗工，做对社会有益的事，不丢人，非常光荣！

当然，人非草木孰能无情，更何况血浓于水呀。作为哥哥，我对亲人也是充满感情的，一直在想如何帮助他们。我觉得，如果给弟弟妹妹留下一大堆鱼不如教会他们孩子钓鱼捕鱼的本领。因为再多的鱼也有吃完的时候，而钓鱼捕鱼的本领可以让他们和孩子受益终身。所以，我没有给他们很多金钱，而是帮他们培养教育好孩子。教育能够改变一个国家的命运，也能改变一个家庭的命运。这就是我多年来一直坚持不给弟弟妹妹钱，但是每月给他们孩子2000元教育费的原因，当然，在他们家庭遇到困难的时候，我该出钱的出钱，该出力的出力，更是人之常情。所以，尽管有人不理解甚至不认同我这么做，我还是会坚持这么做下去的，我觉得这是对亲情观和财富观理解的不同吧。

由我创立的黄埔再生资源利用有限公司，是一家高科技环保拆除公司，是目前中国唯一一家把建筑垃圾二次利用的环保产业，我用"变形金刚"把废旧垃圾做成颗粒，用做路基辅料，多年来，累积在颗粒可足够从北京至天津铺四车道了。目前，我又将向生活垃圾转型，我认为这是一座看不见的巨大"金矿"，既保护了环境又有不薄的利润。

我觉得，一个人来到这个世界，可以说是"赤条条地来，赤条条地去"，应该把财富看得淡一些。我经常说，财富是水，是身外之物。如果有一杯水可以一个人喝，有一桶水可以存放在家里，要是有一条河就该与大家分享。我从1998年做企业以来，每天都在奔跑中，没有休息过一个周末。为了公司的发展，精打细算，将每一分钱用在该用的地方，将节省下来的每一分钱用于慈善事业。我做企业十年来，到目前，累计向社会捐赠款物超过13.57亿（包括前几天捐给舟曲价值1700万的大型机械设备），直接受益者超过70万人。这对国家，对社会是有意义的事，对我们家庭，对我的弟弟妹妹，不也同样是有意义的事吗？

我想告诉大家在是，我捐的不是钱，而是一种理念，通过这种理念来唤醒人们的灵魂与良知，并且是在呼唤这个社会的公平与正义。因为，我看到了这个世界上越来越多的人睁眼闭眼就是钱和权，忘记了什么是尊严，失去了人性，这让我非常寒心。我所捐的13个多亿，帮助了70多万贫困人口，其实，我看重的并不是这些钱，我捐13个多亿跟普通百姓捐十块钱是一个道理，主要想通过个人的亲力亲为来影响带动更多的人行动，让更多的人得到帮助，这才是我觉得无比快乐的事。

现在，我的儿子七岁了，我经常带他出席一些慈善活动，也会带他去到贫困山区，我要用我的言行来感化他、引导他，让他懂得感恩社会和包容社会。我希望他长大了和我一样一辈子从事环保产业的同时不忘回馈社会。网友朋友们，我也衷心希望，你们也行动起来，帮助他人，从身边一点一滴做起，并且用行动带动你们身边的人、你们的下一代，一同为我们国家的环保产业、慈善事业尽一份力量。我认为，社会不仅仅需要一个陈光标，而需要千千万万个陈光标，大家团结起来形成强大的精神力量，加入慈善大家庭的一份子，你们一定能从中体会到和我一样的快乐。

网民朋友，我希望弟弟妹妹能以有我这样一个为了社会"裸捐"的亿万富翁哥哥而骄傲，同样，我也会以弟弟妹妹这样作为亿万富翁的弟弟妹妹仍然做洗碗工、做保安，自食其力而自豪！

我提出"裸捐"后，现在已经有过百名富人和普通百姓响应我，还有一些富豪向我表示，他们虽然做不到捐献100%的遗产，但会捐出50%，我很是欣慰。最近，不少我捐助过的少数民族欠发达地区的少数民族干部给我打来电话，他们说我唤醒了许多富人的良知与灵魂，相信不久的将来少数民族的穷人会得到更多的富人帮助了。他们还告诉我，受我捐助的贫困百姓在生活、教育上得到了怎样的变化，听到这些，我想无论我面对怎样的非议，我都无所谓了，因为我的内心是喜悦的，是坦荡的，对社会、对他人从来没做过一件坏事。我要让父母和弟弟、妹妹们放心，我会永远记住1998年春节吃饭桌上父亲送给我的两个坚持：坚持守法经营，坚持诚信做企业，做了好事一定要告诉更多的人。

"裸捐"行为牺牲的只是我一个人的利益，但会让更多的百姓得到收益。网友朋友们，你们放心，我陈光标对社会承诺"裸捐"说到做到，当我离开人世的时候，我不想让我的子孙后代承受骂名。

人与人之间最难得的是尊重与被尊重，理解与被理解，感动与被感动，社会各界和广大网友的尊重、理解和鼓励，永远感动着我，给我坚持不断做慈善以快乐和力量。

你们最真诚的网友　陈光标

2010年9月18日

让我们一起奉献自己的爱心

——致媒体朋友的一封信

从我"拥有第一桶金"时就开始了捐助；我希望通过我的"高调"带动更多的人行动；尽管有人不认可，可我还这么想、这么做；我的善款都是合法的，而且是绿色的；做慈善，人在做，天在看；国家突发灾难，我在做什么，指责我的朋友又在做什么；我的慈善行为被误解时，我真的觉得委屈；当我近70岁父母的正常生活被打乱了，他们感到外面不友好的对待时，我感到作为儿子真的太不孝了；虽然好人难当，但我还会坚持当下去。

亲爱的各位媒体朋友：

我是全国道德模范、全国抗震救灾英雄模范、全国五一劳动奖章获得者陈光标。首先感谢你们多年来对我高调做慈善给予的关心、报道和支持。正是由于你们的报道，使中国的慈善事业得到广泛传播；正是由于你们的鼓励，给了我投身慈善事业更大的动力。

可以说，我是个真正的苦孩子出身，小时候家里很穷，在我两岁的时候，一个哥哥、一个姐姐因为家庭极度贫困，先后饿死。所以我从小就下决心要通过自己努力，变成一个富人，自己有了钱以后，要尽力帮助更多贫困和不幸的人。

非常感谢党的改革开放好政策，我从一个苦孩子成为中国"先富起来的人"，从拥有第一桶金时，我就开始把钱捐出来，让社会上更多的人分享。每次看到我捐助的人因为我的捐助而度过困难，我是多么的高兴呀。而每次当被帮助的人给我一份表扬，一个奖状时，我又是多么激动和自豪。

有媒体朋友经常问：陈光标，你为什么不能低调一点，能不能做好事不留名呢？说心里话，高调行善一方面与我的个性有关；另一方面，我觉得我国许多人致富后，很少用自己的钱做慈善，我希望自己"高调"慈善能带动更多的人行动起来，大手拉小手。去过我老家的很多媒体朋友应该都看到我家门两边的对联：天地中乡陌里吃亏是福树榜样要一人先行，人世间社稷上行善积德感人心需几代付出。如果大家做了好事都不说出去，怎么能向世界传达中国是个充满爱心的国家呢？尽管有人不认可我这种高调，可我内心的确是这么想，这么做的。

有人说：枪打出头鸟。的确，我高调慈善有时也会得罪一些人，也会受到各种质疑，比如，高调慈善的动机，慈善资金从哪来？公司有没有偷税漏税？捐款数字是不是有泡沫？

我可以问心无愧地告诉媒体朋友，我的慈善资金都是合法的，而且是绿色的，因为我们公司从事的是绿色无污染、对资源二次利用的建筑拆除。我们公司作为建筑垃圾、生活垃圾二次环保利用的企业，国家是免税的，在我获得各种荣誉时，国家有关部门已经进行过一次又一次核实。如果问我捐款数字是不是能精确到几万元、十万元，因为不是每一笔捐款我都立即登记下来，更不是每一笔捐款我都向他人索要发票，一些二手设备折算的价格可能更不好说精确到几千元几百元。但是，人在做，天在看。面对国家突发灾难，我在做什么？指责我的朋友，你又在做什么？我真的希望大家能够扪心自问。

最近，让我有些烦恼的是，因为我过多的精力投身慈善事业和社会公益活动，公司从2010年12月起，一直没有接到新的订单，所以我正在投入更多的精力把公司做好，因为这是我做慈善的基础。更让我烦恼的是，有的媒体还一拨一拨地到我龙家进行无休止的暗访，个别媒体还指责我父母没有好好接待，严重影响了我父母的正常生活。当我每次接到近70岁老母亲电话时，我听到了母亲的一次次哭声。媒体朋友，你们也有父母，你们可以想象，作为儿子，我此时的心里如何？

我的高调慈善引起许多人关注，许多人同行，是我希望的；当我的慈善行为被误解，甚至曲解时，我真的觉得很委屈。我心在多次流泪，就这样我只能咬牙挺着，面对观众朋友还要自信笑着。当我近70岁父母的正常生活被打乱了，他们感受到外在不友好的对待时，我感到作为儿子真的太不孝了。所以，我恳切希望媒体朋友不要再到我的家乡打搅二老的正常生活好吗？

各位朋友，下一阶段我会把很多时间和精力放在公司环保经营上，争取早日把企业经营搞好，这是我做慈善的基础。只有把企业做好了，才能用这个钱财去回报社会，所以说现在我每天都要推脱掉很多家媒体的采访，推脱掉好多的社会接待，请大家理解我，特别是请广大媒体朋友理解我。

虽然好人难当，但是我一定会坚持下去的，因为我们的社会需要好人。只有社会上充斥着好人，我们的社会才有希望。

中华民族自立于世界，需要一种爱心、一种奉献、一种担当，让我们一起奉献自己的爱心吧，让我们在扪心自问的时候永远做到问心无愧。

你们的朋友　陈光标

2011年4月27日

我唯一遗憾是自己做的还太少

——参加井冈山感恩之旅感言

> 思想和灵魂得到洗礼；我见到了曾志留在农村当
> 守林员的儿子；无论顺境还是逆境都要淡然一些；我
> 遗憾的是自己做的太少。

巍巍井冈，浩气长存！

6月9日，我有幸参加了中央统战部组织的"非公有制经济人士感恩革命老区井冈山行"活动。这次井冈山感恩之旅让我心灵产生强烈震撼，也让自己思想和灵魂再次得到洗礼！

我们此行200多位企业家是在中央统战部副部长、全国工商联党组书记全哲洙的带领下，满怀崇敬的心情来到井冈山的。在井冈山的日日夜夜，我们瞻仰革命烈士陵园，走访革命故迹，受到了一次次感动，接受着一次次生动而深刻的党情、国情和革命传统教育。如果说收获，那么我从内心感到，这次红色之旅增强了我们广大企业家对党、对国家、对人民的感恩之情，增强了我们作为一批先富起来的企业家对民族、对社会的使命和责任。

正是怀着这种感恩之心，我们一行人向老区人民捐献了数千万元的财物，用于支持当地建设发展，我也捐赠了200台教学电脑，希望能为当地改善教学条件尽自己一份绵薄之力。

在井冈山，我有幸见到了井冈山老红军、原中组部副部长曾志之子蔡石红（原名石来发），他动情地向我讲述了母亲伟大的一生：曾志作为一名井冈山的老红军，将她的一生都献给了党和人民。1928年11月7日，正是"十月革命"11周年的纪念日，难产的曾志好不容易把孩子生下来了。但是，经历过出生入死的战斗考验，曾志知道，自己是没有办法带大孩子的，再加上红四军主军决定离开井冈山，经过反复考虑，26天后，她把孩子送给了王佐部队一个姓石的副连长。曾志拖着虚弱的身体，忍痛别子毅然随部队离开了井冈山。直到20多年后他们母子才得以相认，可是蔡石红尊重母亲的意见并没有留在母亲的身边回到了井冈山，担任了几十年的护林员工作，不辞辛苦地巡逻在崇山峻岭之中，为管理、保护好井冈山的绿色森林而兢兢业业地工作。

在井冈山当"红军"

就是这样一位伟大的无产阶级革命家曾志，在她的遗书中写下了多个"不"字，"不开追悼会"、"不举行遗体告别仪式"、"不要在家里设灵堂"、"不要来京奔丧"、"不要写简历生平"、"绝不要搞什么仪式"。

听到这里我感动了，我的双眼湿润了，我想在社会快速发展的今天，我们每个人都应该反思，每个人都应该学习。我们该反思有没有发挥自己的光和热，为伟大的中华民族事业贡献力量；我们该学习老一辈无产阶级革命家的精神。正如毛主席说的"井冈山精神不要丢了，艰苦奋斗的精神不能丢了"。

"坚定信念，艰苦奋斗，实事求是，敢闯新路，依靠群众，勇于胜利"，这就是井冈山精神。走在井冈山上，我感受最深的是：如果我们能经常想想革命先辈，想想新中国的来之不易，个人就应该为我们的国家和民族多做一些奉献，无论顺境还是逆境，无论别人赞赏还是不理解，我们都该淡然一些，沿着一切为了国家和民族的方向，坚定地向前走。作为一个全国知名的民营企业家，作为"全国道德模范"、"全国抗震救灾英雄模范"和"五一劳动奖章"获得者，想想革命先辈，我唯一的遗憾是自己做的还太少。

重温党的历史是为了更好地展望未来，发扬革命传统是为了更好地开创未来。如果说，我这些年来为了中国的慈善事业和环保产业的发展做了一点自己力所能及的贡献，也赢得了党和人民给予的高度评价，那么通过这次接受革命传统教育，我更坚定了以创新精神将中国的慈善事业和环保产业做得更加科学，更加透明，让中国的慈善事业和环保产业的明天更加阳光灿烂。

井冈山，一个让每个中国人民永远震撼的山，这片洒满烈士鲜血的青山绿水，让我更加意识到自己肩上的责任，同时也让我的心胸宽广了许多。因为没有井冈山的星星之火，就没有我的今天，没有中国非公有制经济的今天！所以，我们在今后的工作中大力弘扬井冈山精神，努力发展企业，切实履行伟大时代赋予我们的伟大使命，是义不容辞的责任。

再过几天，伟大的中国共产党就要过90周年生日了，我们在看到我国经济社会发展取得的伟大成就的同时，也要看到我国还有许多困难群体需要我们救助，因此我向社会各界企业家呼吁，让我们不忘革命先烈，不忘今天的来之不易，继续弘扬义利兼顾，以义为先的光彩精神，多为社会奉献一些爱心，为我们伟大祖国的和谐发展和民族复兴而努力奋斗！

（2011年6月11日）

企业家朋友的爱心不要冬眠

——企业家春节送温暖倡议书

> 我在想多少贫困家庭的春节如何过；企业家朋友的爱心不要冬眠；企业社会责任的三个层次；要倡导一种人人参与的平民慈善；从慈善中感到无与伦比的快乐和幸福。

还有不到一个月的时间，春节就要到了。此时此刻，我心中又想起了那些我永远牵挂的老少边穷地区贫困家庭：你们这个春节如何过？有一句俗语说：谁家过年不吃一顿饺子？然而，我在贫困地区做慈善，的确看到许多家庭到了春节依然缺粮少油，有的家庭连一块肉也买不起，真得吃不上一顿水饺。

数九寒冬，万物冬眠。我希望我们企业家朋友的爱心不要冬眠呀！让我们用爱心给贫困家庭送去温暖、快乐，让春节尽可能多一些笑声。

过去30多年，中国的绝对贫困人口减少了3亿左右，是全球减贫最突出的区域。可以说，如果没有中国的贡献，地球上几乎没有绝对贫困人口的减少。扶贫是中国制度优越于世界绝大部分国家的重要方面。但中国贫困人口还是很多，扶贫工作在相当长时期都将是一个永恒话题。最近中央扶贫开发工作会议将国家扶贫标准线从1274元升至2300元，既反映了国家正在加大扶贫力度，也说明了社会扶贫的严峻性。

国家加大扶贫力度，不应是扶贫的唯一路径。企业家也应当是主力。当前中国贫困出现的新症结在于，商品的严重过剩、积压与部分贫困地区物资匮乏同时存在。我在想，为什么那么多企业家宁可花巨资处理过剩商品，而不愿意将还尚能用的商品免费赠予乡镇贫困及城市赤贫人群呢？

所以，我想发出，希望所有充满爱心的企业家行动起来，共同携起手来给贫困家庭献爱心，帮助他们过一个有米有肉、充满笑声的春节。我认为企业社会责任是分层次的，至少分三个层次：一是作为企业必须提供安全可靠的产品，这是最起码的责任；二是企业通过发展履行更多的社会责任，比如帮国家解决更多人就业，缴更多的税；三是超越企业经营本身，参与公益慈善，环境保护，贫困救助，灾难援助等。这是高层次的社会责任。履行社会责任可以彰显企业家的爱心，高尚品格和高度责任；可以与政府和社会建立更良好的关系。所以我认为，只要科学地分配好自己的时间、金钱、精力，做公益慈善只会提高企业知名度和美誉度，帮助企业树立诚信，责任的好形象，这将给企业带来更多合作伙伴和商机，有利于企业更好更快发展。

我也希望，不光我们更多的企业家，我们普通平民也可以更多地关心一下身边的贫困家庭。中国需要倡导一种人人参与的平民慈善，这将使人与人之间充满温情。你的一件旧棉衣、一袋米、一斤肉，给了身边的困难家庭，就拥有了不寻常的意义和价值，从做慈善中感受到无与伦比的快乐和幸福的感觉。

有位著名学者曾说：如果你曾为不幸流泪，那么泪水将难以停止。春节是祥和幸福的节日，让我们不再为他人的不幸痛心，用自己的绵薄之力一点点减少世间的不幸。在此陈光标向所有的爱心人士深深鞠躬，表示诚挚的感谢与祝福。

（2011年12月27日）

我的慈善观

——对话记者姜赟

慈善捐款比纳税更能体现回报社会的意愿；我的慈善观；我不是为了获得别人感恩而做慈善；我更愿意以我的信用承诺"裸捐"；我呼吁地方政府支持和配合慈善家的善举；做慈善不光要让人家知道，还要让社会来参与和监督；我做慈善不是为了与谁攀比。

一问：富人慈善，一定要大把撒钱吗？

记者：有人说企业家最大的慈善应该是多缴税，创造更多的就业岗位；有人说是多捐真金白银。您比较认可哪一种？您的慈善观是怎样的？

陈光标：缴税和慈善是两个不同的概念，缴税是义务，慈善是志愿；缴税多少由法律规定，多缴少缴不是自己说了算而是法律说了算，我作为公民当然要依法纳税。但慈善捐款因为是志愿行为，捐多捐少是自己说了算，我认为更能体现回报社会的意愿和精神。

我认为缴税、办企业，这是作为一个企业家应尽的责任和义务，不是慈善；捐赠则是基于个人价值观的慈善行为，简单地说，这就是我的慈善观。

记者：您曾说"80%接受过我帮助的人都没有感恩之心"，那么，是什么力量支持您继续慈善的呢？

陈光标：我从来不是为了获得别人的感恩而做慈善的，相反，我是为了感恩社会、回报社会而坚持不懈地做慈善的。

记者："巴比"中国行，您承诺"裸捐"作为见面礼，引发了社会热议。有人赞扬，有人怀疑，那么，您的承诺介意以法律的形式固定下来吗？

陈光标：我对慈善捐赠的承诺靠的是行动和支持我行动的精神力量，如果没有这种巨大的精神力量，其他任何形式如何能够约束我的志愿行动呢？退一步来说，既然是志愿行动，为什么要用法律的强制力来约束？我更愿意用我的个人信用来承诺。

二问：善款使用，一定要亲力亲为吗？

记者：您承诺"裸捐"。善款托给基金会或是亲力亲为，您更倾向选择哪一种？

陈光标：所谓"裸捐"，只是承诺在我的有生之年将社会给予我的巨大财富回报给社会，并没有做出具体的安排。

从国外慈善事业的发展来看，基金会和各种非营利组织是慈善公益事业的主体，捐赠资源通过基金会和非营利组织用于慈善公益事业是最主要也是最有效率的一种机制。

当然基金会并不排除亲力亲为，盖茨现在在经营着全世界最大的基金会——比尔和梅琳达·盖茨基金会，他就在亲力亲为他所开创的慈善公益事业，这也是一个很好的方向。在我国，2004年颁布的新的《基金会管理条例》也鼓励私人兴办基金会，目前这种被称为"非公募基金会"的基金会已经近1000家。我对此也是有所考虑的。

记者：对基金会有何看法？会不会不放心、不信任？您对基金会发展有什么建议？

陈光标：基金会特别是公募基金会对中国慈善做出了巨大贡献。就目前我国公募基金会的现状来看，应当说还是存在一些问题，比如公开透明不够、问责监督不严等，这是让人们不放心、不信任的主要原因。

毕竟和美国比起来，我国的基金会和非营利组织发展的历史还很短，在体制上也有这样那样的问题。但我相信随着我国公益事业的发展，随着相关的法律和各项制度逐渐完善起来，我国的基金会和各种非营利组织一定会越来越具有公信力，越来越发展壮大。说到建议，我希望我们的相关立法能够走得快一些，基金会能够在公开透明和问责监督上更严格规范一些。

记者：有人评价您的慈善方式比较粗放。据传，您曾捐过很多电脑，但是当地却连网线都没有接通，没有计算机老师教课，导致电脑资源浪费。您认可吗？

陈光标：可以说中国慈善事业总体上还处在发展的初级阶段，和发达国家比起来，粗放是不可避免的。坦率地说，你说的这种情况个别地方是存在的。这说明很多地方的确很贫困，迫切需要我们的帮助。我也呼吁地方政府能够尽其所能地支持和配合慈善家们的善举，让慈善资源发挥最大的社会效益。

三问：善行善举，一定要高调传播吗？

记者：做慈善，您认为该低调地检验善行效果呢，还是应高调让大众知道自己在做什么事以及这些事情的效果？

陈光标：其实慈善无所谓低调和高调，慈善就是公益事业，就是社会的事情，社会效果就是衡量慈善事业效果的标准，做慈善的目的是让社会受益，人家都不知道，你怎么说社会受益了呢？不光要让人家知道，还要让社会来参与，来监督，来共同提高慈善捐赠的效益。所以做慈善，就应该公开透明、理直气壮。

记者：由于您的高调行善，给一些富人造成了压力。也因此，褒贬随之而来。对那些"拍砖"的评论，想必您也有所耳闻吧，您有何看法？

陈光标： 做慈善，我是出于自己的价值观采取的志愿行动，不是和谁攀比。如果因此使其他朋友感到有压力，只要是正面的压力、积极的压力，我觉得都是好事。慈善公益事业需要各种压力和推动力才能不断发展起来。

记者： 有些人认为您通过慈善影响力使您的实体企业获得了好处，您也在媒体上说过您的慈善影响力使企业受益20%，有人抱着目的论去看待您的慈善事业，对此，您怎么看？

陈光标： 社会能形成行善有好报的氛围，慈善更容易日常化。当然，慈善公益和经营企业是两码事，但是世界上有的时候确实有良性循环和恶性循环，所谓"善有善报、恶有恶报"可能就是这个道理？我相信这一点。

（原载于2010年10月13日《人民日报》）

2010年春节期间，同中国企业家爱心团的企业家朋友一起分别在新疆、西藏、云南、贵州、四川的少数民族地区，给当地群众发送慰问金

拿出真金白银做慈善，怎么做都不为过

——对话杨澜

　　慈善要人看得见、摸得着，不带目的性和交易性；做慈善为什么要低调呢？又不是偷鸡摸狗；我做慈善遇到的烦恼；有人一直说我沽名钓誉做秀；我每年用企业利润的一半做了慈善；我带着员工到到汶川救灾，有的员工的父母打电话骂我；救灾是我的本能反映；我2009年捐出3.13个亿，全部到位；有关部门授予我"中国首善"，我认为自己当之无愧；不要把财富留给子女，而要把吃苦精神、创业精神和吃亏精神留给子女。

杨澜： 最近你用价值4316万元的现金和支票堆砌成一堵墙，所有款项装人8万个红包，在春节前送到新疆、西藏、云南、贵州等地区的特困户手中。这个景象给人一个很大的刺激，于是就有人说陈光标疯了吗，为什么要用这样的一种方式来表达一个慈善的举动，是不是太直白了？做秀的痕迹太强了？

陈光标： 慈善要让老百姓看得见，摸得着，不带有任何目的性和交易性的才叫慈善。要拿出真金白银出来，怎么做都不为过，这样能对未来中国慈善的立法有很好的作用。一个人做好事为什么要去低调呢？你又不是偷鸡摸狗，我认为一个人做好事必须要让大家知道，让大家来带动更多的人去学习。

杨澜： 其实你这么做也给自己带来了更多的麻烦，第一人家风言风语这是一个麻烦了，对吧？心里总是不好过了。第二个各种机关就会来查你啊，说这小子捐这么多钱，这钱哪来的，好好查一查，对吧？第三呢，我听说你经常会接到各种求助信，包括求助的人都会堵在你的办公室门口，这是一种什么样的场景啊？

陈光标： 你看我这么多年做好事，在当地也可能会得罪一些人，每年都会有工商、国税、地税去查我，如果我有问题的话，那今天你杨澜就访谈不到陈光标了。这几年来，特别近两三年，全国各地到上门求助的一天大概为二三十个，最少二三十个，出租车驾驶员都知道，外地来求助了，说去找陈光标，出租车驾驶员就给带到我公司楼下了。一天收到的求助信大概在1000封左右，每天都是的。还有人看到我以后抱着我腿不让我走，有的时候钱给少了骂我，这都有，就是什么样情况都有。

今天讲到这些烦恼，我是第一次告诉你。我父母在老家农村，全国各地到南京找不到我，就找我父母，现在我每年都给个二三十万块钱给我父母，来的人反正一般解决路费，一个人给一两千，几百块钱的。把这些困扰讲出去以后会影响其他的企业家来做慈善，原来陈光标做慈善还有这么大烦恼，所以一般我不愿意说。

杨澜: 现在已经到了不惑之年, 40岁了, 每一次做了好事这样广泛的宣传, 甚至是非常高调的宣传, 有没有人说过陈光标你这是不沽名钓誉吗?

陈光标: 有啊, 我从1998年做企业到现在已经11年了, 那么11年里有七八年人家说我沽名钓誉在做秀, 一直都是在说。

第一年赚了20万元, 我拿着3万块钱帮助安徽一个9岁得了白血病的女孩, 我送到医院去给她。后来报纸上就报道出来了, 居委会老头老太太, 楼上楼下的人都说, 说我在做秀。

第二年, 1999年, 我赚了60万元, 我拿了28万元为我家乡修了一个4.8公里的乡村公路, 我家乡人也说, 说我钱来路不正, 不知道在外边做白粉的还是做什么生意。同时呢, 修那条路的时候水泥和沙子要用水, 老百姓池塘里面的水都不给我用。没有一个配合的, 找人过来以后每个人要给20块钱一天工钱, 按道理你地方政府都应该配合, 地方政府都不配合。

杨澜: 其实对于当时一个人如果一年能够挣60万, 拿出28万来做慈善这个比例来讲, 是很高的, 差不多你一半的收入啊。

陈光标: 这么多年一直都是一半。我原来头几年说我企业净利润的20%、30%来去做慈善, 实际上每年都是40%、50%以上, 达到一半吧, 每年都是这样。

杨澜: 2008年5月12日, 汶川大地震, 一个来自四川的电话让你打乱了公司原来的合同和计划?

陈光标: 那天2点半开股东会议, 3点半接到四川一个好朋友电话, 他的姐姐姐夫都埋在都江堰幸福小区里面。我想这肯定是一场大地震。我就说, 正好今天下午我们有60台机械前往山西霍州发电厂和天津一个化工厂, 还有北京商务部前面的那个大楼去拆除, 通知他们晚上不要去了, 掉头前往灾区。

本来大家意见还是不统一的, 我们签的都有协议啊。这三个地方一个多亿元的合同，就意味着到时候违约啊。后来我讲我们先去救援，到时候再说。我就通知公司，既然大家意见不统一，后来我就命令了。

杨澜：听说你那时候带着这些员工到汶川去救灾的时候，很多员工的家属打电话骂你有这事吗？

陈光标：有，有一部分员工的父母打电话给我，让我立即把孩子送回去。后来回不去，在电话里就骂，哭着骂，这个心情也可以理解的。

那时候每天都有余震，而好多孩子第一是独生子女，第二到四川抗震救灾70%都是我招的退伍战士，他们也是刚刚从部队回来，父母真的是非常担心。

杨澜：那你有没有把家里打电话的这个事告诉这些当事人呢？

陈光标：没告诉。我说兄弟们你看你们在抗震救灾，电视的镜头全部都有你们，家里面看到都很高兴，都为你们感觉到很自豪啊，我这样去鼓励他们。回来以后我每人奖励5万元现金，120人就600万元；公司又给每人颁一个荣誉证书，在抗震救灾中做出特殊的贡献，有公司盖的章，我签了名，每人一本证书。

杨澜：大家说你是中国首善，你要这个名？

陈光标：中国首善，第一我认为是当之无愧的，第二也是无可非议的。比如印尼海啸，我是中国企业家第一个捐的，意大利地震我是中国企业家第一个捐的，台湾"莫拉克"台风是第一个。你在网上查查，这次海地又是第一个，八个遇难维和警察又是第一个，网上查查绝对没有超过我的，这就是我的本能反

随企业家爱心团在新疆

应。我认为首善的标准是，亲历亲为地去做，做了以后就要让人知道。

杨澜：你有没有发现你这样一种直接发钱的方式，其实有的时候好心并不一定带来最好的结果。

陈光标：他拿到钱，不管多少，肯定会高兴，拿不到他不高兴那是他的事情，我们力量就是这么大啊。地震第二天我就开始发钱了，看到那么多灾民抱着孩子在哭，老百姓心里在想该怎么办啊，这慌里慌张的大家都不知道怎么办了，我就是让他拿到这一两百块钱心里面得到一种安慰，我是这样想的。

杨澜：你有没有遇到过把钱捐给慈善机构，然后你觉得这个钱的去向不能够完全让你满意，有没有这样的事情？

陈光标：有。以前通过慈善机构捐了不少，但心里边老是闷得慌。到底这个钱到哪去了？后来我想着不如我自己，一点一点让大家看得见摸得着；同时我认为对慈善机构，以后对慈善立法包括各方面都会有一个推动作用。

我2009年的成绩单不知道你看到没有？我做生活垃圾环保，建筑垃圾处理，我的净利润4.1亿元，我捐出了3.13亿元。3.13亿元捐到哪里去了？现在网上媒体报道的总共是73家，捐到哪里去，一二三四五，全部公布出来，全部到位，3.13亿元全部到位。

杨澜：这么说起来也很硬气。

陈光标：是的。我经常说我对财富的认识。我会很快把我现在的资产和以后创造的资产，找一个中国最权威的公证处把它公布出去，全部或者至少90%以上捐给社会。早点来影响和带动更多人对财富观、人生价值观的一种认识，不应该把财富留给我们的子女。这种想法是错误的，应该留给我们儿孙后代的是一种吃苦精神、创业精神和吃亏精神，吃亏是福。我在必要的情况下，还会给子女创造一点债权债务让他去折腾。财富如水。你有一杯水自己喝，你有一桶水可以把它存放在家中，你有一条河就应该学会与他人共同分享。

（《杨澜访谈录》，2012年2月13日）

我的善行与人生宝典

——对话赵忠祥

我从小学三年级开始学雷锋；我13岁时用自己赚的钱买了一部电影机，给33个村的老乡放的第一部电影就是《雷锋》；雷锋对我的影响特别大；我对自己穿着雷锋照的那张照片也不满意；后来人提到我陈光标的时候，起码有"大好人"三个字；我一直在做我的创新型慈善、创新型环保；我脑子里一直在想，怎么让社会的每一个人的心向善；我做了好事必须要讲，不讲心里憋得难受；"首善"的标准不应该是捐款的数量；我非常不赞成"善欲人知，不是真善"的话；我父亲给我写"低调做人，高调行善"；企业家的"三个层次"；国际、国内一些环保组织授予我"中国低碳环保第一人"称号；我的人生宝典。

赵忠祥：亲爱的观众朋友们，广西的父老乡亲们，今天我们非常高兴，请到了大家都非常关注的一个非常著名的人士——陈光标先生。陈先生，跟我们观众打个招呼。

陈光标：广西的观众朋友们，全国的观众朋友们，大家好！我是陈光标。

赵忠祥：最近，你有一个学雷锋的照片发表出来了，是吗？

陈光标：是。

赵忠祥：那个照片照得不好。我今天一看你，不是照片那样。那个照片给你照得，一个是老了，一个是很臃肿。在我面前看，你还是一个帅哥呢。你学雷锋，从什么时候开始？

陈光标：学雷锋就是上小学三年级的时候，当时都在学雷锋。那时候，我在三年级，就有了学雷锋。学雷锋给我印象最深的，我记住了三句话：忠于革命忠于党，接过雷锋手中的枪，爱憎分明不忘本。我13岁的时候卖粮食赚的钱，买了第一部电影机，给我们周围两个乡镇33个村放的第一部电影就是雷锋的电影。

赵忠祥：你当时怎么想起来要买电影机？

陈光标：我当时卖粮食赚700多块钱，就买了这个二手的，76毫米的。

赵忠祥：700多是当时多大的一笔钱，你当时是怎么赚的？

陈光标：我当时十一二岁，就拖着板车，到农民家里收粮食。一板车能拖五六百斤，一斤粮食能赚两三分钱。拖粮食去街上去卖。13岁以后呢，我就雇了两个同学，租用了一辆拖拉机。一辆拖拉机能运几千斤的粮食。到供销社、粮站去卖。一斤粮食赚个两三分钱，一拖拉机能装5000斤，一车就能赚100块钱左右。我15岁就是万元户了。我15岁在我们那个农村信用社存了14700元。我放了33场雷锋电影。每放一场，每看一遍，就多一次感动。

赵忠祥：你不仅给老乡看，自己也看，放一遍，看一遍，受一遍感动。

陈光标：对。所以我这么多年做好事，不是心血来潮的。第一个是受父母的教育；第二个是受雷锋电影给我的影响。真的，雷锋给我的影响特别大。

赵忠祥：没看到你本人的时候，怎么觉得照片有点臃肿。

陈光标：我对那个照片也不满意。当时拿了个凳子，要我爬上去，摄影师从底下往上照。

赵忠祥：虽然形象不是很好，但是意义你还是满意的。

陈光标：意义满意。接过雷锋手中的枪嘛！

赵忠祥：我因此相信，到一百年以后，我们很多人都已经不在了，很多人已经默默无闻了，但是雷锋精神仍然在我们中华民族这样一个博大精深的文化传承上、精神传承上，它应该是永远放着光芒的。

陈光标：赵老师应该补充一句，雷锋的精神永放光芒，但是我认为光标的精神也会在历史上留下一笔。

赵忠祥：我认为历史不应该委屈你，应该给你留下一笔。因为今后你再做什么好事，我们不知道，也许会做得更好。

陈光标：后来人们提到陈光标的时候，最起码有"大好人"三个字。

赵忠祥：你说的叫青史留名。人活得真的很现实，要想到后人对我们的评价。

陈光标：我所做的一切就是要让历史记住我。

赵忠祥：你要流芳百世。

陈光标：流芳百世！就是"大好人"，就这三个字。

赵忠祥：我们不追求100年以后的结果，我们追求现在的一个过程。这样，我觉得那个结果会更容易到达。

陈光标：光标精神永放光芒，历史也能记住。

赵忠祥：大家都向好的，各个方面都向好的方向发展。这个问题你有没有思考过？

陈光标：我不但一直在思考，也一直不断地在做。我一直不断地坚持走我的创新型慈善、创新型环保。比如说，2011年9月份，我本来不会唱歌，现学了十首歌，在贵州开了个陈光标个人演唱会。买了2000头猪，1000头羊，100多台农用拖拉机。我说只要来听陈光标唱歌的，都能领到猪羊回家奔小康。

赵忠祥：咱们不说很浪漫的。你脑子里面还有没有考虑哪个领域的事情我们要去做？

陈光标：我脑子里一直在考虑，就是怎么样能够让我们这个社会更加和谐，让每个人的心怎么向善。人之初，性本善。本来人的心灵都是很善良的。但现在为什么有的人的心灵变成坏的了？很龌龊，偷抢扒拉，制假什么都有了。我陈光标所做的每一件事情，反过来，都会影响社会的。积极向上的，人心向善的，我才去做。我就是这样想的。

赵忠祥：善事是无止境的。

陈光标：是无止境的。所以，我对我自己的要求是什么呢？这么多年来，我再累，只要我出了家门，我马上就有一个反应，就是有四个探头对着我。

赵忠祥：人和人之间都要善意地去理解，不要去曲解。

陈光标：就一句话，陈光标做了好事，必须要讲，不讲心里憋得难过，晚上睡不着觉。

赵忠祥：您出身于一个贫困的家庭。

陈光标：非常贫困。农村，那时候是非常穷的，一天就吃两顿饭，两顿饭吃不饱，心里饿得发慌。我姊妹5个，哥哥姐姐是饿死的。

赵忠祥：因此你就养成了节俭的习惯。那么应该说，这个和你现在的节能环保的理念是一致的。

陈光标：从小树立起艰苦朴素、勤俭节约。这个受我父母影响是很大的。比如，小时候吃饭，桌上掉一个米粒，那也要捡起来吃掉。不吃，父亲的筷子马上就从脸上刷过来。这就养成了艰苦朴素、勤俭节约的习惯。

赵忠祥：你给我解释一下"中国首善"？

陈光标：中国首善，是2008、2009年连续两年，由民政部指导的、中国社工协会授予的，是全国人大副委员长周铁农给我颁发的首善奖。中国首善是怎么产生的呢？就是靠每一年捐赠额数量的大小，我连续两年获得"中国首善"。我对"中国首善"的看法，对于这种评比，从内心来说是不满意的。我认为，中国首善不应该按照数量大小来定。我认为做好事就应该传播，就应该说出去。雷锋做好事写在日记上，我陈光标做好事，媒体帮我写。我平时做企业忙，都找媒体写。每次做好事，就召集很多媒体，说捐了1000万，捐到什么地方了，媒体见证。报道出来了，在网上就能点击看到陈光标做了什么好事。

赵忠祥：明末清初有一个朱柏庐，有个《朱子格言》，说"善欲人知，不是真善"。我没有丝毫不敬重你的意思，请问该怎么解释？

陈光标：这句话，在我们这个时代，要把它推翻掉。我非常不赞成这句话。做了善事，必须要让人知道。我认为，一个人做了一件善事，能说给十个人听，证明你做了善事；你说给1000个人听，等于你做了1000件好事。

赵忠祥：怎么解释？

陈光标：从我的亲身体会，一个很小的、真实的事情来说。8岁以前，家里的书费都是借的。9岁，去挑水，去街上叫卖，一分钱随便喝。一个暑假我就卖了四块多钱。9月1日开学了，我就非常高兴。学费一块八毛钱。我把书领回拿到家里，我妈妈给我说，你看隔壁家那个孩子在哭，没钱交学费。我二话没说，拿我剩下的钱跑到学校给把书领回来了，交给了他家。他妈妈当时感动得流泪了。

赵忠祥：你从小就有行善的愿望。

陈光标：发自内心的。不能看到身边的人有困难，看到就难过，就想去帮助他。开学第一天，老师说今天我们要表扬我们班一个同学，叫陈光标。暑假卖水，不但交了自己的学费，还帮助同学交了一块八毛钱学费，希望我们全班都向他学习。老师就从红纸上撕了一个小红星，奖励我，说贴在脸上。没有浆糊怎么贴啊，老师说带回家去贴。我当时就用吐沫，一贴粘在了脸上。这个吐沫粘性不够，掉下来了，我希望小红星在我脸上呆久一些，就用鼻涕。鼻涕一粘，不掉了。下课后，全校五个年级五个班，我就从这个班跑到那个班，就是想告诉全校同学我得了小红星。

赵忠祥：这是你做的第一件慈善吗？

陈光标：虽然算不上慈善，但是我做的第一件好事。这个事情告诉我什么呢？后来很多同学都想得小红星。这有一个启发的作用，起到了很大的启发。后来很多同学很早就来学校，打扫卫生，擦黑板，把厕所擦干净，把脏水倒到沟里去。你看，小孩做了好事，就要向老师要小红星。他们向我学习啊！这个事情告诉我，做好事，真的要说出去。说出去，就是为了影响和带动更多的人。我已经累计捐款16个亿。每两三个月，就会把企业利润的50%拿出来回报社会。我不是论年捐，而是每两三个月捐。我这么多年来，都是严格要求自己。我1998年做企业，我父亲给我写了几句话，我一直放在床头，就是：谦虚谨慎、戒骄戒躁、低调做人、高调行善，坚持守法经营，诚信做企业。这么多年来，我歌厅、夜总会、桑拿，从来不去。即便是打牌，我也从来也不参与。

赵忠祥：你的精神和你能够继续去做这个事情，前途是无限的宽广，它的力量是向外扩散和推动的。

陈光标：中国的慈善事业、环保产业，这几年在我的带动和推动下，还是起到了积极作用。我认为，我捐一百万和你捐十块钱爱心是相等的。

赵忠祥：请你说一下企业家的责任。

陈光标：我认为，作为一个企业家，起码可以分成三个层次：第一个层次，生产出安全可靠的产品，不能造假；第二个，多为国家缴税收，多解决就业；第三个层次，就是像陈光标一样，把企业的净利润拿出一部分来扶危济困，来为环境保护做贡献，来做慈善。我这么多年来坚持一条，我经营的地方不捐资，捐资的地方不经营，坚持了十年，跟交朋友一样没有任何目的。慈善不要带有目的性和交易性，这才是真正的慈善。

赵忠祥：施恩忘报。

陈光标：就是这样。不能有我施舍你，你就要给我商业利益。这个不行。但是，我有一点，我要回报。就是你要给我肯定，就像我小时候的小红星那样的，现在我喜欢荣誉证书。

赵忠祥："中国大好人"这个名称是什么时候获得的？

陈光标：就是2009年中宣部、中央文明办授予的"中国好人奖"。这个"大"是我后来自己加上去的。我认为我做的好事比好还要好，远远超过了一般的好人。

赵忠祥：你是旁听"两会"？

陈光标：对。但是我对今年的不满意的在哪里，就是各个界别的委员都有。比如说，文艺界、体育界等等都有，就没有看到慈善界和环保界的代表，一个都没有看到。

赵忠祥："中国低碳环保第一人"是谁授予给你的？

陈光标：都是国际、国内一些环保的民间组织授予的。

赵忠祥：为什么给你授予这样一个称号呢？

陈光标：我这么多年，热心环保产业，做的就是环保产业，这是我唯一的产业。还有，这么多年我去哪了，手里都提一个环保袋，袋子上印的都是宣传低碳环保的，走到哪儿发到哪儿。

赵忠祥：你这样的习惯从什么时候开始的？

陈光标：应该说，从很小就开始了。小时候家里贫穷，就捡破烂，捡鞋底、废铁，拿到供销社去卖，卖来的钱拿来交学费。过去叫捡破烂，现在叫资源再利用。我这么多年住宾馆，哪怕住十天，至多用两条毛巾，一条擦脸，一条擦身体，第三条毛巾我都不会用。只要睁开眼，只要有计划，就宣传低碳环保。

我最大的成功是什么，就是自信。别人家不敢，我敢。别人不敢尝试，我敢。敢为人先，这就是我的宝典。确立目标，立即行动，永不放弃，直到成功！

（《老赵对话厅》，2012年4月2日）

对扶贫工作新的思考

　　我为党中央对贫困地区、贫困人口的拳拳之心而感动；大幅提高扶贫标准，意味着有更多低收入人群被纳入国家扶持与救助的范围，人民更欢迎；扶贫是以人为核心的全面扶贫；贫困地区仍是我做慈善的重点地区。

　　作为一名多年从事慈善事业的民营企业家，我到过全国许多老少边穷地区，一直非常关注贫困人口的脱贫致富。最近，我注意到中央扶贫开发工作会议提出：将国家扶贫标准线从2010年的农民人均纯收入1274元升至2300元（2010年不变价），比2009年提高92%。这不禁为中央领导心系贫困人口的拳拳之心而感动。我知道，农村贫困人口太不容易了，太需要国家加大扶持力度了。

　　应当说，改革开放30年来，中国发展成就让世界瞩目。中国贫困人口的数量也在不断减少，我通过学习了解到，全国农村扶贫标准从2000年的865元逐步提高到2010年的1274元，以此标准衡量的农村贫困人口数量从2000年底的9422万人减少到2010年底的2688万人，率先实现联合国千年发展目标中贫困人口减半的目标。但是与GDP的飞速增长相比，中国的扶贫标准一直保持缓慢上升的脚步。数据显示，1985年到2009年，24年来中国贫困线约增长5倍，而GDP则由千亿跃升至万亿，增长了42倍。

　　我认为，这次中央下决心提高扶贫标准，既符合中国国情，有利于社会稳定和谐，同时也是我国发展到现阶段让更多人特别是低收入群体分享改革发展成果的客观要求。

表面上看，这次大幅提高扶贫标准后，我国贫困人口的数字反而增加了，约有近亿人口将重新进入到贫困人口行列。这样做，意味着有更多低收入人群被纳入国家扶持与救助的范围，人民更欢迎，也是社会发展进步的体现。

我注意到，中央提出到2020年，深入推进扶贫开发的总体目标是：稳定实现扶贫对象不愁吃、不愁穿，保障其义务教育、基本医疗和住房。从收入方面看，贫困地区农民人均纯收入增长幅度高于全国平均水平。从公共服务方面看，贫困地区基本公共服务主要领域指标接近全国平均水平，扭转发展差距扩大趋势。这意味着，脱贫将不仅仅局限于物质和经济层面，而是以人为核心的全面脱贫。

我注意到，未来十年将"提高扶贫标准，加大投入力度，把连片特困地区作为主战场，把稳定解决扶贫对象温饱、尽快实现脱贫致富作为首要任务"。这些"连片特困地区"包括六盘山区、秦巴山区等11个区域的连片特困地区和已明确实施特殊政策的西藏、四省（四川、云南、甘肃、青海）藏区、新疆南疆三地州。这些地区将是我今后做慈善的重点地区，我将发挥自己的影响和带头作用，吸引国内外更多的企业家、慈善家到这些地区开展扶贫工作。"

有人评价说，在"绝对贫困"逐渐远去的今天，中国"相对贫困"问题日益凸显。那么，我认为，在新时期的扶贫工作不仅是降低绝对贫困人口数量，更重要的是提高贫困地区发展能力、缩小不同收入人群间的发展差距；我们的扶贫不仅是物质层面的扶贫，同样需要贫困人口精神、教育、文化的提升；我们的扶贫方式不仅是简单的输血、资助等方式，更重要的是帮助贫困地区形成造血机制，能够让贫困地区走上可持续发展的轨道上。

（2011年12月13日）

我想在黑龙江投资创业

——在黑龙江省与外埠企业家项目交流会上的演讲

在这个春意盎然的季节，受黑龙江省人民政府的邀请，我们来到了美丽的哈尔滨，出席今天黑龙江省政府—黄埔再生资源利用有限公司联合举办的"黑龙江省与外埠企业家项目交流合作会"！我感到非常高兴！

今年两会期间，黑龙江省领导在北京精心组织了企业家座谈会，向我们介绍了这几年黑龙江社会经济发展的良好势头，特别是最近黑龙江省委省政府又出台了加速推进黑龙江经济发展的重大政策和部署，让我们看到在龙年黑龙江即将腾空欲飞，一个加速发展的春天就要到来了。这次我们众多企业家来到黑龙江，就是被这里新一轮发展机遇所吸引，特别是黑龙江省委省政府按照中央要求，聚精会神搞建设，一心一意谋发展，推出的"八大经济区、十大工程、十大重点产业"，思路清晰，高瞻远瞩，让我们看到了这里正迎来又一轮发展黄金期，将创造更多的投资发展的机遇。

我谈三个观点，与大家分享：

首先，如何看这次"黑龙江省与外埠企业家项目交流合作会"？我想，这次大会，是向中国乃至世界展示黑龙江新形象、新发展、新机遇的大会。在黑龙江进行投资考察，让我们看到了它日新月异的发展面貌，给我们留下了深刻的印象。这次大会，是南北交流，促进各地企业家朋友在一起共同把握在黑龙江的发展机遇，合作共赢，共创辉煌的大会。这次大会，是投资考察、信息交流、更是一次思想对接的大会。我坚信这是大家与黑龙江进行良好合作的开始!

其次,如何看待在当前合作共赢的时代,只有互动才能实现共赢?

合作共赢是国际上的大趋势,也是国内区域之间发展的大趋势,这就是所谓的大势所趋。我认为,黑龙江省政府举办的这次活动,体现了当下我们对合作新的理解与阐释!黑龙江拥有土地资源、矿产资源、林木资源、水利资源、市场资源、生态资源、科技资源、人才资源等诸多优势。如何让这些宝贵的优势转化成加速发展的优势,转化为迅速改善民生的成果?这需要我们通过大力合作,将资源优势与观念优势、管理优势、市场优势、资金优势、国际经验优势等有机结合起来,需要我们有效打通优势与成功之间的路径。我个人觉得就是要加强企业与政府、企业与企业、企业与项目之间的互动!这次活动,我们这么多企业家走进龙江,就是看一看,发展优势在哪里,巨大潜力在哪里,合作项目在哪里,投资机会在哪里,美好前景在哪里。

第三,如何看待在国家大力发展实体经济的今天只有鼓励更多的创业才能实现可持续发展?

全球金融危机发生后,人们深刻地认识到,如果没有资本力量的撬动,一个国家和地区经济发展就难以加速腾飞,同样,如果没有实体经济的在支撑,虚拟的泡沫经济也难以持久。而发展实体经济,就需要我们的企业家有良好的创业环境和创业机会。在我国创业史上,在黑龙江这块美丽富饶的黑土地上,发生过一系列感人至深的故事,一段段脍炙人口的佳话。当年,这里十万官兵开疆辟土,把昔日的"北大荒"变成祖国的"大粮仓","北大荒精神"载入共和国艰苦创业的史册;当年,在国外卡中国人石油的脖子时,铁人王进喜,带领大庆人在难以想象艰难的环境下,打出大庆油田,为中国工业提供了血液,"铁人精神"

成为中华民族精神宝库最耀眼的花朵！所以，这块神奇的土地上有创业的基因，有创业的精神，有创业的力量。我也真心希望，这次南北交流，能够在创业精神上深层对接，用拼搏进取获得成功，赢得黑龙江经济的科学发展、和谐发展和可持续发展。

和谐是人类社会永恒的追求。在这个追求的道路上，我们的企业家是非常重要的角色，我们必须承担责任、勇于担当，用我们的创新、创业、创造，来带动中国的发展，回报我们伟大的祖国和伟大的时代。我们的政府更是非常重要的角色，同样必须承担责任、勇于担当，因为我们是人民的政府，因为我们代表的是人民的利益。正是企业和政府在责任和担当上高度一致，我们今天走到了一起。我相信，责任引领未来。因为有了这种责任，我们的未来才会更加美好！黑龙江的未来会更加美好！我们祖国的未来会更加美好！

（2012年3月22日）

在甘肃开拓新的发展空间

——在甘肃省委省政府领导见面会上的致词

　　今年"两会"期间，我非常荣幸地应邀参加甘肃省委省政府组织的企业家联谊恳谈会。在那次恳谈会上，我听了伟平省长对甘肃省富民兴陇，转型跨越发展新思路的介绍，了解到甘肃是我国西部地区自然资源丰富、文化底蕴深厚的重要省份，也是我国重要的一个投资发展的价值洼地。作为一名热心公益、经常参与慈善活动的公众人物，作为舟曲荣誉市民，我对甘肃人民充满感情，近年来我非常关注甘肃社会经济发展和文明进步，多次到甘肃贫困和少数民族地区扶贫做慈善。我相信，在我国西北大开发背景下，在三运书记和本届甘肃省委省政府正确领导下，甘肃很快将成为我国优势明显、潜力巨大、大有作为的投资热土，甘肃省跨越式发展的春天很快就要到来。

江苏黄埔再生资源利用有限公司成立于2003年，致力于发展循环经济、绿色经济、可再生资源回收、加工和再利用，初步形成以资源节约型、清洁生产型、生态环保型为特征的发展格局，实现了良好的经济效益和社会效益。公司先后参与了江苏、上海、北京、广州、香港、山东、山西等十多个省市的废旧拆除工程，拆除面积累计达2亿平方米，回收废旧钢材数百万吨，为当地城市建设作出了巨大贡献。公司积极履行企业社会责任，紧紧围绕"基础教育、孤残儿童、老少边穷和突发灾难"四个方向进行捐助，至今累计捐款捐物总额超过16亿元。

作为安徽籍企业家，这些年我经常在安徽做再生资源二次利用的绿色环保产业。在家乡，我经常听到人们说起三运同志在安徽担任省长时期为全省经济发展所作出的贡献。2007年到2011年的5年，是三运同志担任安徽省长这段时间，也是安徽改革开放以来经济增长最快、发展质量最好、城乡面貌变化最大、人民群众得实惠最多的一个时期。特别是在2010年，安徽省GDP突破1.2万亿，成功迈入了中国的"万亿元俱乐部"。而这一切都是与三运同志的辛勤努力是密不可分的。

三运同志是2011年12月调到甘肃担任省委书记。我注意到，他一到甘肃就和伟平省长团结一致，深入调查研究。三运书记明确指出，甘肃当前最大的矛盾是发展不足；最大的机遇是政策叠加；最大希望是开发开放；最大的责任是富民安民。为此，甘肃省委省政府明确提出富民兴陇，走转型跨越之路，要采取超常规、大力度的措施，加速发展，努力实现与全国同步进入全面小康。当前我国小康社会实现程度已经达到80.1%，而甘肃的数字仅仅是62.7%，差了17.4个百分点，比西部平均水平低8.7个百分点。按照目前的发展速度测算，要翻一倍才能跟上全国的速度。三运书记更是强调，在下一阶段甘肃的发展中，"不进则退、慢进也是退"。由此可见，三运同志是抱定决心，要用改革创新的思路，用转型跨越式发展的方式，为甘肃追赶全国呕心沥血，为甘肃百姓谋最大的福祉。

甘肃是我国西部地区资源禀赋良好和文化底蕴深厚的重要省份，从"资源富集、政策叠加、后发跨越"三个角度，甘肃面临着新一轮发展的独特优势。但是从产业竞争力、资源保有量、资本证券化角度看，甘肃很多的资源优势并没有转化为经济优势，已成为制约甘肃"与全国同步实现全面小康、构造国家生态安全屏障、推进富民兴陇"，实现转型跨越发展的重要问题。以设立产业投资基金方式发展甘肃具有比较和资源优势的特色产业，既是目前大多数经济发达地区省份的通行做法，也是扩大直接融资规模的有效手段。就甘肃省而言，以设立甘肃省有色产业投资基金方式入股金川集团股份有限公司，除了扩大直接融资规模之外，还可以有效地利用产业投资基金的"平台、杠杆、工具"功能来平衡和满足各机构投资者的利益诉求，有利于继续保持甘肃省委省政府对金川集团股份有限公司的实际控制权和话语权。而设立甘肃省文化产业投资基金，以股权、债权及BT、BOT等方式投资和培育甘肃省境内具有优势和特色的文化产业项目，形成集现代传媒、出版发行、文娱演艺、文化旅游、体育健身、动漫创意、书画艺术品、广告会展于一体的全产业链运作模式，打造甘肃文化精品。

为此，我恳请甘肃省委省政府协调有关部门原则同意甘肃省文化产业投资基金和甘肃省有色产业投资基金的设立方案。协调由江苏黄埔再生资源利用有限公司作为主发起人而设立的首期规模为30亿元的甘肃省有色产业投资基金的70%份额入股金川集团股份有限公司。同时，江苏黄埔再生资源利用有限公司也希望在兰州新区基础设施建设项目、兰州市工业企业出城入园搬迁改造项目与甘肃省有关企业进行投资合作。

　　作为在国内有一定号召力的企业家，下一个阶段我愿意在力所能及的范围内组织国内一大批企业家到甘肃来投资考察，一方面带领广大企业家积极参与到甘肃转型跨越式发展的大潮中，为甘肃实现与全国同步进入全面小康，为甘肃加快发展、和谐发展、可持续发展，尽一份绵薄之力，另一方面也让广大企业家在这里找到发展的机遇和用武之地，使更多有志于在西北发展的企业家在甘肃这个神奇大西北开拓新的发展空间！

　　再次感谢三运书记、伟平省长和甘肃省委省政府各位领导在百忙之中接见我，感谢你们的盛情邀请、热情接待！我一定全力以赴地为甘肃发展作出自己力所能及的贡献，我有理由相信甘肃的明天一定会更加美好！

（2012年4月11日）

为康定做实事

——在康定县招商引资推介会上的演讲

　　我们非常高兴来到这里，参加"康定县招商引资项目推介会"，为推动康定县经济社会发展、促进广大百姓生产生活水平不断提高、实现康定经济的跨越式发展、进行商务合作和探讨交流。首先，作为康定县荣誉市民，我非常真诚地向光临推介会的各位领导、各位嘉宾，表示热烈的欢迎，谢谢你们前往康定，来到我们美丽的家园。

　　康定，是一个因为歌声传遍世界的历史文化名城；一座"跑马山"，名扬五洲四海；一曲"溜溜调"，传承千古绝唱。有人说，康定是一个为"情"而生、为"歌"而狂的魅力小城，这里既有康巴汉子的豪迈威武，也有江南女子的温婉妩媚。这里既有湛蓝纯净的自然美景，也有艰辛沧桑的茶马古道，古朴繁盛的康巴文化。

如果说厚重的历史积淀是康定名满天下的招牌，那么如今，大家参加这个盛会，就是要为康定经济社会发展增添新的动力，铸就新的辉煌。

作为康定的荣誉市民，我有责任向大家多介绍几句。康定县是州县两级政府驻地，是甘孜州政治、经济、文化、商贸、信息中心和交通枢纽。全县幅员面积1.16万平方公里。是一个以藏民族为主的多民族聚居县。县境内自然资源富集，是川、滇、藏大香格里拉旅游圈的核心组成部分和川西旅游线上的重要结点，跑马山、贡嘎山、塔公草原、新都桥摄影天堂、木格措高原湖泊等闻名遐迩，是中国西部生态旅游目的地。县境内水能、矿产资源丰富，近几年，矿产和水电开发得到蓬勃发展，有力地推动了康定的经济发展。

特别是近年来，在康定县委、县政府的坚强领导下，这里的城市建设取得历史性突破，开创了经济快速发展、社会政治稳定、民生有效改善、民族团结和谐、人民安居乐业的良好局面，县域经济综合实力明显提升。

众所周知，我是从事绿色环保产业的，多年来我一直倡导保护环境，保护我们人类共同的家园。我于2003年成立了江苏黄埔再生资源利用有限公司，我们借鉴国外先进经验，引进先进设备，利用技术优势，提高资源利用效率，发展循环经济，变废为宝，初步形成以资源节约型、清洁生产型、生态环保型为特征的发展格局，实现了良好的经济效益和社会效益。

众所周知，我多年来一直致力于慈善事业，本着"雪中送炭"的精神，围绕"基础教育、孤残儿童、老少边穷和突发灾难"四个方向进行捐助，至今我公司累计捐款捐物总额超过15亿元。

此次推介会上我们将积极宣传慈善环保理念，在建立人与自然和谐发展的前提下，寻求与康定县合作的新空间，真正的为康定做实事，为促进康定县经济发展做出积极的贡献。

康定县是一片投资兴业的热土，不仅享受国家和四川省鼓励民族地区经济带发展的全部优惠政策，而且土地、资源、人力等生产要素完备。我真诚希望广大企业家朋友来康定投资兴业，因为康定一定会给你超值回报，康定也一定不会让你失望。

（2012年8月5日）

贯彻落实科学发展观、建设
和谐社会的一揽子倡议

黄种人同白种人一样创造了灿烂的古代文明和现代文明;"东亚病夫",是中国人心中永远的痛;严格控制农村超生,优化农村教育,从根本上提高农村人口素质;老龄化社会的人文关怀、临终关怀问题;焚烧秸秆是刀耕火种时代留下的生产陋习;我一直关注社会的公平正义问题;一个拥有一定财富的人应当拥有"兼济天下"的人文情怀。

为了深入贯彻科学发展观、建设和谐社会,实现中华民族的伟大复兴,在此,我提出一揽子倡议,望能得到党和政府的关注及社会各界的积极响应与支持。

一、提倡优生优育、严格控制农村超生

计划生育是我国的一项长期基本国策。它对于遏止人口膨胀、消解人口与耕地的矛盾、稳定社会等方面,都作出了巨大贡献。

在中国和平崛起于21世纪、迎来中华民族伟大复兴的历史新阶段,中华民族自身的全面素质都应该得到提高,以肩负起历史赋予的伟大而崇高的责任。为此,我建议在全社会提倡优生优育,严格控制农村超生。

一个民族的素质首先是遗传素质。黑眼睛、黄皮肤的中国人

创造与蓝眼睛、白皮肤的欧洲人一样的灿烂的古代文明，也创造着同样辉煌的现代文明。但，曾几何时，中国人被侮称为"东亚病夫"，这是一个中国人心中永远的痛，虽然"东亚病夫"的历史早已被唾弃。"东亚病夫"的历史不独是政治腐败、军阀混战等政治社会原因，也因为贫穷落后吃不饱饭导致民族身体素质极差。有一个统计说，1949年前的中国人平均寿命不超过40岁。而如今，中国人的平均寿命超过了70岁。人生古来70稀的时代被改革开放的中国彻底刷新了。

事实上，在国外就有提倡优生优育的例子，比如新加坡就提倡高学历的人生。我国的情形怎样呢？我国城镇和部分农村实行的是一对夫妇只生一个孩子，这部分的人口占总人口的比重是35.9%，也就是说总人口中35.9%是属于生育一个孩子政策的。在农村，实行生了一个女孩再允许生一个的，一共有19个省，它占总人口的比重是52.9%。在农村我们允许生两个孩子的，有5个省，占总人口的9.6%。在部分省或者部分地区，如人口比较少的少数民族地区，实行允许生两个以上孩子的生育政策的，占总人口的1.6%。以上数据说明，我们倡导优生优育，倡导农村只生一个，既是破除重男轻女习俗的伟大思想解放工程，也是提高农村人口素质的根本途径，是一项必须实施的基本国策。

为此，我建议：为提高中华民族的人口素质，控制人口增长，优化人才发展结构，促进城乡统筹和城市化建设步伐，倡议严格控制农民超生，改善农村孩子生活学习条件，强化农村小孩教育培养，实现其农民子女质的转变，从根本上提高农村人口素质。

二、"安乐死"立法问题

随着中国的经济腾飞、人们生活质量的改变、医疗条件的改善等，人口老龄化日益成为严重的社会问题。据有关部门统计，中国在2001年已步入老龄化社会，中国人平均寿命已超过了70岁。据有关专家预测，到2050年我国65岁以上老年人口将达到3.2亿以上，约占我国总人口的1/5，占世界老年人口的1/4。与此同时，我国老年人口中的高龄化趋势也日益明显，预计到2040年80岁以上人口将达到0.56亿。

老龄化社会的到来引发许多社会问题，其中临终关怀尤其令社会各界包括老年人的关注。

临终关怀的争议在于一个人是否有权结束自己的生命。当一个老年人被病魔折磨得死去活来时，其生存状态是极其痛苦的生不如死，我们生者到底应该怎样才能算是人文关怀与人性关怀？我认为，在此情形下，在征得老人个人意愿及家属同意的前提下，解除痛苦、实施"安乐死"，就是对老人最大的人文关怀与人性关怀，这也是符合与民为本、构建和谐社会的精神的。

鉴于人命关天，所以我建议有关部门对"安乐死"立法，以便有一个可操作的程序，便于具体实施。我的意思就是，当我老了不再为社会做贡献时，其生命处于痛苦状时，我们毫不动摇地自我结束生命，为国家、为社会、为家人减少负担。所以，我倡导尽快为"安乐死"立法并付诸实施。

三、对焚烧秸秆立法

每年到了春夏之交、夏秋之际，人们在庆贺丰收的同时，也为遗留下的大量农作物秸秆犯难。各地农民几乎沿用了刀耕火种时代的办法进行焚烧。这一方面可以节省劳力，另一方面可作为来年的肥料。

但进入现代社会后，这种千百年来沿袭下来的习惯却产生了严重后果：严重污染空气、加剧气候变暖，影响空中安全等。

21世纪世界面临的共同社会问题就是环境污染不断恶化。控制环境污染，在发展经济的同时保护好环境，清洁发展，不仅对当代人负责，也是对我们的子孙后代负责。另一方面，每年因焚烧秸杆影响航班起落的例子频频发生，严重影响了人们的生命财产安全、影响到了社会的正常运行。

因此，为了改善我国大气污染，净化空气环境和生存环境，保障航班正常运行等空中安全，必须立法严禁焚烧秸杆。这应是一项环境保护的基本建设工程，希望有关方面要尽快有禁烧措施和法律法规。

四、关于中国富人对口济贫行动的计划

（一）提出"对口济贫行动"的动因

最近几年，我一直十分关注社会的公平正义问题，其中最主要是贫富差距问题。我从事慈善事业，很大部分原因就是出于对日益严重的贫富差距扩大的忧虑。

据美林证券新发布的《亚太区财富报告》中指出，截至2006年底，中国共有34.5万名富裕人士，数量较2005年增加7.8%。报告中"富裕人士"的门槛是有100万美元以上资产的个人，而且这些资产并不包括自住的房地产。招商银行和全球咨询公司贝恩公司联合发布的《2009中国私人财富报告》显示，2008年我国内地个人持有可投资资产超过1000万人民币的约30多万人，超过1亿元人民币资产的有1万人。2008年中国内地个人持有可投资资产超过1000万人民币的高净值人群约30万人，共持有8.8万亿人民币的可投资资产。这相当于中国2008年全年国内生产总值30万亿元的29%。

与此同时，据有关方面统计，截止2010年底，全国仅农村贫困人口就达2688万人。这种巨大的反差不能不令我们忧虑和深思。因为贫富差距不断扩大，必将妨碍我们建设社会主义和谐社会的伟大事业。党的十六届六中全会通过的《中共中央关于构建社会主义和谐社会若干重大问题的决定》指出："社会公平正义

是社会和谐的基本条件，制度是社会公平正义的根本保证。"实现社会公平正义包括政治、经济、社会各个方面，而贫富差距不断扩大，将严重阻碍社会公平正义价值观的实现，将影响社会的稳定和和谐。据有关专家测算，中国的基尼系数已突破0.4的临界限，达到0.47，这意味着中国的贫富差距已到了威胁社会稳定的程度。

面对如此严峻的现实，我认为，作为一个公民，一个企业家，一个拥有一定财富的人，应当有"兼善天下"的人文情怀，救危扶困，承担起一个企业家应有的社会责任，实现一个企业家在精神境界上的最高追求。

实际上，"兼善天下"的人文情怀一直是中国历代仁人志士励志追求的崇高境界。从孟子的"达则兼善天下"，到杜甫的"大庇天下寒士俱欢颜"，到范仲淹的"先天下之忧而忧，后天下之乐而乐"，到顾炎武的"天下兴亡，匹夫有责"，"兼善天下"成为中国民族精神最核心的价值观之一。

在我看来，要"兼善天下"，首先胸中要有"天下"、有社会、有国家。民族认同感和国家意识是一个公民的基本意识。从国家和民族的利益出发，则是"兼善"的崇高起点。而"兼善"并不是倾其所有，而是保证自我发展的基础上力所能及。"兼善"的核心是要去做、去实施。从这个意义上说，"兼善天下"是我们企业家社会责任的崇高实现。

所以，我提出"对口济贫行动"，其目的就是希望中国先富起来的一批人，包括百万富翁、千万富翁、亿万富翁们要以古代仁人志士的"兼善天下"的人文情怀，尽到企业家的社会责任，实现企业家崇高精神境界的不断追求。

（二）"对口济贫计划"主要思路

1. 济贫对象

本计划济贫对象为农村贫困人口，标准采用国际上通行的每人每天收入1美元计算。

2. 参与济贫计划的富翁标准

个人资产分别在100万、1000万、1亿以上的富翁。

3. 对口济贫

百万富翁资助百家，每家每年资助2000元人民币，每年20万，连续不断地常态发展；

千万富翁资助千家，每家每年资助2000元人民币，每年200万，连续不断常态发展；

亿万富翁资助万家，每家每年资助2000元人民币，每年2000万，连续不断常态发展。

这不仅要资助他们的贫困生活状态，还应帮助他们脱贫致富地创业。

（三）实施"对口济贫计划"的主要措施

1. 国家将"对口济贫计划"列入国家扶贫计划。

2. 成立"对口济贫计划"促进机构（如中国对口济贫促进委员会），负责领导计划的实施。

3. 由陈光标负责提供办公场地、人员、启动资金等，具体负责计划的实施。

（2012年6月20日）

人民群众喜欢什么样的社会主义

——学习胡锦涛总书记《在庆祝中国共产党成立85周年大会上的讲话》的思考

必须毫不动摇地坚持和推进改革开放；老百姓不希望折腾，折腾起来就没有饭吃；倒退回去是没有出路的；什么是人民群众喜欢的社会主义；什么是以人为本的社会主义；让老百姓成为创造财富的主体、政府成为创造环境的主体。

胡锦涛总书记在庆祝中国共产党成立85周年大会上强调指出："必须把广大人民的根本利益作为党全部工作的出发点和落脚点，保证党始终与人民群众共命运，人民是创造历史的根本动力。"我们必须树立以人为本的理念，一切为了人民，一切依靠人民。

一、改革开放惠及人民

改革、发展、稳定，始终都是国家高度重视处理的问题。今年3月"两会"期间，胡锦涛总书记在参加"两会"上海代表团讨论时强调，"要在新的历史起点上继续推进社会主义现代化建设，说到底要靠深化改革，扩大开放，要毫不动摇地坚持改革方向，进一步坚定改革的决心和信心。"

在今年"两会"的记者招待会上，温家宝总理也强调指出：要坚定不移地推进改革开放，走有中国特色社会主义道路。前进尽管有困难，但不能停顿，倒退没有出路。温总理在《政府工作报告》中进一步强调："改革开放是决定中国命运的重大决策。当前改革正处于攻坚阶级，必须以更大的决心加快推进各项改革。"

中央领导同志的重要讲话，旗帜鲜明，铿锵有力，充分表达了中央的改革意志和改革决心，是在关键时刻采取的明智选择，不仅是对当前改革争论的回应，同时也为进一步深化改革指明了方向。

28年来的改革实践充分证明，中国的改革是成功的，极大地促进了社会生产力的发展。从1978年到2005年，我国GDP从3624亿元增加到18.23万亿元，平均每年增长9.4%，而同一时期，世界经济的平均增长仅有3%左右。

改革使人民生活水平显著提高。从1978年到2005年，城镇居民人均可支配收入由343元提高到10493元，农村居民人均纯收入由134元提高到3255元。城市人均住宅建筑面积和农村人均住房面积分别从6.1平方米和8.1平方米，增加到26平方米和29.7平方米。改革以来的28年是人民收入增长最快、得实惠最多的时期。

改革明显提高了国家实力和国际地位，日益扩大了中国的国际影响。1978年到2005年，我国财政收入从1132亿元增长到3.16万亿元；外贸进出口总额从206亿美元增加到1.42万亿美元；外汇储备从1.67亿美元增加到8189亿美元。现在，我国GDP总量列世界前四位，外贸进出口总额居世界第三位，谷类、肉类、棉花、钢铁、煤炭、电视机、电脑等产品产量以及外汇储备居世界第一位。不久前召开的世界经济达沃斯论坛的中心议题就是中国和印度。所有这些成就，都来源于改革开放的正确决策。因此，我们必须理直气壮地、毫不动摇地坚持改革方向，坚定不移地加快推进改革。

28年来的中国改革实践充分证明，改革是完善社会主义的正确选择，是富民强国的正确道路。社会主义必须与时俱进，不断创新，不断完善，随着生产力的发展，上层建筑必须与之相适应，因此改革是无止境的。

二、前进中的问题只能靠改革和发展的办法来解决

改革虽然取得了巨大的成就，但并不是十全十美的，还存在不少前进中的矛盾、问题和体制性的障碍。比如，现在基尼系数确实已经很高了，贫富之间、不同地区之间、不同群体之间的收入差距呈扩大化趋势，看病难，上学难等问题也亟待解决。对这些问题要客观分析，不能武断地说医疗改革失败了，教育改革失败了，住房改革失败了。这些问题有的是由于改革不到位、不完善造成的；有的是由于改革决策的科学性和协调性缺失，没有兼顾各方面利益造成的；有的是由于改革变形了，变成了假改革。因此这场争论的核心不在于是否承认问题，而在于如何分析问题。

《国民经济和社会发展第十一个五年规划纲要》中强调，前进中的问题只能靠改革和发展的办法来解决。这是非常正确的，也是老百姓所期望的。有人提出，要把改革停下来，甚至要退回到计划经济。这虽然只是极少数人的主张，但危害性很大，违背了党的路线和方针政策，也背离了人民的意思。老百姓不希望看到这样的折腾，因为折腾下去就会没有饭吃的，折腾下去就不能坚持改革开放，折腾下去就无法落实科学发展观和构建和谐社会。一位台湾的学者朋友曾深有体会地说：过去大陆在搞"文化大革命"时，台湾在搞建设，所以经济发展了，人民生活水平提高了；现在，大陆在搞建设和改革开放，所以经济发展了，人民生活水平提高了，而台湾在搞"文化大革命"，结果，经济得不到发展，人民生活水平不能提高。正反两方面的

教训还不够深刻吗？

当前出现改革争论在所难免，并不值得奇怪。因为改革开放以来，经济结构、社会结构和消费结构，都发生了很大的变化。利益主体多元化必然带来思想多样化，各种声音都会表达反映出来。在多种声音比较中取得共识，这是社会进步的体现，客观上也验证了改革的成果。

三、必须进一步解放思想，建设有中国特色的社会主义

有人认为，现在全国工业产值中，国有的比重不到20%，公有制经济不占主体地位了，私有化了，不是搞社会主义了，搞资本主义了；有人批评说，根据普查，工业领域中，国有和集体企业就业比重只占20.3%，这怎么叫社会主义？这就是资本主义。按照这些人的逻辑，只能搞一次国有化运动，把国有经济比重扩大到70-80%，才能算是社会主义。按照他们的逻辑，只有倒退回去才算是社会主义。

为什么会有这样的争论？有人是故意借机攻击党的改革路线和方针政策，有人则是因为对社会主义的理解有分歧。这次争论给我们的启示就是：必须进一步解放思想，弄清楚到底什么是社会主义，怎么样建设社会主义？如果这个问题不解决，这个争论还会继续下去，100年也不会罢休。有人批评说，国有和集体企业解决的就业比重只有20.3%，这就是搞私有化。本来我们就业压力很大，非公有制经济解决了五分之四就业，应该是件大好事，但是他们却认为这是坏事，国有经济所占的就业比重太低了，主张走回头路，回到国有经济一统天下的局面。应该明确地指出：倒退回去是没有出路的，是背离党的路线的，人民群众也是不会答应的。

由于生意上的往来，我多次去浙江进行考察。浙江从一个人多、地少、资源少、国家投入少的小省一跃成为我国的经济大

省，经济发展走在全国各省前列，这是很值得我们研究的课题。我查阅了浙江改革以来的经济指标数据，浙江省国民生产总值从1978年的123.7亿元增加到2005年的13365亿元，占全国的7.3%，总量排名从全国的12位跃居到第4位。人均国民生产总值从1978年的331元增加到2005年的2755元，相当于3400美元左右，已经接近全国平均水平的两倍。浙江人民的富裕程度列全国各省区的首位，而且很稳定，社会群体事件很少，人民对党的拥护程度很高。浙江省之所以发生巨大的变化是改革开放的结果，是在中国共产党领导下，按照邓小平理论和"三个代表"重要思想，探索出的一条中国特色的社会主义道路。这样的社会主义才是人民喜欢的社会主义。

同样的情况也在江苏省体现出来。到"十五"末的2005年，江苏省地区生产总值达到18272.12亿元，年均增长13.1%，人均地区生产总值达到24515元。财政总收入3124.8亿元，地方一般预算收入1322.68亿元。经济增长效率明显提高，资本产出率由2000年的22%上升到38%。2005年，江苏城镇居民人均可支配收入和农民人均纯收入分别达到12319元、5276元；五年新增城镇就业岗位380万个；城镇职工基本养老、基本医疗和失业保险参保人数分别达到952万、1123万、838万，新型农村合作医疗覆盖面达到85.5%，困难群众基本生活保障水平提高；农村"五件实事"得到有效实施，改善了农村住房、饮用水、道路、医疗等条件；绿色江苏建设成果初显，环境污染和生态破坏加剧的趋势得到初步控制，局部地区环境质量有所改善，生态保护体系逐步形成。这些成就的取得同样是江苏省委、省政府坚决贯彻"以解放思想为先导，以改革创新和对外开放为动力，坚持以人为本、富民优先的发展第一导向"原则的结果。在江苏，国有经济、民（私）营经济和外资经济都是蓬勃发展、相互促进的。鼓励老百姓自主创业，促进多种所有制经济协调发展，使江苏承担起了"两个率先"的历史使命——率先全面建成小康社会，率先基本实现现代化。这样的社会主义也才是人民喜欢的社会主义。

五、什么是社会主义。社会主义的内涵和外延是什么？

社会主义是属于社会全体成员的社会主义，是以人为本的社会主义，是把人民利益和人的解放作为最高准则的社会主义，是使人民得到实惠，逐步实现共同富裕的社会主义，这是与马克思所倡导的人的解放的社会主义是相吻合的。邓小平同志关于中国特色社会主义的理论，其本质是以人为本的社会主义。江泽民同志提出的"三个代表"重要思想的核心，就是代表广大人民的根本利益。胡锦涛同志提出，权为民所用，情为民所系，利为民所谋。因此，坚持以人为本的社会主义，是中国人民的一个必然选择。老百姓是创造财富的主体，而政府则是创造环境的主体，这是中国人民根据马克思主义和邓小平理论，"三个代表"重要思想不断在实践中探索得出的结论。有中国特色的社会主义是马克思主义中国化的一个创举。

还是以浙江省为例，浙江的公有制经济比重只占28.5％，工业中国有及国有控股比例仅为21.3％。温州的发展模式，早就有人批判过了，认为温州是资本主义的典型，其政权不掌握在共产党手里。浙江的领导人总结得好：我们"内部在不争论中发展，外部在争论中出名"。改革开放以来的实践充分证明，浙江搞的是中国特色的社会主义，坚持以民为本的社会主义，这样的社会主义具有很强的生命力。我们应当思考一下，政府作为环境创造的主体，支持老百姓创业，老百姓作为创造财富的主体，老百姓创业致富后，国家财政税收也就多了，有了财力，政府就可以为老百姓提供更多的公共产品，更好地提供公共服务。老百姓能安居乐业，拥护共产党的领导，这不正是社会主义优越性的体现吗？浙江可以成为建设有中国特色的社会主义的示范区。这个示范区的总体要求是：人民安居乐业、富裕健康、全面发展、社会稳定、和谐相处、民主自由、环境优美。

六、让老百姓成为创造财富的主体

实行以民为本，让老百姓成为创造财富的主体，政府是创造环境的主体，发展动力就不一样了，把你要我干，变为我要干，老百姓的创业活力充分激发出来。积极性充分调动起来，这样才能实现创新，否则就缺乏创新动力。所以我们要考虑老百姓到底需要和喜欢哪一种社会主义呢？过去，有人把农民为了生存而种的自留地，批判为走资本主义道路，要割资本主义尾巴。现在一说老百姓创业，有人认为是搞私有化，搞资本主义，认为不是搞社会主义。在他们看来，只有国有化才是搞社会主义。国有经济必须在国民经济中发挥主导作用。党的十五大提出，公有制为主体、多种所有制经济共同发展，是我国社会主义初级阶段的基本制度。十五大提出了从战略上调整经济布局和结构的重要任务。调整的原则是有进有退，国有经济要向关系国民经济命脉的重要行业和关键领域集中。党的十六大又提出公有制经济和非公有制经济发展"两个毫不动摇"。党的十六大又进一步提出，非公有制经济是促进社会生产力的重要力量。这就充分说明，并非国有化程度越高越好。只有公有经济与非公有制经济共同发展、协调发展，相互促进，才能促进社会生产力的发展。

把人民作为建设社会主义的主体，首先表现是把人民作为创造财富的主体、落实科学发展观的主体、构建和谐社会的主体。只有这样，才能使人民的积极性和创新性充分发挥出来，才能使财富的源泉充分涌流出来，才能实现共同富裕，才能使国家更加繁荣富强起来。

（2006年7月15日）

百姓幸福感指数比GDP更有意义

——关于城市发展给市县书记、市县长的一点建议

　　我是83个市（县）荣誉市民，57个市（县）的高级经济顾问；地方官首要的任务是什么；有的穷县也热衷于搞形象工程；每一任领导都搞规划，都搞大拆迁；有的地方以"卖地"作为财政收入的主要来源；地方政府应该具有怎样的发展观；群众幸福指数是"晴雨表"和"风向标"。

　　多年来我在各地做慈善，做环保，成为了全国83个市、县荣誉市民和57个市、县的高级经济顾问，也时常与地方官员朋友们探讨这样一些问题：作为一名城市管理者，一位地方父母官，你的首要任务是什么？我们的城市应该如何科学发展？如何处理好经济发展、社会和谐以及让百姓幸福更加幸福的关系。我发现多数官员朋友都能从理论上给出

令人满意的答案：比如，要为官一任，造福一方；再比如，要促进当地的社会稳定和谐，经济发展，让百姓能够过上幸福生活。

然而，我在各地具体了解一下实际情况，却发现不少地方在实践中给出的答案是那么的不同，甚至大相径庭：

有的地方以GDP增长为当地发展的唯一目标，口号刷得整条街都是，似乎只要GDP排名上去了，一切问题都解决了，地方领导的政绩也就上去了。

有的地方虽然是穷县但热衷于搞形象工程，百姓急需的农村学校、医院，市民活动广场、摊点，路边公厕等不去做，百姓非常关心、担心的食品安全问题不能得到很好监管和解决，那些耗资巨大对民生帮助不大的楼堂馆所，豪华办公楼却一栋接一栋。

有的地方城市规划没有长远眼光，每一任领导都改来改去，大开发首先是大拆迁，造成巨大浪费，给百姓生活带来不便，更重要的是，城市建筑垃圾不是很好地二次利用，却用填埋的办法，我想在以后的几十年我们的儿孙要耗费巨资从地下挖出来再利用。现在的建筑垃圾技术可以100％二次利用，为什么大部分的市县都在填埋没人管，这不仅浪费了宝贵的可再生资源，而且占用了耕地，污染了环境和地下水源，给我们的儿孙后代带来了看不见的人造病，使城市环境受到巨大破坏，绿色发展，可持续发展成为一句空话。

有的地方以房地产作为经济主要支柱，以"卖地"作为财政收入主要来源，造成房价过快上涨，有的百姓一年收入还买不起一平方米住房，这使城市年轻人生活压力前所未有，许多有才华有创造力的年轻人被拦在了城市之外，影响了城市的后劲。

以上种种做法与党和政府提出的科学发展，和谐发展，绿色发展和可持续发展，相去甚远；离我们城市发展的首要任务——以人为本，为了当地百姓的快乐幸福，相去甚远。

一个城市应该有怎样的发展观？我的理解是，首先必须破除GDP崇拜，要认识到百姓幸福感指数的提高比GDP更有意义。一个城市的发展目的是什么？就是为了人民的幸福，包括我们这一代人生活得幸福，我们下一代依然可以享受青山绿水，新鲜空气，资源宝藏，可以持续幸福。

所以，我们在发展中是否应该认识和处理好这么几个关系：

一是"增长不等于发展"。我们需要的是螺旋向上，不断提升质量和效益的发展，而不是简单的数量增长，尤其是我们现在已经进入过剩经济的背景下，更要发展集约经济，依靠科技进步在提升品质和水平上下功夫。要在百姓衣食住行方面，解决好食品安全问题，吃得更放心更安心；解决好住房问题，加大保障房、廉租房建设，让低收入家庭和年轻人买得起房、租得起房；解决好交通问题，让我们的城市规划布局更加合理，能够安全出行，畅通出行，而不是到处堵车。

二是"单纯经济发展不等于社会全面进步"。经济是基础，也是人们生活水平不断提高和社会进步的必要条件，但这并不意味着单纯注重经济发展就可以了，也不是说可以先发展经济，再考虑其他，因为我国目前到了全面建设小康社会的阶段，如果用单纯经济发展的思路，社会其他方面不跟上，最终经济发展也搞不好。

三是"百姓收入增长不等于幸福感提高"。人的需求是多方面的，人的幸福感也是由多种因素构成的。人与动物最大的不同在于人有思想，人在物质需求之外有更多的精神需求，所以我们在发展中除了考虑百姓收入增长，还要考虑人的精神层面的感受，否则只能犯把人作为经济动物的错误。

四是"今天的发展不能变成明天的包袱"。我们不能为了眼前利益而牺牲长远利益，这代人的功不要变成下代人的过。如果处理不好，很可能今天的GDP就是明天的负GDP，比如今天通过破坏环境换来10亿元GDP产值，明天我们医治环境被破坏的创伤，可能需要耗费100亿元，200亿元。今天也许简单粗放的生产方式可以挖到许多低成本的煤炭，明天却可能一次安全事故，会剥夺几十人，上百人生命，这种带血的GDP更是要不得的。

前不久，我看到经济合作与发展组织调查了其34个成员国的人民的幸福感指数，并列举了衡量人民幸福感的11个指标：包括收入、就业、住房、教育、环境、卫生、社区生活、机构管理、安全、工作与家庭关系以及生活条件的整体。我感到这是非常有意义的，因为百姓幸福指数，是社会运行状况和民众生活状态的"晴雨表"，也是社会发展和民心向背的"风向标"。只有重视了综合指标，人民才能得到幸福，社会才能更加和谐。

我最近认真思考了一下，感觉到一个地方在发展中是否可以遵循"一二三四原则"，即始终把握一个宗旨——以人为本，为人民服务的宗旨。守住两条底线——让每个贫困家庭基本生活都有保障，让社会环境能够稳定不出问题。追求三大和谐——人与自然之间和谐，人与人之间和谐，人的内心世界和谐。实现四大发展——科学发展，和谐发展，可持续发展，绿色发展。如果我们每个城市做到了这几点，我们整个社会发展就会更加科学、和谐，我们整体文明素质就会得到大大提升，我们每个公民每个家庭就会多一些欢乐，少一些哀愁；多一些爱心，少一些牢骚；多一些幸福，少一些压力……中国人民的生活道路上就会铺满鲜花，活得更加体面和尊严。

（2011年8月23日）

拆迁补偿立法应当在公共利益与
公民利益之间寻求平衡

——关于房屋征收与拆迁补偿立法的几点思考

城市危房改造应当纳入"公共利益的需要"；避免以"公共利益"为名损害公民利益；土地增值收益应当如何分配；老百姓最关心的是房屋拆迁补偿标准；临时过渡费标准的制定要注意保护弱势群体的利益；商业开发项目应当通过立法予以规范；强化对暴力拆迁、野蛮拆迁的监管和制裁；土地储备制度存在弊端；让征收拆迁工作在阳光下运行；建立房屋征收与拆迁补偿的监督机制；对于近年来产生的房屋拆迁问题进行追溯处理。

2009年12月30日，我作为全国房屋拆迁企业负责人的代表，受邀参加了国务院法制办组织召开的《国有土地上房屋征收与拆迁补偿条例（草案）》座谈会。我在会上发表了有关研究意见和立法建议，并得到了相关领导的赞誉和与会代表的广泛认可。近日来，我结合自己长期从事房屋拆迁的工作实际，对房屋征收与拆迁补偿的突出问题进行了全面

的梳理和深入的思考，从制度建设的层面形成了一些想法：

一、公共利益范围的立法界定不宜宽也不宜窄

众所周知，根据《物权法》，征收单位和个人房屋的前提必须是"为了公共利益的需要"，非因公共利益的需要，政府不得动用征收权。因此，房屋征收与拆迁补偿立法，首先应当对"公共利益"作出界定。但是对于"公共利益"的立法界定，确实是一个世界性的难题。

我认为，对于"公共利益"的立法界定，第一，应当充分考虑我国的基本国情。我国仍然处于城市化、工业化和现代化阶段，基础设施建设项目数量大、分布面广。因此，为了确保城市建设的顺利进行以及国民经济的持续稳定发展，对于"公共利益"的立法界定，不宜过窄。比如，城市危房改造就应当纳入"公共利益的需要"的范畴。否则，城市居民住房条件改善的进程将受到严重影响。同时，根据《宪法》和《物权法》的有关规定，私人物权受法律保护，任何单位和个人不得侵犯。房屋作为私人物权的重要组成部分，理应受到法律的保护。因此，从体现法治国家基本理念、推进依法行政和维护私人物权的角度来讲，对于"公共利益"的立法界定，也不宜过宽。比如，城市旧房改造和营利性的学校和医院，就不能纳入"公共利益的需要"的范畴，否则，"公共利益"在实践中会被滥用，不仅在制度层面为滋生腐败提供了温床，同时也势必对老百姓的合法财产权益造成侵害。第二，立法应当对"公共利益的需要"而非"公共利益"作出界定。因为，公共利益并不能等同于公益项目。比如，公交、地铁、轻轨、排水、供水、供电、供热和城市燃气等市政公用项目，虽然都是收费性的项目，但不能否认其属于"公共利益的需要"的范畴。"公共利益的需要"，本身就是一个价值判断的过程，既包括现时的需要，也包括将来的需要，在概念的范围

上要比"公共利益"大。第三，立法应当在公共利益与公民利益之间寻求一种平衡点和结合点。行政法领域内公共利益在价值取向上是否绝对地优于公民利益？公共利益与公民利益发生冲突时，应当如何处理？公共利益优于个人利益的前提条件是什么？如何避免和防范以公共利益为名非法损害公民利益？等等问题，在立法时，都应当予以统筹考虑。第四，立法应当考虑"公共利益的需要"界定的可操作性。我建议，立法要在对"公共利益的需要"进行分项列举的基础上，可授权国务院有关部门或者省级人民政府就"公共利益的需要"列出一个项目的目录清单，经国务院批准后执行，以增强立法的可操作性。同时，对于一些新出现的、难以明确判断并且在目录中没有列举的项目，也可以授权省级以上人大予以审查确认。

二、异议裁决机制的建立有利于法律制度的实践执行和公民合法权益的有效救济

《物权法》实施后，房屋征收行为当事人的一方为政府，因此，2001年的《城市房屋拆迁管理条例》所确立的房屋拆迁管理部门的行政裁决机制自然失效。但是，在房屋征收与拆迁补偿制度实施后，如果政府和被征收人对"公共利益的需要"、征收补偿方案以及补偿标准等产生异议时，确需通过立法建立一种公平

对"变形金刚"有着特殊的感情

的异议裁决机制。我认为，异议裁决的主体，应当由一个独立的第三方来担当，如可否考虑由人大对于有关羽共利益的争议进行裁决，并建立相应的公示、专家论证、听证、以及公民集体讨论等一系列程序性制度，对于具体征收补偿安置的争议，则可以由法院进行裁决，

三、立法应当正确处理房屋征收拆迁补偿与国有建设用地使用权收回之间的关系

我国土地实行国家所有和集体所有两种所有制。根据房地不可分离的原则，国有土地上的房屋征收行为，应当包括两个层面：一是房屋（建筑物、构筑物及地上、地下附属物）的征收与拆迁补偿；二是国有土地使用权的回收。从理论上讲，房屋的拆迁补偿，应当补偿房屋的重置价款；国有土地使用权的回收，应当对使用权人给予相应补偿。但实践中，房屋的征收与拆迁补偿行为和国有土地使用权的回收行为，是不可截然分开的；对于被征收人的补偿，不仅包括了房价，还包括了地价，且地价占了较大的比例。因此，对于房地进行一体化的价格评估，是被实践证明的现实之举。当然，这里还有一个问题，就是土地的增值收益是否应当全部归被征收人所有？如果土地的增值收益归属主体是多元的，这部分收益应当任何分配？这些问题都需要在立法中统筹考虑。

四、征收拆迁计划制度是确保征收拆迁工作有序开展的重要保障

房屋征收与拆迁补偿既是一项社会性工作，又是一项科学性和技术性很强的工作，同时，也是政府的一项具体事权和职责。因此，我认为，应当强调房屋征收与拆迁补偿工作的规划性和计划性。就是要求在征收房屋之前，有关政府应当制定房屋征收拆迁计划，而不能够仅仅是个"方案"。未制定计划并获得批准

的，不得征收拆迁。河海大学中国移民研究中心施国庆教授的研究曾表明，1991年的《城市房屋拆迁管理条例》中，虽然也规定了要制定房屋拆迁补偿安置方案，实际执行效果很不理想，要么太简单，要么没有搞，城市房屋拆迁管理部门审查、批准、监督也缺乏依据，这也是导致城市房屋拆迁问题多的一个制度原因。因此，我建议，征收拆迁单位在申请拆迁时，要提交由具备资质的工程咨询机构编制的房屋征收拆迁补偿安置计划，并经过政府主管部门委托的机构技术审查，该计划应当经所在地地方人民政府批准、公示后，作为实施和监督检查的依据。该计划的主要内容包括：征收范围、时间；征收范围内主要实物数量、类别、性质、产权人和使用人及其社会经济情况；征收补偿依据的政策法规和补偿、安置标准；受征收影响人（企业、商业店铺、居民住房、专业设施等）安置计划；实施组织机构；进度计划；预算及资金筹措方案；监督、监理计划；利益相关者参与、协商和信息公开计划等。

五、拆迁补偿标准是整个征收拆迁工作的核心和重点

我认为，实践中，老百姓最关心的不是建设项目是否属于"公共利益的需要"，而是房屋拆迁补偿的标准。第一，房屋拆迁补偿价格应该包括"国有土地使用权回收补偿价格"和"房屋（建筑物、构筑物）补偿价格"及"其他费用"（停产、停业损失费，附属物补偿费，搬迁费，临时过渡费，误工费，其他安置恢复支出费用等）三部分组成。前两项应该按照房屋现有区位、用途、建筑结构、面积等要素，按照国际上通用的"重置价原则"执行，即按照重置价补偿，原则上应该不考虑折旧。比如，要征收拆迁100平米的房屋，其相同地段相同结构的房屋售价为每平米3万元，那么，该房屋拆迁补偿的评估总价款不得低于300万元，真正让老百姓搬得走、买得起、居住条件有所改善。第

二，临时过渡费标准应该按照原有房屋面积确定，并且规定一个最低标准，以保护贫困、弱势群体的利益。第三，停产、停业损失应该按照安置方案科学核算停产、停业损失。第四，房屋装修及房屋内部设施、设备损失均应该明确按照损失或者迁移费用予以补偿。第五，房屋补偿价格应该考虑不同时期内价格变化因素，包括：被拆迁人房屋价格评估时、协议订立期、拆迁人购买房屋时、安置房交付期等不同时期的差异，以维护被拆迁人权益不受损。第六，建议对面积少的拆迁户规定一个房屋拆迁补偿安置最低标准（如人均建筑面积不低于25平方米），以改善贫困家庭的住房条件。第七，被征收房屋应当实行市场评估，评估的主体、方式、标准、程序应当通过立法予以确立。

六、立法应当确立房屋征收与拆迁补偿主体制度并完善相应的监督机制

我认为，房屋征收与拆迁补偿的主体应当是政府，而不能是政府的任意一个部门，更不能是用地单位或者房地产开发企业。这里所说的作为征收主体的政府应当界定为"市（区、县）人民政府"。对于政府的征收行为，是否要经过批准？哪些情况下要批准？谁来负责批准？政府的征收行为，谁来负责监督？是本级人大？还是上级政府？都应该立法明确。如果批准、实施、监督的主体安排不清晰，非常容易导致"运动员"和"裁判员"是一家，不符合市场经济条件下政府社会管理制度安排原则。同时，我认为，征收主体和拆迁补偿主体应当统一，都应当是政府。有人认为，建设单位或者房地产开发企业可以作为拆迁补偿主体，我认为，这是很不合适的。另外，我还认为，除了规范政府与被征收人之间的行政法律关系外，还应当规范政府与被征收人之间的民事法律关系，明确各自的责任、权利和义务。比如，政府具体行政行为违法的民事赔偿责任问题等。

七、关于违章建筑物认定和有关拆迁补偿的处理不宜一刀切

关于违章建筑物认定和补偿问题，实践中操作起来非常困难。比如说违章建筑的认定，我们所依据的《城市规划法》是1990年颁布施行的，但有的房屋是清朝、民国、文革前的，已经几十甚至上百年了，且可能没有合法的规划许可文件，怎么认定，是个难题。还有的是因历史遗留问题或者因政府行为存在瑕疵所形成的违反现行城市规划的建筑，简单认定为违章建筑并不予拆迁补偿，很容易引发一系列的社会问题。实践中，很多地方是按照房屋结构的成本价格给予适当补偿的。这样的适当补偿标准，是否科学、合理和可行，也非常值得研究。

八、非因公共利益的需要的拆迁活动应当予以规范

我认为，房屋征收与拆迁补偿立法仅仅对国有土地上房屋征收与拆迁补偿予以规范，是远远不够的。据不完全统计，目前，我国商业性开发项目的拆迁量占了总拆迁量的70%左右。若所有的商业性开发项目拆迁活动，完全都由开发商去和被拆迁人协商，是不现实的，也是难以操作的。因此，商业性开发项目的拆迁活动，也应当通过立法予以规范，并作出明确的制度安排。我建议，商业性开发项目的拆迁活动，政府应当适度干预，这一类的拆迁活动首先得符合城市土地利用规划，并纳入政府的中长期规划和年度计划，在补偿方式、房产评估、委托拆迁等方面可以适用因公共利益的需要的房屋征收与拆迁补偿的基本规定，但强拆制度不适用于该类活动，并且应当强化对暴力拆迁、野蛮拆迁等违法行为的监管和制裁，真正做到阳光拆迁、文明拆迁、和谐拆迁。

九、立法应当对土地储备制度作出回应

目前，我国的土地储备制度，只是在有关文件和政策中作

出过规定，尚未成为一项法律制度。土地储备制度暴露了诸多弊端。土地储备是否必须以公共利益需要为前提？政府土地管理部门进行土地收储时，未来的建设项目尚未确定，因此，很难确定所收储的土地，是为了公共利益，还是为了商业利益。很容易造成政府土地管理部门以公共利益需要为名囤积土地并高价拍卖给开发商从事非公共利益的开发经营，这样势必会损害到政府的公信力和制度的严肃性。因此，我认为，立法应当对土地储备制度作出回应，特别是该项制度的合法性问题。

十、建立被征收人的民主表决机制和决策参与机制，是化解征收拆迁矛盾的根本出路

我认为，在具体的房屋征收与拆迁补偿工作中，就是要走群众路线。对是否应当进行征收拆迁、补偿标准是否合理、程序是否科学以及结果是否公平公正，要广泛吸纳被征收人参与决策，不妨规定一定的比例（如3/4以上），达到规定比例的才可进行下一步程序，让老百姓公开讨论和民主表决。这样既符合民主法治和政府信息公开的要求，也有利于监督工作的开展，让征收拆迁工作在阳光下运行，避免现实矛盾，实现和谐拆迁。

十一、建立房屋征收与拆迁补偿监督评估机制和违法行为监管机制，加强能力建设和队伍建设

我建议，应当通过立法的方式，尽快建立房屋征收与拆迁补偿的监督机制，比如人大监督、上级政府监督、司法监督、舆论监督、公众监督等，同时，可以借鉴世界银行的成功经验，逐步推行房屋征收拆迁实施前的征收补偿安置计划编制和社会影响评价，在实施阶段聘请独立第三方担当外部监督评估的机制。进一步完善对房屋征收与拆迁补偿中违法行为的监管机制。同时，还要加强能力建设，包括政府机构、拆迁单位、监督监理机构、

科研机构，加强房屋征收与拆迁补偿队伍建设以及技术人才的培养，强化政策、法规、技术、标准以及管理等方面的理论与应用研究。

十二、统筹考虑各类工程建设所涉及土地房屋征收补偿与移民安置问题

鉴于目前我国各类工程建设所涉及的土地房屋征收、拆迁补偿与移民安置已经成为社会最不稳定因素，而我国现代化、城市化、工业化道路仍然很长，因此，我建议，应当研究考虑是否设置统一管理各类征收与移民的机构，包括征地移民、拆迁移民、水库移民、灾害移民、生态移民、扶贫移民、环境移民、流动人口迁移和国际移民安置等，统一政策、法规、管理，避免政出多门、相互攀比。

十三、对于近年产生的房屋拆迁问题予以追溯处理

鉴于近5年城市房地产开发中的拆迁补偿安置问题多多，建议予以追溯处理，对于从2005年到2009年间已被拆除房屋应该由地产商按照当时的地块新楼价补贴给被拆迁户。同时，对2005年至2009年购买两套房屋以上的，由纪委、公安、房产局、税务成立督查小组，进行户口联网清查。一家超过第三套应加收物业税20%，第四套50%，第五套100%，第五套以上的按当时购买成本价超过部分没收，用于支持西藏，新疆及少数民族经济发展和人民生活水平提高。为减小贫富差距，先富帮后富，构建和谐社会做贡献。

（原载于2010年1月16日人民网）

拆迁应当法制化、人文化

——在国务院法制办召开的《国有土地上房屋征收与拆迁补偿条例（草案）》座谈会上的发言

城市建设好了，利国利民；建设不好，就会成为败笔和遗憾；避免拆迁户"老实人吃亏，钉子户讨巧"；保障拆迁户的知情权；城市拆迁改造的最终目的是改善民生；对特困户、困难群体，政府要给予人文关怀；有些地方通过房地产业拉动经济增长全然忘记了以人为本；建设良好的城市环境，形成健康向上的城市文化；我为环保事业奔走呐喊，有人说这比我捐一个亿还重要；环境不保护好，必将受到大自然的惩罚。

众所周知，城市规划是城市建设的龙头。建设好了，利国利民；建设不好，就会成为败笔和遗憾。近年来，我国城市化进程有了显著发展，但有些地方野蛮拆迁，无法、无情、无理的"三无"行为屡见不鲜，拒绝拆迁的"钉子户"愈演愈烈，大大影响了构建和谐社会的进程。我个人认为：

一、从拆迁行为本身来看，应当规范化、法制化。

在拆迁过程中政府需要切实处理好推进城市化进程中的有关利害关系。处理好这个关系关键在于，要出台相应法规制度，规范拆迁行为，形成长效机制，使拆除行业朝着规范化、法制化的方向发展。

一方面，拆迁户往往有"老实人吃亏，钉子户讨巧"，"后拆迁者居上有利沾"等思想，从而在拆迁安置补偿上提出不合理要求；另一方面，拆迁单位在进行拆除时，因拆迁户不配合，而采取了过激行为强行、野蛮拆除，这都是不可取的。双方剑拔弩张，矛盾似乎不可调和，最终结果就是不但导致弱势群体怨忿不平，也损坏了政府声誉。归根结底，出现野蛮拆迁是政府还缺乏制定一套完整的、系统的法律规范，给了少数人"钻空子"的机会。

二、拆迁立法应当遵循公开化、透明化原则。

国家有关主管部门应立即出台符合广大拆迁户利益的《关于规范拆迁工作的暂行条例》，并及时向社会进行公示，公正、公平，公开、透明。为增强地方立法的民主性、科学性，提高立法质量，有关政府可以召开听证会，将听证这种做法法律化、制度化，不仅可以激发拆迁户的积极性，也可以保障拆迁户的知情权。

出台相关条例，旨在规范拆迁行业施工秩序，既保证拆迁户利益，又兼顾拆迁单位的合法性。值得说明的是，政府应根据市场房价权衡、对拆迁房屋进行正确评估、综合考虑，制定相关法规制度，切实保护被拆迁户的利益。同时，政府要对确实具有拆迁资质的拆迁单位和个人的资质审查严格把关，严防有不良记录的单位和个人进入拆迁行业。一经查出，立即给予取缔。针对部分拆迁户和拆迁单位之间分歧较大等情况，双方应提起诉讼至地方法院，依据法律条款进行仲裁。高级法院也应针对城建项目酌情考虑工期紧、任务重因素，特事特办，切实解决"立案难、审理难、胜诉难"等弊端，在正确使用法律的前提下，加强对各方的释法明理工作，从而缩短办案时间，确保工程如期、正常进行。当然，这样一套制度的出台并实施，有赖于政府机关进一步论证和有力支持。

城市拆迁改造的最终目的是在于改善民生，在拆迁过程中要科学组织，缜密实施，做好一切应急工作。确保在拆迁后，人民群众有地可居、有病可医，尤其针对一些特困户、困难群体，政府要给予更多的人文关怀，使社会发展科学有序，人民生活安居和谐。

三、适当调整城市房屋拆迁管理条例。

（一）修改《城市房屋拆迁管理条例》中明显违反公平正义原则的条款

公平正义的基本要求是自己不做自己的法官，有利害关系的一方当事人不得参与相应事务的处理和裁决。

而《城市房屋拆迁管理条例》在处理拆迁人与被拆迁人这对明显利益对立的双方当事人的关系时，却授权拆迁人可自行拆迁被拆迁人的房屋，或由拆迁人委托他人拆迁被拆迁人的房屋（第10条）。

《城市房屋拆迁管理条例》在处理拆迁人与被拆迁人有关补偿、安置的争议时，却授权给为拆迁人发放拆迁许可证的，与拆迁人显然存在利益关联的房屋拆迁管理部门裁决（第16条）。

由作为拆迁人的开发商去拆迁被拆迁人的房屋，由拆迁管理部门去裁决拆迁人与被拆迁人的争议，这对被拆迁人来说是没有任何公平可言的。

因此，我们如果要维护公平正义的话，就必须修改《城市房屋拆迁管理条例》中相关条款。

（二）修改《城市房屋拆迁管理条例》中违反"先征收补偿，后拆迁"规定的条款。

《宪法》第13条、《物权法》第42条以及《城市房地产管理法》第6条都明文规定：补偿是征收的构成要件之一，未依法补偿，对房屋所有权及相应土地使用权征收程序就没有完成，而征收没有完成，就不能进行拆迁。根据《宪法》、《物权法》和《城市房地产管理法》的上述规定可以看出征收是拆迁的前提。但是《城市房屋拆迁管理条例》规定的拆迁人申领房屋拆迁许可证的前提条件中，却没要求拆迁人提供被拆迁人房屋所有权和相应土地使用权已被征收的证明材料的条件（《城市房屋拆迁管理条例》第7条）。

　　《城市房屋拆迁管理条例》对房屋拆迁补偿作出的具体规定也是将补偿与对房屋所有权的征收分开了，将补偿作为了拆迁程序的一部分，把本应在征收阶段解决的补偿问题延至拆迁阶段解决（《城市房屋拆迁管理条例》第3章），从而明显与《宪法》、《物权法》和《房地产管理法》要求的"先征收补偿，后拆迁"的规定相抵触。

　　另《宪法》第13条、《城市房地产管理法》第6条的规定也表明征收、补偿的主体是国家（政府），征收、补偿的法律关系是行政法律关系，必须遵守依法行政的要求。但是，《城市房屋拆迁管理条例》却将对被拆迁人给予补偿、安置的法定义务转移给拆迁人（《城市房屋拆迁管理条例》第4、13、22条），将国家（政府）与被拆迁人之间的征收、补偿行政法律关系转变为拆迁人与被拆迁人之间的民事法律关系。

　　《城市房屋拆迁管理条例》助长了一些地方领导人违反科学发展观，过分依赖"卖地"和发展房地产业来发展当地的经济，有些地方政府对通过房地产业拉动当地经济已经走向极端，全然忘记了老百姓的需要和痛苦，全然忘记了以人为本。老百姓的痛苦和眼泪、老百姓以命相争、相抗的惨剧，他们都看不到，听不见，他们对之无动于衷。暴力拆迁中不断流淌出的血和泪丝毫不能打动他们，强制拆迁依旧，野蛮拆迁依旧。修改《城市房屋拆迁管理条例》势在必行，否则会大大影响党和政府在群众心中的形象，会严重阻碍和谐社会的进程。

四、加大力度广泛宣传拆迁法。

拆迁法规应加大宣传力度，争取广大人民群众的理解，最大程度唤醒人们道德、精神、灵魂、社会责任的复苏和觉醒。

城市建设的好坏会直接影响到投资者对一个城市的印象，可以说，这也是一张城市名片。拆除老旧的房屋，建设良好的城市环境，健全的城市功能，有利于陶冶市民的情操，形成健康向上的的城市文化，对于和谐社会建设无疑具有非常重要的意义。

为此，政府作为决策者和改造者，应不遗余力的向人民群众宣传政府拆迁的重要意义。要以理服人，拆迁未动，宣传先行，给群众讲清意义，讲通政策，讲明利害关系，争取他们的理解和支持，把宣传工作贯穿到城市建设与拆迁改造的全过程。通过网络、电台、媒体等方式大力宣传城市建设的意义、政策、法规，努力营造正确的舆论导向和宽松的建设氛围，大力宣传在城市改造中涌现出的先进典型个人，对恶意阻挠城市建设的反面典型也要坚决予以曝光，依法惩办；充分调动各种因素，引导广大群众增强城市意识和主人翁意识，打造人人关心、人人支持、人人参与的浓厚氛围。

作为江苏省政协常委，我一直满怀社会责任感，亲力亲为投身公益环保事业，并为中国慈善事业、环保事业奔走呐喊，在无形中唤醒了很多有良知的人，共同加入到和谐家园的建设中来，有人说，我的精神和无形的带动比捐1个亿都重要！多年来，我先后提出了"提高医生待遇，取消以药养医"、"凭户口簿买房抑制炒房"、"中国部分监狱面向旅游业开放进行警示教育，门票收入用于法律援助基金、见义勇为基金、在押人员家庭生活和子女教育用途"、"提高油价50%，大力提倡公共交通、地铁免费，有助于降低地球"温室效应"、"央视春晚改版，编导和主创人员应以小品、相声等多种形式反映环保主题"，为"低碳生活、降低温室效应做贡献"、"中国拆除行业数千亿吨建筑垃圾填埋地下，亟待国家重视、提请有关主管部门出台行业政策法规来解决"等提议，在社会上引起广泛的影响。最终目的就是让全国人民明白：环境不保护所带来的恶果，就是以牺牲子孙后代活下去条件为代价，必将接受大自然的惩罚。从而最大程度唤醒人们道德、精神、灵魂、社会责任的复苏和觉醒，为建设和谐社会做贡献。

（2009年12月30日）

中国拆除行业应当环保处理建筑垃圾

环境保护关系到中国13亿人口乃至世界60亿人口的生存问题；每万平方米建筑在施工过程仅建筑垃圾就会产生500吨；建筑垃圾是"城市矿藏"、"放错地方的资源"；黄浦公司将建筑垃圾变成道渣，可供四车道高速公路从南京铺到上海。

随着经济全球化发展日新月异，呈现出气候变暖、环境污染、资源浪费等多种现象，严重影响了人类的生存环境。中共中央总书记、国家主席胡锦涛在科学发展观重要论述中阐述了资源环境的可持续发展，强调必须以科学发展观为指导，走人口与环境协调发展的道路，切实转变经济增长方式，加强环保制度建设和市场调节，提高公众环保意识，建设环境友好型社会。前不久，总书记又在联合国气候峰会上提出"2020年前达到非化石能源占一次能源消费比重达15%左右"的目标；2008年7月1日，国务院温家宝总理在国务院节能减排工作领导小组会中指出，应强化用地审查、节能评估审查、环境影响评价等知识。党中央国务院对环境保护工作高度重视，但人类生存环境的保护绝不仅仅是国家领导的事情，它关系到中国乃至世界60亿人民的生存问题。

目前，我国建筑垃圾的数量已占到城市垃圾的30%～40%，建筑垃圾具有数量大、组成成分种类多、性质复杂等特点，建筑垃圾污染环境的途径多、污染形式复杂。建筑垃圾可直接或间接污染环境，一旦建筑垃圾造成环境污染或潜在的污染变为现实，消除这些污染往往需要比较复杂的技术和大量的资金投入，耗费较大的代价进行治埋，并且很难使被污染破坏的环境完全复原。同结构类型的建筑所产生的垃圾各种成分的含量虽有所不同，但其基本组成是一致的，主要由土、渣土、散落的砂浆和混凝土、剔凿产生的砖石和混凝土碎块、打桩截下的钢筋混凝土桩头、金属、竹木材、装饰装修产生的废料、各种包装材料和其他废弃物等组成。据权威部门资料显示，经对砖混结构、全现浇结构和框架结构等建筑的施工材料损耗的粗略统计，在每万平方米建筑的施工过程中，仅建筑垃圾就会产生约500吨。若按此测算，我国每年仅施工建设所产生和排出的建筑垃圾就超过1亿吨，加上建筑装修、拆迁、建材工业所产生的建筑垃圾，数量将达数亿吨。就南京而言，按照2009年居民住宅拆除4万多户，建筑面积达800多万平方、厂房拆除面积达200多万平方来计算的话，仅一年中产生的建筑垃圾约为1500万吨。

如今，中国拆除行业大多依旧采用多年前的传统方式进行拆除，不具备环保拆除的能力，将未经处理的建筑垃圾直接运往郊外或乡村，采用露天堆放或以填埋的方式进行处理。据行业统计，近年中有数千亿吨垃圾深埋地下或露天堆放，不仅占用了大量的土地资源、还占用垃圾清运费等建设经费，同时，清运和堆放过程中的遗撒和粉尘、灰砂飞扬等问题又会引起严重的空气、土壤、水质等环境污染，严重破坏生态环境。目前我国对建筑垃圾的资源化再生的重要性虽已有所认识，但还没有引起足够的重视。比如国家还没有建立完善的相关法律法规，禁止填埋可利用的建筑垃圾；规定建筑垃圾必须进行分类收集和存放；在城市化进程中，建筑垃圾作为城市代谢的产物，作为城市发展的负担，许多城市均有过建筑垃圾围城的局面。而如今，建筑垃圾被认为是最具开发潜力的、永不枯竭的"城市矿藏"，是"放错地方的资源"。这既是对建筑垃圾认识的深入和深化，也是城市发展的必然要求。

　　作为社会的一分子，每个企业、每个公民理应积极响应国家号召，身体力行投入到总书记"保护共同家园，创造绿色未来"的号召中去，为创造子孙后代生存下去的条件、保护美好的生存环境做出应有的贡献。江苏黄埔再生资源利用有限公司一直致力于发展循环经济、绿色经济，专业从事可再生资源回收、加工和再利用，免费为企业拆除大型厂房、道路桥梁及高层建筑物爆破工程，将建筑垃圾和生活垃圾进行环保再生处理，是全国最大的环保拆除企业，也是全国唯一一家把建筑垃圾二次处理的环保企业。公司自成立以来环保拆除，实现了安全零事故。采用液压拆除、水压拆除、静态爆破等高科技方式，拆除无噪音、无污染、无灰尘，致力于发展循环经济、绿色经济，变废为宝，推进城市建筑垃圾、生活垃圾以及泡沫塑料等白色污染的环保化、零排放处理。承接渣土回收、加工再利用，利用国际先进的移动式混凝土破碎、筛分技术，将建筑垃圾粉碎成建筑骨料、道路填铺料、三合土集料等不同用途的再生集料，制作渗水环保砖销售市场！算起来，在全国10多个省市的废旧拆除工程拆除下来的混凝土作道渣，可供四车道的沪宁高速公路从南京铺到上海。

　　就拆除方面来说，传统的拆除方法，污染环境、浪费资源、效率低下。黄埔公司采用高科技水压拆除法、液压拆除法、静态爆破法等新型拆除工艺，无污染，噪音小。对拆除下来的废旧混凝土现场破碎加工成商品混凝土骨料、建筑砌块集料、道路填铺料、三合土集料等不同用途的再生集料，利用国际先进的移动式混凝土破碎、筛分技术，可使加工后的建筑垃圾成为环保渗水砖，科学合理地直接提供利用，大大提高了废旧混凝土的利用效率，又减少了多次运输造成的环境污染和费用支出，还减少了废混凝土堆放的土地占用。最重要的是，建筑垃圾经过筛分后制成的不同种类的再生集料，可以部分或全部代替天然集料用作建筑材料，从而大量节约了自然资源。众所周知，大量地开采山石、淘挖河砂、掘坑取土等行为会消耗大量的自然资源，而这也会破坏自然植被，还会造成环境污染，更为严重的是，还有可能因为地质形态的改变而破坏生态结构，导致该地区部分物种的减少甚至灭绝；山石开采后的地区也极容易发生山体滑坡、泥石流等次生灾害。使用再生集料部分或全部代替天然集料，可以大量减少对自然资源的开采，也有利于减少环境污染和次生灾害的发生。

（2012年6月15日）

加强创新型企业的知识产权保护

——写在2012年知识产权保护日即将到来之际

一些企业好不容易出一个成果，很快被别人"山寨"了；加强知识产权保护是中国制造变为中国创造的需要；科技创新的主体是谁；如何走出科技创新的"怪圈"；能否建立更有利于中小企业创新的环境和多元化的创新模式；在创新企业知识产权保护方面有哪些工作可做。

创新是一个民族的灵魂，是一个国家兴旺发达的不竭动力。然而，在我国2005年提出创新型企业建设时，情况非常不乐观：有99％的企业从未申请过专利；大中型企业的研发投入只占销售收入的0.71％，规模以上工业企业只有0.56％，大大低于发达国家5％的平均水平；在大中型企业中，3/4的企业没有研发机构，2/3的企业没有技术研发活动，60％以上的企业没有自主品牌。

在这种背景下，2005年我国启动了"技术创新引导工程"，组织开展国家级创新型企业建设，以通过培育"中国创新型企业500强"，带动更多企业走上创新驱动发展之路。7年过去了，目前我国共有国家级创新型企业356家。

然而，一个令人不安的事实是，由于缺乏严格的知识产权保护，一些企业觉得花大量资金搞技术创新，好不容易出一个成果，很快就被别人"山寨"了，因此谁花钱搞科技创新谁吃亏，还不如摹仿造和"山寨"。更为可怕的是，许多消费者也觉得，盗版和"山寨"有什么不好？价格便宜，还有利于普及。

我认为，当前在我国加强对创新型企业进行知识产权保护，迫在眉睫。如果没有对知识产权的保护，不能有效保护发明创造的积极性，我们的经济转型、产业升级只会是一句空话。加强知识产权保护，这是中国经济转型升级的需要，只有依靠科技进步才能成功转型升级；这是中国制造变成中国创造、提升国际竞争力的需要，因为只有拥有知识产权，才能在国际竞争中拥有核心竞争力；这是中国企业成长为世界一流企业的需要，只有拥有知识产业的企业，才能成为世界一流企业；这也是在国际贸易中争取主动权的需要，因为只有拥有了自己的知识产权，才不会在国际贸易战中，被"技术壁垒"拦在界外。

我国在科技创新和知识产权保护方面要解决哪些问题呢？我觉得有几个问题值得我们认真思考。

一是我国科技创新的主体是谁？科技创新到底是国家的事，是科研机构的事，还是企业的事？从理论上讲，这本来不是什么问题，国家、科研院所、企业，谁都有责任进行科技创新。但是，具体到实际工作中，谁进行科研投入？辛辛苦苦获得的科技成果如何不停留在样品、礼品、展品阶段？有了成果如何进行实际转化？这中间经常是断裂的，从人才，资金，到考核机制，成果转化不能形成一整套完善的、覆盖全过程的机制，影响了科技创新的效率，也影响了创新的积极性。

二是如何走出科技创新的"怪圈"？对于单一企业来说，搞创新有时是会寂寞无效，很长时间没有结果的。如果有了结果，又被别人很快模仿，这样更花不来了。因此，如果不进行有效的知识产权保护就是不保护创新创造。过去有人说过这样一个怪圈：不稿技改是等死，搞技改是找死。

三是我们能否建立更加有利于中小企业创新的环境和多元化的创新模式？比如，我们一方面可以鼓励有实力有人才的企业拿出销售额一定比例进行技术改造和创新；另一方面，我们可以鼓励有资金缺乏科研人才的企业，走产学研结合的道路；最后，对于一些中小企业我们还可以鼓励他们从科研院所购买比较成熟的成果，进行产业化，帮助这些科研成果走出象牙塔。

在这过程中，政府不能袖手旁观，应该对科技创新给予资金支持，税收减免，特别奖励等等。借鉴国外和兄弟省市的经验，我认为，江苏在创新型企业的知识产权保护方面可以做以下几个方面工作：

一是政府应成立专门机构，提高知识产权保护的指导和服务水平。不光是出政策，还要出人才、出资金，出服务。

二是支持创新型企业建立专题专利数据库，开展竞争对手动态跟踪、专利预警等工作，为创新型企业及时获得并有效运用专利信息提供方便。

三是支持创新型企业专利申请与实施转化。对创新型企业涉及行业共性技术、关键技术、核心技术的国内外专利申请给予资金支持。

四是加强创新型企业知识产权维权保护。组织开展针对创新型企业的专项行政执法行动，协助创新型企业开展跨省专利维权活动。依托行业协会建立知识产权保护联盟或工作站；指导制定园区内企业知识产权保护公约，开展专利纠纷现场调解和公开审理等工作。

五是加强创新型企业知识产权宣传培训。组织企业进行知识产权培训，对大企业大集团高级经营管理人员、科研人员和知识产权工作者进行知识产权专业培训，培养一批熟悉知识产权法规政策及国际规则，能熟练处理国内及国际知识产权事务的高级复合型人才。

（2012年4月23日）

文化崛起，民营企业应是主力

> 如何让社会有更多的好人；今天的中国要重寻传统文化的美德，又要重塑先进文化的理念；文化崛起是国家的事，更是社会的事，民营企业理应是其中的主力之一；民营企业家对于文化产业有无限热度。

过去我常想，如何让一个社会有更多好人？如何让富人们拿出更多钱帮助穷人？如何让更多人信服我是"全国道德模范"？现在在这些问题的思考中，恐怕还要再加上一个"文化"的变量。这是我近期读完十七届六中全会决议后的最大感受。

就像决议中所说，只有"以高度的文化自觉和文化自信"，才能"提高民族素质与塑造高尚人格"。如果没有文化繁荣、精神文明和思想道德境界，一个民族是难以真正让世界其他民族尊重的。

但很可惜，中国当下的文化实力与国际地位并不符合，与拥有的文化底蕴也不相称，100多年来"西强我弱"的状况在经济、政治、军事、社会方面被扭转的程度，远远高于文化。也正因为文化层面不能及时跟上，近年来才出现许多道德层面的问题。仅靠经济发展，"端起碗吃肉、放下筷骂娘"的现象会不断出现，见死不救、道德沦丧的个案也难以避免。

因此，今天的中国必须重寻和坚定传统文化中的优良美德，如慈孝廉，礼义信，扶贫济困等，从小就须熟识《三字经》等经典中的道德精髓，还需要重塑爱国、科学、创新、民主精神等先进文化，在青年人的内心深处刻上现代精神的烙印。

今天我们谈文化，必须是与时俱进的，又是具有包容性的。这些年来，不少人呼吁文化安全，担心国外文化进入中国市场，会引发思想混乱。事实证明，一个优秀民族文化完全能够在与国际强者竞争中，得到更广泛的传承和发展。从电影电视、图书报刊到娱乐产业，甚至还有慈善事业，多年来中国文化的大发展、大繁荣从来没有因为竞争而衰败，反而越战越勇。因此，让文化更多渗入一些传统推动力之外的元素，效果会更好。这个非传统力量当然包括民营企业家。

过去我们常误认为，抓文化是国家的事。这话并不完全。文化崛起是国家的事，更是社会的事，民营企业理应是其中的主力。因为民营企业拥有大量资金，机制灵活，对市场嗅觉与民间的文化动态更有感知力，民营企业家对于文化产业有无限热度。在大多数民营企业家看来，做文化产业是一件很有面子、很有品位、很有尊严的事情。

因此，我认为，社会应当多鼓励民营企业家参与文化产业建设，尤其是过去被一些舆论调侃为"乡镇企业家"甚至"暴发户"的企业主。政府不妨多给民营企业家建设文化产业的机会，让民企为中国文化崛起作出与经济崛起同样大的贡献。2020年，文化产业将成为中国重要的支柱产业，这不仅是我们社会文明进程的重要机遇，同样也是民营企业家面临的发展机遇。

（原载于2011年11月16日《环球时报》）

合理规划，粗粮细作，人文关怀

——对保障性住房建设的几点建议

不能一味强调数量和进度而忽视"质量"；不能一味强调控制成本，并且是"一刀切"地控制从设计到施工到选材的成本；保障性住房要防止低收入群体有被社会边缘化的感觉；要从城市设计、规划的角度认真对待保障性住房的选址；要吸引专业人才加入保障性住房的建设工作；要建立保障性住房升级和退出机制；要重视保障性住房社区的"人文关怀"。

保障性住房，是指政府为中低收入住房困难家庭所提供的限定标准、限定价格或租金的住房。我国目前保障性住房主要包括廉租住房、经济适用住房和政策性租赁住房等几部分。我国政府今年以来大力加强保障性住房建设，改善城市低收入群体居住条件，受到广大低收入家庭欢迎和期待。这对改善民生、促进社会和谐稳定也具有十分重要的意义。

我最近花了一些时间考察国内保障性住房建设情况，并研究了国外保障性住房建设的经验教训，想提醒管理部门我国在保障性住房建设中要防止出现以下问题。

1. 不能一味强调数量和进度而忽视"质量"。这里指的"质量"不仅仅是施工质量，建材质量，而是广义的"品质"，包括规划、建筑、景观等构成的居住质量。

2. 不能一味强调控制成本，并且是"一刀切"的控制从设计到施工到选材的成本。这实际上是一种"粗放式"管控模式，并没有真正通过合理的成本规划，该花钱的地方花钱，该省钱的地方省钱，从而在保证一定品质的同时，合理控制成本。事实上，好的厨师不仅能把山珍海味做成美味佳肴，家常菜同样也能烧的有滋有味。

3. 保障性住房主要是城市低收入人群居住的，如何在规划中做到合理布局，让居住的人不产生心理压抑，防止低收入群体有被社会边缘化的感觉，甚至形成国外出现的"贫民窟"。

为此，我建议：

1. 要从城市设计、规划的角度认真对待保障性住房的选址；从优质居住区设计的角度，做好保障性住房的规划设计；从好的品质品味的建筑设计角度，对待保障性住房的建筑设计。

2. 要吸引专业人才加入到保障性住房的建设过程中，本着"粗粮细做"的原则，在合理控制成本的同时，提升保障性住房的建设品质品味。在国外的住宅区建设中，常常会通过设计师的精心设计，把普通的材料，甚至是废弃材料，用到环境景观中，取得很好的效果。这也符合再生资源利用、循环经济、环保低碳的原则。

3. 要建立保障性住房升级和退出机制，根据住户实际收入变化而流动起来。这样动态管理才能做到公平和高效。因为有些人今天符合买保障性住房，明天可能经济好转就有能力买商品房。所以，不能一买就住一辈子，而随着收入变化而变化。新加坡的保障性住房也根据收入不同分为不同级别，随着收入变化，该升级的要升级，该退出的要退出，这样就能让保障性住房使更多的人受益。

4. 要重视保障性住房社区的"人文关怀"。本着构建"和谐社区"的角度，多方位探索保障性住房社区的管理运营，让居民参与到社区的管理，解决低收入居民的经济来源，同时也降低管理运营费用。通过建设一个和谐的社区环境，培养居民社区归属感，缓解人们的社会压力，消除孤独感，提升社会安全度，提高人们的生活满意度。

（原载于2011年12月5日人民网）

做青年领袖必须具备哪些素质?

——答千龙新闻网记者问

不想当将军的士兵,不是好士兵;三个工人砌墙的故事的启示;关羽、张飞为什么听刘备的;谁举起火把,谁就成了领袖;树枝在动,你要想到可能是敌军开过来了;要能从危机背后看出机遇。

许多青年人都充满伟大的理想,他们希望自己努力成长成才,年轻时在班里成为学生干部、青年领袖,长大后能报效祖

国,成为国家栋梁之才。有这种想法是值得赞许的,因为一个不想当将军的士兵,不是好士兵,一个不想成为青年领袖的青年,往往也不是有大出息的青年。所以我非常支持大学生朋友充满理想,不断追求进步。作为"全国道德模范",作为青年朋友的兄长,我想跟大家谈一谈我对成为青年领袖必须具备的素质的几点看法。

首先,要有伟大的理想、坚定的信念。我最近看到这

样一个故事，三位工人在砌墙，有人问他们在干什么，第一个人说他在砌墙，第二个人回答说他在建造一座大厦，而第三个人回答他是在建造一座美丽城市。若干年后，第一个工人仍在工地砌墙，第二个成为一名工程师，第三位则成为一位市长。

其次，要有开阔的胸襟，包容的心态，特别是能吃亏、能奉献。心胸有多大，带的队伍就有多大。刘备的武艺并不高，但是为什么关羽、张飞都听他的，都服他，我想主要就是德和胸襟大。"泰山不让土壤，故能成其大；河海不择细流，故能就其深"。

第三，要有勇于承担的精神，强烈的责任感，遇事情敢主动站出来。如果遇到事情，你先害怕了，怎么行？什么人能成为领袖，古希腊神话中就有这样的故事：在黑暗中，在别人都恐惧的时候，一个人举起了火把，带领大家走出来，他自然就成为了领袖。

第四，要有高超的能力和水平，靠"卖狗皮膏药"是走不远的。如果别人考试都是80分、90分，你考30分、40分，谁服你？这就要求你要有思想高度，有能力水平，要看到别人所看不到的，想到别人所想不到的。在战争年代，别人看到一根树枝在不停摇动可能想到了风，而你可能就要想到是不是有一只敌人的军队开过来了。高超的能力和水平包括组织能力、管理能力、执行能力、沟通能力、判断能力、创造能力等。

第五，要有把握机遇的敏锐和果敢，在关键时刻该出手时就出手，从而赢得尊重和支持。事实上，在许多时候大家都差不多，谁也不服谁，就看你在关键时候能否从表面的危机背后看出这是机遇，这是显示领袖素质的机会，从而及时出手，把握稍纵即逝的机遇。

（2012年4月24日）

青年人要学习和实践辩证法

——列席全国政协会议小组讨论时的发言

> 我非常得益于辩证法；青年生活、恋爱、求职和
> 工作中的辩证关系；善不积不足以成名；无平不陂，无
> 往不复；贫生于富、弱生于强、乱生于治、危生于安；
> 学习和实践辩证法，才有幸福的人生。

中国大学都开设有《马克思主义基本原理概论》这门课，其中"辩证法"是一个非常重要的章节。但学习过的人又有多少人在日后学习和生活中积极运用辩证法呢？许多青年人由于不知道生活的矛盾性，不知道一切都在量和质的变化中，不知道吃亏是福、失败是成功之母的辩证法，往往影响了事业的发展，也在人生道路上往往走过许多本来可以避免的曲折。

在我人生的道路上，在我从事创业和慈善事业过程中，我就非常得益于自己认真学习并用辩证法思想看待事物，处理事情。直到今天，我还经常学习辩证法，思考辩证法，并用辩证法思想指导自己的实践。

我是如何学习和理解辩证法的呢？我认为，辩证法中最重要的是认为世界上万事万物都是普遍联系和永恒发展的，即事物间息息相关且瞬息万变，其原因在事物内部。这个内因表现为三大基本规律：对立统一规律、质量互变规律、否定之否定规律。所谓"对立统一"就是凡事要一分为二地看，一件事发生了要看到

两个方面，就如一个磁铁同时包含两个相反的磁极，它们可以无穷分割却永远是相反相依的。这个规律告诉青年人，在学习生活中要兼顾劳与逸，在恋爱生活中要兼顾情与义，在求职过程中要兼顾近与远，在工作中要兼顾公与私等等。

质量互变规律说一切事物的形成或毁灭，都是由量的积累逐步达到一定的"度"而形成质变，所谓"善不积不足以成名，恶不积不足以灭身。"在新的质上又有新的量变，这个过程无穷无尽。质量互变规律告诉我们要把握"适度"的原则，不断促进好的质变而防止坏的质变，懂得"物穷则变"、"物极则反"等辩证道理。

否定之否定规律告诉人们，事物的发展过程都是后者否定前者，接着又被更后者所否定，整个事物的发展体现出不断否定、螺旋形上升的趋势。这就是《周易》所说的"变易"、"生生"、"日新"法则。这个规律告诉人们，人生的挫折和失败是暂时的，"无平不陂，无往不复"。道路是曲折的而前途是光明的。

对立统一规律是辩证法的核心和灵魂。今天的许多青年人过着衣来伸手、饭来张口的幸福生活，但仍有人觉得不开心、不给力，他们的困难是不懂得辩证法，对于对立统一规律没有深刻领悟。他们不懂得前后想、左右想、正反想，不懂得利于一必害于一，不懂得盛之有衰、荣之有枯，不懂得贫生于富、弱生于强、乱生于治、危生于安。他们更不会忆苦思甜、今昔对比，因此对苦乐相成、祸福相依、生死相伴的生存辩证法无从体会。他们在生活中忘记了马克思主义的唯物辩证法。其结果是青年人生活不快乐，学习兴趣不大，创造力不够。

我的建议是，青年人第一要学习辩证法，第二要实践辩证法，然后才有幸福的人生。首先要肯定辩证法是关于自然、社会和思维发展最一般规律的科学，是青年人必修课，要修出好成绩

成为辩证法的实践者和受益者。其次要从心灵、从当下做起，在
"见善则迁"、"习与性成"中成就辩证人生。社会和谐与人类
进步是从辩证智慧开始的。

（2011年3月3日）

以积极的姿态走向社会这个更大的课堂

——致即将毕业大学生的一封信

> 许多大学生都是想学成之后报效祖国、报答父母，改变自己的命运；许多大学生朋友是我的粉丝；大学生一毕业就找到一个舒心的工作，这一辈子也许就没有大的出息了；人生，走过去的时候是坎坷，回过头的时候是风景；大学生创业队伍中，将来很可能会出现像比尔·盖茨和乔布斯一样的人。

亲爱的大学生朋友们：

你们好！

我是全国道德模范、江苏黄埔公司董事长陈光标。最近我收到许许多多即将大学毕业的朋友来信，诉说寻找工作的不易，诉说自己心中的烦恼。不少大学生表示，希望毕业后到我们黄埔公司工作，甚至愿意义务打工。

看到这样的来信，我心里很感动，也非常不平静。然而由于这两年收到这样的来信有数万封，我也没有时间一一回复，深感歉意。眼下又到7月了，新一届大学生又将毕业。在这里，我想给即将毕业的大学生朋友们写一封信，与大家谈谈心，希望我这个过来人的一些经历和想法能对你们在走出校门、走向社会的关键时刻有所帮助。

我知道，许多大学生朋友都是贫苦家庭出身，你们克服家境贫寒从农村或县城走入大学校门，发愤学习，就是为了能够通过读大学报效祖国，报答父母，同时改变自己的命运。然而，4年大学即将毕业，你们一下子面临找工作、适应社会的难题。许多大学生朋友是我的粉丝，非常尊重我，我觉得你们就像我的弟弟妹妹一样。我时常想，如果我们公司能有一个很大的平台，把所有找不到理想工作而又才华横溢的大学生都招聘到这个平台上，让你们将自己所学到的知识和才华都释放出来，报效祖国，实现人生价值，那该多好呀！然而，事实上我一个人的能力非常有限，每年只能招收有限的大学生就业。所以，我在这里真心希望所有充满爱心的企业家都主动行动起来，把你们的平台尽量做大一点，多吸收一些大学毕业生。因为大学生是祖国花了钱培养出来的人才，是我们国家的希望，这是为了国家发展，为了社会和谐，为了大学生前途未来，也是为了我们企业自己的发展。

然而，我们大学生自己该怎么办？从一个过来人、也可以说是你们学兄的角度，我觉得大学生首先要对自己的长处和不足有清醒的认识和把握，一方面，现在许多大学生是幸运的一代，有很高的起点，思想活跃，知识面广，有开放的视野和心态，对于家庭是父母的骄傲，对于国家是需要的人才；另一方面，无论你是否承认，大学生走出校门后要面对许多挑战，许多竞争，许多不适应。最重要的就是，大学生4年虽然学到了许多知识，但往往还停留在书本上，属于纸上谈兵型的，还需要与社会结合，与实践结合，要到社会大课堂去再学习。要想到自己还需要在实践中当小学生，逐步把知识变成技能，变成服务社会的一种能力和水平。

其次，我希望大学生朋友不要好高骛远，而要实事求是。如果有机会到城市、机关和央企工作，固然是不错的岗位。但是，大机关大城市岗位毕竟是有限的，我们目光不应太短浅，如果能够把目光放长远一点，能够以积极的心态到最基层去，到边疆去，到祖国最需要的地方去，也许未来更能够成就一番大事业。如果刚刚入学毕业，就想找各种关系到一个舒舒服服的岗位工作，可能眼下压力小了，满足了，而这辈子也许就不会有大出息了。相反，只有吃得各种苦，才能成长得更高更快，俗话说，穷人的孩子早当家。事实上，我小时候家里很穷，哥哥姐姐都是饿死的。从9岁起，我就自己挑水到集市卖，不仅给自己交了学费，还为邻居上不起学的孩子交了学费。我上小学时放学后经常到村庄捡破烂到供销社卖，从10岁以后，家里的油盐酱醋以及弟弟妹妹的书本学费等都靠我捡破烂承担了。在我小学5年级开始，利用假期拖着板车到农民家收粮食，然后拉到粮站去卖，每斤赚2-3分钱。上中学时就租用拖拉机，靠自己打拼，我到初三时就成为少年万元户。

如果看看我国历史上的伟人，绝大多数都历经艰难和磨难，很少有能在鲜花和掌声中走上历史大舞台的。许多党和国家领导人，他们大学毕业后，首先在基层，边疆，厂矿等祖国最需要的地方工作，在那里锻炼成长。所以，我希望大学生朋友能勇敢地到祖国最需要的地方去，到那里磨炼自己，提高自己，这是报效祖国，也是实现自己人生的价值最佳途径。许多事情就是这样：走过去的时候是坎坷，回过头的时候是风景。而且机遇在很多情况下都是以挑战和困难的表象出现在我们面前的，看我们是否知道：那就是机遇！

有的大学生朋友或许会问：你陈光标十多岁就创业了，我们大学毕业后也自己创业如何？的确，我非常支持有条件的大学生主动创业。因为这能够最大限度地挑战自我，挖掘自己潜能，也是对自己如何与社会打交道各方面综合能力的锻炼和提高。从国家的角度，也应该从贷款和税收等方面扶持大学生创业，因为创业能够带动就业，一个大学生创业，如果需要聘请五六个人，就能带动五六个人就业。如果我国每年有100万大学生创业，就可以带动500万、600万人就业。这不仅能够实现自己的人生价值，而且帮助解决社会就业。去年以来，我多次参加各地举办的大学生创业大赛，我深深感到，当代大学生有许多很好的创意和很高的创业水平，只要能够增加一些对社会需求的调研和了解，多一些踏实的吃苦精神，多一些政府和社会的政策鼓励和支持，多一些企业家的扶持提携，我们的大学生创业团队，很可能在未来数年中出现微软和比尔·盖茨，苹果和乔布斯。这是我们国家的希望，也是我们民族的希望，这样的人生也更加精彩。

前不久，我参加了中央统战部副部长、全国工商联党组书记全哲洙带领的"非公有制经济人士感恩革命老区井冈山行"活动。感受最深的是：在今天我们这个社会依然需要大力发扬井冈山精神、延安精神、西柏坡精神，就是"坚定信念，艰苦奋斗，实事求是，敢闯新路，依靠群众，勇于胜利"。在这里，我也把这几句话送即将毕业的大学生朋友，希望你们在自己的人生转折关头，做到这几句话，以积极的姿态走向社会这个更大的课堂，在人生中书写出成功的答卷。

永远关注并支持你们的学兄　陈光标

2011年6月20日

我是谁？为了谁？依靠谁？

一位贫困地区领导告诉我，

他们邀请一个歌星参加慈善演出，

那人开口就要50万。

一位大学校长告诉我，

一些老师开着豪车，住着豪宅，

却在课堂上牢骚满腹，

似乎祖国欠他很多，很多。

我的祖国，我的同胞，我的兄弟呀！

一个人眼里不能，只有钱，

一位老师的心中应该时刻装着自己神圣、伟大的祖国！

先辈曾经告诉我，

儿不嫌母丑，狗不嫌家贫。

父母经常提醒我，

做每一件事，都要对得起祖国，对得起天地良心！

面对祖国，

我们需要经常问一问自己：

我是谁，为了谁，依靠谁？

只有这样，

才能保持头脑清醒，不忘乎所以。

我是谁？我是谁！

无论是歌星大款，还是官员教授，

我们大家都有一个共同的名字，

中华民族的儿女！

我们都赶上了一个美好的时代，

叫改革开放！

如果没有强大的祖国，

在那个"华人与狗不得入内"的悲惨时代，

一个人的命运是多么可怜。

我知道，

出生贫苦农家的我，

如果离开改革开放伟大时代，

怎么能成为亿万富翁？

又怎能有今天的我！

为了谁？为了谁！

人的一生何其短暂，

个人，国家和社会，

价值观的天平，

孰轻——孰重？

我很瞧不起，一些人眼里只有个人，只有钱；

我很鄙视，一些人忘记了社会和自己的祖国。

他们可以拿出许多钱到国外豪赌，

却不愿用来资助贫困兄弟；

他们可以在活着的时候大建墓地，

却不愿意为无房户建廉租房。

这样的人活着是多么渺小呀，

因为人活着总得有一种精神！

我的祖国，我的民族，我的亲朋，

所以我宣布，

在我离开这个世界的时候，
将捐出自己全部的财产。

依靠谁？依靠谁！
有人这么说，
我能成为亿万富翁、官员、明星，
全靠我自己。
我要这么说：
我们来到这个社会，
父母带给我们生命，
老师教育我们成长，
社会提供我们衣食住行，
解放军战士、公安、武警保卫我们的安全。
然而，我们又为社会做了多少呢？
扪心问一问，我们会发现，
不是国家和社会欠我们的，
而是我们欠国家和社会的，
很多，很多……
所以我要这样说——
祖国和人民是我们最坚强的后盾，
是我们事业和生命的最大依靠。
所以我要这样说——
我最大的遗憾就是自己为国家、社会和贫困人口做得还太少，
就是我没有第二次生命奉献给我的祖国和人民！

（2011年9月25日"一路慈善一路歌"毕节演唱会上朗诵）

不管怎样

如果我做善事，
有人说我过于高调、甚至别有用心，
不管怎样，
我依然坚持做善事。

如果有人遭遇不幸需要帮助，
我的帮助却可能使我受到攻击，
不管怎样，
我依然会帮助他们。

如果诚实与坦率使我受到伤害，
不管怎样，
我依然要诚实和坦率。

如果有人不讲道理、不辨是非、思想谬误、自我中心，
不管怎样，
我依然会爱他们。

如果人类耗费数年所建设的可能毁于一旦，
不管怎样，
人类总要不断建设。

如果我将最美的东西奉献给世界，

自己因此却一无所有，

不管怎样，

我依然会将最美的东西奉献给世界。

（2011年11月23日）

2012来了吗？

——2012，关爱我们的家园吧！

地球绕着太阳转动一圈，
人间又是一年。
黄皮肤、白皮肤、黑皮肤，
人们带着种种期盼，
迎来了2012年。
世界是一家人哟，
无论东方还是西方，
无论富有还是贫困。
善良的朋友们，
你将播洒什么希望，
贫穷的兄弟姐妹，
你有什么打算和心愿。
小小的地球哟，
我们共同的家园。
我真的希望和平的阳光普照，每个人都洋溢着幸福的笑脸。
来吧，朋友！
让我们一起行动起来，
关爱身边，
每个需要帮助的人，
关爱地球，

我们赖以生存的家园。

2012年来了，

虽然，我不相信玛雅预言，

但我相信，

如果无度耗费资源，

人类最终将失去自己的家园。

虽然我不相信上帝的存在，

但我希望，

每个人心中都有大爱的神灵。

我想告诉富有的朋友们，

绿卡不是真正的护身符，

外国不是安居的家园，

只有打造大爱的诺亚方舟，

让贫穷的人，

同样享有温暖，健康和快乐，

让我们每个人都能做好事，长好心，当好人，有好报，

立即行动吧！！！

让不幸的人，

能够获得帮助，声援和公平，

世界才能拥有稳定与和平，

人类才能走进和谐的圣殿。

（2012年4月23日）

怀念雷锋

——写在纪念雷锋50周年的日子

50年前，
一个英雄倒下了
他的名字却传颂了50年，
他的事迹感召了几代人，
他的名字就是雷锋，
一个普通解放军战士，
一个永不过时的英雄。

有人说，
雷锋是大爱的使者。
他做过的好事千千万万，
他帮助过的人万万千千，
当老大妈需要帮助时，
他来了。
当小学生需要帮助时，
他来了。
当盲人老大爷需要帮助时，
他又来了。
雷锋呀，
在人民最需要的时候，

和父母亲一起向雷锋致敬

你总是无处不在。

有人说，

雷锋是爱岗敬业的典范，

他曾经这样说，

对待工作要像夏天一样火热。

他曾经这样说，

要做永不生锈的螺丝钉。

在短暂的22个春秋，

雷锋用火一样的热情燃烧自己，

用螺丝钉精神坚守在每个岗位。

无论农村、工厂，还是部队，

都成为他报效祖国的大舞台，

在他那短暂的人生旅程，

他立下一个个不朽功勋，

竖起了一座座不朽丰碑。

有人说，

雷锋是一位创新的楷模，时代先锋。

让历史定格在上世纪60年代，

当许多人在农村用平板车拉粮食时，

雷锋开动拖拉机奔驰在乡间大道。

当许多人在工厂一锯一刨地劳动时，

雷锋娴熟地操作工业文明的机床。

而当政府需要选拔优秀人才时，

他成为一个公务员。

当人民军队成为祖国最需要的人时，

他光荣地参加了解放军。

当祖国需要的时候，

雷锋就这样走在前列，
就这样成为时代先锋。

22个春秋是短暂的，
但是他的精神是不朽的。
因为，
雷锋的事迹传播到中华大地，
山山水水，各行各业
因为，
雷锋精神已经成为民族精神的一部分，
世代相传，不断升华
因为，
雷锋的名字已经走向世界，
甚至成为美国西点军校的榜样。

今天的中华大地——
需要人间大爱，
需要爱岗敬业，
需要创新精神，
所以，让我们高声呼唤：
我们的时代，
需要雷锋精神！

（2012年3月5日）

环保歌曲：

让我们再回到从前

女： 我们的家天空有一些阴霾

　　　阳光下的世界少了些灿烂　花儿不再鲜艳

　　　鸟儿不再雀跃　大地不能这样失去色彩

　　　用我们的爱　把世界灌溉

失去的美丽　还可以再重来

就让我唱起爸爸唱过的那首歌还记得歌词是这样唱的

男： 让我们荡起双桨小船儿推开波浪

还记得爸爸这样年轻时的愉快哼唱

现在的一切已经全然变了模样　树林都变成了楼房

到处都是城市车辆　空气中弥漫着尾气的排放

让我们的呼吸无法在一次一次感到舒畅

白色垃圾的污染　让地球家园失去了光泽

气候在渐渐变暖　冰山慢慢消失不见

不要当一切成为了回忆（啊……）

才懂得珍惜眼前（啊……）

不要学会欺骗（啊……）

就从现在开始改变（啊……）

保护家园爱护环境（啊……）

一切都不会晚，我们的家天空一样蔚蓝

女： 我们的家天空一样蔚蓝，让我们的世界少一些污染

花儿更加鲜艳　鸟儿自由飞翔　大地拥有这样绚丽色彩

用我们的爱　把世界灌溉

失去的美丽　还可以再重来

就让我们再回到从前的那一天　让我们再回到从前

合： 让我们再回到从前让我们再回到从前……

（与张婷合作创作于2010年12月）

做慈善有压力，期待模式升级

——对话《人民网》记者

人民网三亚10月5日讯（聂蜀湘报道）10月2日，有着"中国首善"称号的争议人物陈光标在三亚接受了本网专访。陈光标向记者坦言，做慈善有压力，甚至考虑过三五年内不再做慈善。

头衔很多的争议人物，很爱看人民网

当记者与陈光标交换名片时，记者不由得为陈光标名片上众多的头衔感到吃惊。在小小的名片上，陈光标在其名字下印着他最为中意的两个头衔"中国首善"和"中国低碳环保第一人"。

在名片正面的右方，印着"中共中央、国务院、中央军委授予：全国抗震救灾英雄模范、全国道德模范、全国劳动模范、全国五一劳动奖章、中国最具号召力慈善家、中国大好人、全国十大优秀志愿者、中央电视台经济人物大奖"。

不仅如此，名片背面还印着"中国慈善总会副会长、中国红十字会常务理事长、中国光彩事业促进会副会长、中国志愿服务基金会副会张、全国83个市县荣誉市民、51个市县高级经济顾问、全国183所大中小学校客座教授、名誉校长及校董等"。

交换名片后，陈光标注意到仍在逐字逐句端详名片的记者，他主动用一句"人民网，我很爱看的"来作为开场白打破一时的僵局。陈光标说他在人民网上注册了"人民微博"，并用"人民微博"对大陆企业家赴台慈善行、日本地震海啸救援、以及刚刚在贵州毕节举行的慈善演唱会进行了微博直播。

陈光标说："我很自豪。人民网经常转载我写的文章，而且

每次都是在首页的醒目位置。"说这话时，陈光标的表情是谦逊的，甚至是羞涩的。

面对陈光标，记者没有问他如何看待今年他所遭遇的公关危机。事实上，陈光标在今年连续遭遇南方某媒体的长篇质疑，也失去了连续三年蝉联的中国慈善排行榜首善称号。陈光标说："以后我再也不参评中国慈善排行榜了"。

陈光标说，虽然遭遇了很多不理解和质疑，但是他看到越来越多的企业家开始跟他一起做慈善。他很欣慰。

从"暴力慈善"开始转型，期待捐助模式的升级

陈光标向记者介绍起自己在贵州举行慈善演唱会的细节。

他说，他以前都是一对一的亲自把钱发到受助对象手里，从而令自己背负起"暴力慈善"的名声；他也曾在捐助钱，将钱堆起一堵人民币墙，也令公众对自己的行为有各种指责。陈光标表示，他自己也在反思这种捐助模式的利弊。而在贵州举行的慈善演唱会，就是他对以往捐助模式反思之后的新举措。

陈光标认为，以前捐助时只是面对面地发钱。这虽然能增加受助对象的货币收入，但是仍然杯水车薪、僧多粥少。受助对象在接受了货币捐助后，依然很难摆脱贫困的面貌。陈光标说，在演唱会上，他不再发钱，改为发猪、发羊、发农机具。目的是为了让受助对象在接受到这些生产资料后，可以通过生产来增加自己的收入。陈光标说："一对公猪母猪现在值2000多元，受助对象领回家养上一年，就能卖两万多。"

陈光标说，他的捐助模式已经开始由增加受助对象的货币收入，升级为增加受助对象的生产性收入。陈光标用一个很形象的比喻来说明自己捐助模式的升级。给人一筐鱼，不如给人一个钓鱼竿，让他们自己钓鱼。这是中国古话，授人鱼，不如授人渔。

记者问陈光标，既然你已经考虑到增加受助对象的生产性收入，那有没有考虑到如何增加受助对象的资产性收入？陈光标听到记者的提问后，显得十分兴奋。他说在很早之前就他考虑过这个问题。他曾想通过增加受助对象资产性收入的方式来做慈善。

陈光标说他曾想选择一些企业，比如农业生产企业或者一些农产品加工企业，以替受助对象资金入股或实物入股的方式来做慈善。比如，以1000名受助对象的名义，向某个养猪场捐出一批种猪，这批种猪产生的经济效益再以股权分红的形式分配给这1000名受助对象。

陈光标认为，这种捐助方式不仅可以让捐助的财物增值，也可以让受助对象从中学习到生产和经营的知识。陈光标说，这就比如给了一个人一根钓鱼竿，但这个人依然不会钓鱼，那么就让这个人靠出租钓鱼竿来赚钱。陈光标认为，出租钓鱼竿的行为就是增加受助对象的资产性收入。

但是，陈光标认为愿意这样配合做慈善的企业很少。他甚至有些失望地对记者说，可能找到不这样的企业。记者只能安慰他，中国这么大，总会有这样的企业愿意配合你这种慈善模式的。

陈光标说，他曾考虑成立一个大学生创业基金，凡是从这个基金里获得创业资金的，必须承诺将一定比例的收入拿出来做慈善。陈光标认为，这不仅会培养出一批年轻的慈善家，也会改变现有一些企业家的经营思路。他们会将做慈善行为当成企业的常规行为，而不再是冲动性的慈善行为。

暂不考虑企业多元化发展，只专心做环保低碳产业

在采访过程中，不断有群众认出陈光标，或打招呼问好，或上前索要合影。陈光标也不断地点头致意，面对提出合影要求的，也一律微笑配合。记者打趣道，老百姓们都很喜欢你，都希望你赚更多的钱、做更多的慈善。

陈光标接过话题说道："实际上我的企业利润率十分低，就百分之三四个点。"陈光标坦言，虽然企业的利润率很低，他仍然会将公司一半以上的利润拿出来做慈善。

当记者询问他为什么不进入利润率更高的行业时，陈光标回答道："不是没有考虑过企业多元化发展的问题，只是目前暂时不考虑企业的多元化发展。因为一旦摊子铺得太大，战线拉得太长，精力会顾不上。这几年我很大的精力都是放在慈善上面了"

陈光标认为，他的江苏黄埔再生资源利用集团的利润率虽然不高，但毕竟是一家致力于发展循环经济、绿色经济、可再生资源回收、加工和再利用的公司。他认为，这样的公司不仅符合低碳环保以及建设节约型社会的要求，也有着更好的社会效益。

记者问陈光标，有人质疑你通过做慈善来拉近你与政府的关系，从而为你的业务做公关，你如何评价？陈光标颇有些无奈地说："事实上，我的企业这么多年来从来没有直接从政府手上拿过一个单子，基本上都是以转手业务为主。甚至有人散布谣言说我曾承接过涉及部队的业务，我可以在此澄清，绝无此事。"

当谈及为什么热衷于再生资源回收这个行业时，陈光标示意记者看他名片的背面。在陈光标的名片背面，记者看到名片上赫然印着这么几行字："祖国唯一，人民至上。做地球家园的守护者。我爱我三个的母亲——亲生母亲、伟大祖国、美丽地球。"

陈光标动情地说："环境资源非常宝贵，我们不能破坏。"

坦言做慈善有压力，曾考虑暂停慈善事业三五年

在采访过程中，陈光标突然问记者："如果我暂停做慈善，停个三年五年的会怎么样？大家会怎么看我？"陈光标的突然发问，令记者感到愕然，一时不知如何回答。

记者问道："你怎么会想到暂停慈善事业？"陈光标回答："来自家庭、父母，以及社会的压力太大了。"陈光标的回答令记者感到非常意外。

陈光标认为社会上有很多对自己质疑的声音，这让他感到疲惫。陈光标觉得自己的慈善行为不仅让自己承受了各种压力，也让自己的家庭和父母承受了不该承受的压力。陈光标问记者："是不是我的慈善行为让很多人觉得没面子？是不是会让一些受助者的地方政府觉得很没面子？"

陈光标说，正是觉得自己的慈善行为过于直接，令受助者和当地政府觉得没面子，所以自己在台湾新竹进行慈善活动时，就听从了当地政府的意见，采取了当地政府代表接受捐助，再由工作人员逐一发放红包的形式。在贵州举行慈善演唱会时，他也是将捐赠的3000头猪羊和100余台农机具委托当地政府代为发放给困难群众。

虽然陈光标在一定程度上开始修正自己的"暴力慈善"行为，但谈及自己为了倡导低碳绿色出行而砸奔驰车的行为，他仍然觉得有话要说。陈光标说："被砸的奔驰车是我花了20万从二手市场买来的。我把这20万捐出去，也改变不了太多人的命运。我把这20万的车砸了，可以让更多的人记住每年9月份有一个'世界无车日'。就为了这个效果，这奔驰车就砸得值。"

当记者再次询问陈光标是否真的会暂停慈善事业时，陈光标没有直接回答。他说："我计划年内在海南做一次慈善，你帮我找一个养老院，我给老人们发红包，请老人们吃饭。"

当记者结束采访时，一位来自江苏的游客带着女儿来向陈光标问好。那位游客对女儿说："这是我们的中国首善陈伯伯。叫陈伯伯好，长大后向陈伯伯学习。"面对小孩稚嫩的问好声，陈光标以他惯有的标志性微笑，点头回应着。

（《人民网》2011年10月4日，作者聂蜀湘）

高调慈善有什么不好

——对话《昆明信息港》记者

刚刚结束一场轰轰烈烈的个人演唱会，对媒体宣称的要请云、贵、川、甘肃和新疆5000农户吃年夜饭还在筹备。又因为体操冠军张尚武刚从他公司辞职，陈光标再次占据全国大小媒体的版面。

这个个头不高，身体发福，在电视上说话总像官方发言人一样正经的中年男人，自2008年因汶川地震中的英勇表现进入公众视线后，就从未脱离过媒体的关注。

从高调宣布"裸捐"到陷入媒体集体质疑；从"中国首善"到被指责为"暴力慈善"。仔细分析，除了外貌，他的语言、行动和姿态，都符合新闻追逐的标准。

李文（李敖之女）说："求求你别去美国捐钱了。"他说："我一定要去美国捐钱。"公众说你的慈善太高调，他说："高调有什么不好？"

一直致力于推动中国公益事业要专业化、透明化、规范化的南都公益基金会理事长徐永光曾直言不讳："这是一种慈善的暴力行为。'陈光标式慈善'是一种慈善的倒退。"

陈光标一直用他强大的内心坚持着他独特的做事逻辑。"这正是目前中国慈善事业发展的需要。我觉得'暴力慈善'这个定位非常好。因为当前中国慈善事业的大发展必须要用'大暴力'去推动。用暴力慈善，才能推动慈善事业大幅度地进步。"

"你有微博吗？"

陈光标早已习惯走到哪都被人认出来。10月17日中午，记者见到他时，他独自出现在机场，西装革履，手提一个环保袋，右下角署着"陈光标"这个名字。

他受邀参加全国工商联在四川仪陇的一个扶贫会。一路上，有人叫他"标哥"，有粉丝激动地过来要求合影，他都微笑答应。表情、姿态和电视里见到的没什么两样，像个淡定的领袖。

他一再嘱咐记者，要去采访那些人，听听普通老百姓对他的评价。到达酒店，一行清洁工看到他，在背后悄声说："这个是地球人都认识的。"他听到，假装淡定，其实心里高兴，问记者："你听到他们刚刚说什么了吗？"

第二天，全国工商联副主席黄孟复抵达。陈光标突然问记者："你有微博吗？"他给记者提建议说，黄主席是中央来的大领导，可以去跟他合个影，放到微博上，配上文字"在四川采访与黄主席合影"。

餐桌上，陈光标被人敬了酒。一堆人建议他该去华尔街捐钱了。他说："美国我会去的。"有人让他签名，他写的是"做第一个吃螃蟹的人"。

饭后，他说肚子胀，头有点晕，坚持要边散步边接受采访。晃晃悠悠中，看到路边停着一辆巡逻用的电动车。他想也没想，一屁股坐上去，警报声"哇哇"响起，他下来，响声仍然震天，采访没法继续。他有点恼火，再坐上车，看了看，表情严肃地问："你有剪刀吗？"

见记者诧异，他看看四周，嘴里重复道："去帮我找把剪刀来，我要把这根线给剪了。"他手指着电动车扶手包边露出的三根线中的中间那根。

"就是这根线，把它剪了就不吵了。"他表情仍然严肃。可是四周实在找不到剪刀，他只好放弃。

"为什么要剪了人家的线？"

"太吵了，既恼人，又不环保。"他突然笑了，"你们觉得这样不好？我不觉得这有什么坏处。剪了它就不会再吵到别人，对车主也没什么损害。因为只要再用胶布粘上就可以了，最多他骂骂人，发泄发泄。我没听到，就当没发生。"

当后来又被问及他做事的分寸时，他再次想起这个例子。

"我做事第一原则从来都是不能损害国家、人民利益。你认为剪线不对，可我认为它吵到居民，剪了对当事人也没什么损害，因为它只要用胶布再粘上就可以了。"

"对中国人，光靠说是不行的"

陈光标最近在贵州毕节举办了一场个人演唱会。他说，自己43岁以前从来不曾开口唱歌，"因为唱得太难听了"。他请了专门的声乐老师、特意飞到大连海边，练习唱歌。演唱会当日，百余媒体到场，台湾、香港媒体也千里迢迢赶来。一个半小时的视频放在微博上，下面有评论说，真是"喜感十足"。

一位参会的民营女企业家见到他，话题张口就来："哎哟，陈总，经常在电视和报纸上看到你呢，最近还举办了场个人演唱会，是不是？"

陈光标还是那个憨憨的笑容："怎么样？你觉得怎么样？"

"真是太有意思了。你看，我们给中南大学捐了1000万，连个回响都没有。你给山区人捐个猪、羊什么的，全世界都知道了。还是陈总厉害啊!"

陈光标一听，乐了。"你听、你听，这就是效果!"

回程车上，他坐前排，与司机师傅搭讪。司机师傅是他的粉丝，见他主动聊天，抑制不住激动，一开腔便刹不住了："我很早就知道你了。昨天晚上知道我要送的人是你，开心得不得了。以前在深圳打工，在报纸上看到了你一张举着钱的照片……"

"你对那张举钱的照片怎么看?"

"这个嘛，各人有各人的看法咯。看这个钱发到什么样的人手里了。有的人懂得用这个钱生钱。有的人用这个钱去搓一场麻将，那就没用了……"

陈光标听着听着，哈哈大笑起来，两只眼睛眯成一条缝。回过头对记者说："你看，还是有效果的，一张照片刺激了那么多人思考、讨论。"

"对中国人，光靠说是不行的，一定要想办法刺激他们的神经，唤醒他们的灵魂。"陈光标说，有点激动。

10月17日，陈光标看到某报以《看不清看不明的陈光标》为题发表了一篇评论。他看了看，得意地说："就是要让你们看不清、看不明，像霍元甲打迷踪拳一样，都让你们看清楚了，谁还来采访我啊？"

和老百姓的热情相比，随行的来自北京和成都的记者则冷淡得多。

"我连采访他的欲望都没有。"来自中国政协报的一位记者说，"慈善归慈善，但也要顾及中国人的传统思维习惯吧？媒体也有问题，天天追着他干吗？"

"把鸡食槽吊高一尺，是为运动型养鸡"

这次的扶贫会，邀请了全国不少知名民营企业家。不相识的企业家过来和陈光标打招呼，陈光标五句话内必问到"你公司一年营收多少？""一年捐多少？"

扶贫考察结束前一天晚上举行座谈会。到了民营企业家发言环节，发言者无不对该县取得的成绩表达一番赞扬。末了，多数人还加上捐款百万的承诺。

陈光标接过话筒，一二三四逐一说清楚他的想法：要为学校捐电脑；为养猪户捐汲草机，鼓励农户去山上割草喂猪省去饲料成本，今年请云、贵、川、新疆、甘肃五千农户吃饭，希望可以在这买猪；建议葡萄园用有机肥，少用化肥；偏远农村供电成问题，建议政府帮忙修沼气池。

发言后，他出去接了个电话，回到座位打断会议流程："我再插个建议。下午考察的一个农民留了我电话，刚打电话来咨询我，他养的鸡太肥，卖不出好价钱，如何可以将鸡肉养得精一点？我即兴给他出了个主意，让他把鸡食槽吊高一尺，鸡吃食时，吃一口蹦一下，再吃一口再蹦一下，自然就瘦了。是为运动型养鸡。"他的这番话引发了全场唯一一次哄堂大笑。

事后，记者问他是否在哪里见过这种养鸡方式。他说没有，完全是他自己想出来的。"会有效吗？""绝对有效！"

出了会堂，他问记者："怎么样，我刚刚的发言还行吧？说其他都是空话、套话，说实际的才是正事。"得意的样子，跟白天的领袖模样大相径庭。

常有媒体人说，和陈光标对话"对不出什么东西，他说话像新闻发言人"。陈光标的微博上也处处充斥着感谢政府、为人民鞠躬尽瘁的宏大命题。这是不少人反感他的原因之一。

"别忘了给我送个表彰信"

尽管他从不承认自己在乎外界的评价，可事实上，他逢人就问："你怎么看我的慈善活动？"

陈光标的偏执、固我形象在大众心中基本定型。不过，华中师范大学女性社会学博士后李静眼中的陈光标则有所不同。她和陈在一次论坛上认识，因为投缘，成为朋友。

"他总是像个学生一样，用请教的语气和我说话。"李静说，"他曾经很苦恼地问我，全国到处都是邵逸夫楼、田家炳楼，他们就不高调吗？为什么我捐点钱，人们就这么反感？"

李静的解释，让陈光标听着很在理："我们学校也有邵逸夫楼。我从那栋大楼里出来，没带走现金、没带走物质，但我带走了知识。邵逸夫、田家炳捐得尊贵，我们受得有尊严。如果捐钱的方式是让人们在地上抢钱，瓦解人们的劳动意志，那捐得不尊贵、受得没尊严。"

"一年多来，我已经看到了他的反思和进步。"李静说。

10月19日清晨六点半，仪陇县城天色还未全亮。陈光标坐在赶往机场的车里，表情严肃地丢给县工商联主席一句话："我的电脑和汲草机捐到后，别忘了给我送个表彰信。"对方笑着连说"好"。

从仪陇县城开车到成都机场，需要四五个小时，陈光标对司机说："你要是能在三个小时内开到，我给你六百块钱奖励。"司机刚开始连说"不能这样"，可没耐得住怂恿，很快，车子便开始在蜿蜒的山路上狂奔了。

"我不怎么在乎自己的生命。"陈光标说，"好人自有好报，吉人自有天相。"

此次回程，他的环保袋中多了一份"仪陇县扶贫建设材料"。书的第二页，陈光标工整地写着："2011年10月18日于仪陇随全国政协副主席黄孟复考察"。

（《昆明信息港》2011年10月24日，作者万丽）

附

父亲的裸捐与我的未来

——写给未来的一封信

陈环境

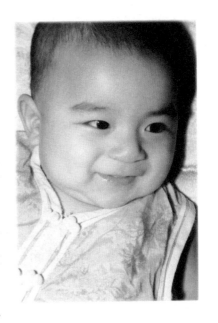

我是一个普通中学生，叫陈启正，也叫陈环境。因为有个不寻常的父亲，我受到社会广泛关注。我的父亲就是中国首善陈光标。

当父亲这些年累计捐款13.8亿元时，许多人向我投出羡慕、钦佩的目光。他们羡慕我有个亿万富翁父亲，钦佩我的父亲是中国首善。然而，当今年9月5日父亲宣布将"裸捐"后，许多人又向我投出疑问、同情目光。因为他们想知道：父亲这么做，我这个儿子是怎么想的？他们同情我这个"富二代"今后可能一无所有。

作为中国首善之子，我是如何看待父亲？如何看待父亲裸捐？如何看待自己的未来呢？我今天写这封给未来的信，诉说自己内心真实想法。

首先，我感激上苍让我有这么一个伟大的父亲，因为一个人是没有办法选择自己父母的。如果说，父亲事业的成功让我自豪，那么，父亲那颗大爱之心，更是我一生最大的骄傲，最大的财富。

一般人了解父亲主要是做慈善，第一个到汶川地震灾区救人。而作为儿子，我知道父亲最主要是做四件事：一是做慈善，哪里有灾难，哪里就有父亲的身影；二是做企业，父亲说：如果没有财富，就没有做慈善基础了；三是做环保，父亲到任何地方都倡导环保低碳。他还给我和弟弟改了名：一个叫陈环保，一个叫陈环境。弟弟觉得陈环保叫起来更好听，就把这个名字"抢"了过去；四是关心家人和邻里乡亲，父亲非常爱妈妈和我们，非常爱爷爷奶奶和他们老家。我经常听父亲在家议论：怎样帮老家村子里多做一些事？我听爷爷奶奶说，老家过去那条泥泞的小路，就是爸爸在外面赚了第一笔钱后修的。

父亲常年劳累奔波，无论多么辛苦，一回到家总是把欢笑带给我们。有时他太累了，陪我们说话时，说着说着一扭头就在沙发上睡着了，此时此刻我和妈妈是多么心痛呀。每次离家时间长一点，父亲都会给妈妈和我们带一些礼物，一件衣服，一件文具或一本书。有时特别忙来不及买，父亲会内疚半天，解释半天。

一个人如果只为自己活着，是平庸而渺小的，一个人能够为国家为社会为他人而活着，无疑是高尚而伟大的。我非常自豪的是，父亲做到了这一点，他是社会上许多人心目中光辉路标，更是儿子人生路上的光辉路标。

我经常遇到有人问：你对父亲"裸捐"是什么态度？你支持他这么做吗？当父亲与妈妈和我们孩子商量裸捐这件事时，我几乎想都没想就投出支持的一票。其实，父亲是非常爱我们的，他一开始想捐95%财产，给我和弟弟留5%。最后是我们家人的态度，特别是我和弟弟的良好表现让父亲下定决心：捐出全部财产。

妈妈一直在背后无声地支持着父亲，她自己很少买昂贵衣服，有时到北京还去秀水街买许多便宜货，但她从来没有因为捐款和父亲红过一次脸。我记得，许多次当父亲给妈妈讲自己在地

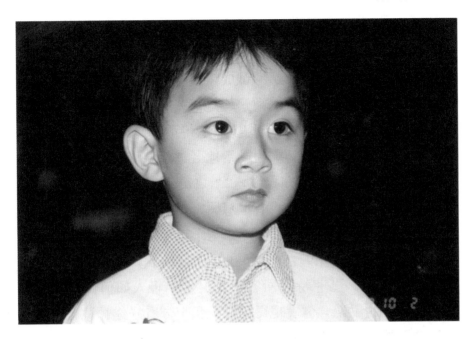

震和灾区经历时，妈妈都哭了。

当父亲宣布"裸捐"后，我将告别"富二代"身份了。对此，我没有一点悲伤和遗憾，相反还有一些轻松和自豪，因为父亲也没有从爷爷手里继承什么物质财富。听爷爷奶奶说，父亲9岁起就自己挑水到集市卖，不仅给自己交了学费，还为邻居上不起学的孩子交了学费。他放学后就到村庄捡破烂到供销社卖，10岁后家里的烟火油盐酱醋，弟弟妹妹书学费及全家人穿衣布料，都靠父亲卖水和捡破烂承担了。再后来，父亲靠自己打拼，成为亿万富翁。与父亲相比，我是幸运的，受到这么好的教育，又从父亲那里继承了这么多精神财富，我相信靠自己打拼，也一样能成为对社会有用，有所成就的人，所以我不愿躺在父亲留下的财富上做寄生虫。

事实上，作为首善之子，注定了我这一生都会追随父亲做慈善了。3岁时，父亲带我到家乡贫苦地区。那时农村的贫苦落后深深印在我的脑海中，我不理解为什么那里的路尽是泥泞？为什么老家的孩子会因为弄丢一只小雏鸡受到严厉训斥？后来我逐渐明白了，因为贫困，因为不是每一个家庭都像我一样丰衣足食。在父亲引导下，我在5岁时第一次捐出了自己的零用钱，帮助其他孩子。此后，每当过年、考试成绩突出得到压岁钱和零花钱，我都小心翼翼地收着，期待着下一次捐款。

随着年龄增长，父亲带我参加慈善活动越来越多。2009年春节期间，我随父亲到新疆阿勒泰地区进行慈善慰问，当时气温达零下近40度，有的地方积雪达2米之高，那么寒冷那么高的雪是我从未遇见过的，冻得我心里想哭，然而想想长年在这里生活的贫困人们，想想父亲这么多年来为了慈善晕倒过很多次，我咬牙坚持到最后。今年9月30日，在万众瞩目下，父亲带我参加了"巴比"晚宴，巴菲特在回答了我关于年轻人如何做慈善问题后，握着我的手说"你表现得很好，我十分看好你！"，我知道这句赞扬是对父亲多年努力的肯定，是对我未来的期望。

仰望天空，也许未来我会和父亲一样成为千万富翁、亿万富翁，也许我会成为一个普通人。但是，父亲已经在我面前树立了做人做事的光辉路标。如果我成为一个富翁，我会和父亲一样从事慈善事业，做一个"善二代"；如果我成为一个自食其力的普通人，我也会做力所能及的善事，让自己生活过得充实而富有爱心，让自己的人生之路阳光灿烂。

（2010年11月25日）

与网友交流

我的慈善方式——高调慈善

2011年在领取"十大孝子"奖杯并发表获奖感言时，陈光标说："我高调所做的一切，都是要唤醒更多人的良知和爱心，希望更多富人把口袋里的钱拿出来。"

对于他高调慈善引起的争议，陈光标说，"我高调慈善的目的不是为了宣传我陈光标个人，主要是为了影响和带动更多的富人。我呼吁，全国上市公司的老总都应该出来做慈善。如果不做慈善，不做公益，也不要找任何借口和理由。"

2010年3月20日，陈光标应邀到北京师范大学壹基金公益研究院"首期中国基金会领导人高级研修班"，与40多位来自全国各地的中国著名基金会秘书长对话。他说：有人曾说我是"暴力慈善"，但我认为，中国就需要我这样的"暴力慈善"；"我不怕任何人质疑，我心里的承受力是无限的。"

陈光标说："我捐1个亿跟老百姓捐10块钱一个样。""这两年会低调一点，专心把企业做大一点，企业是做慈善的基础，有钱才能回报社会。"

2012年1月18日20：41

陈光标：祝大家新年快乐！龙年大吉大利！明年更加美好！

再过几天，龙年春节就要到了。我由衷感谢在这一年里对光标给予关心支持的各界朋友和广大网友。我真诚的向你们表达新年的祝福，衷心的感谢！没有你们的关心和支持，就没有我黄埔公司的发展壮大和中国慈善事业、环保产业的大发展大进步。在这里，光标一并说声谢谢你们了，祝大家新年快乐！龙年大吉大利！明年更加美好！

新古典主义1776：

祝陈总新年挣更大的钱做更多的善事！世界因善而更美。（1月18日20：50）

数峰青岁月：

你顶着压力做慈善，学雷锋，是现代中国的脊梁，是顶天立地的大英雄，向你致敬，给你拜年！在龙年里继续前进吧！我们坚决支持你！（1月18日21：06）

石大石：

有社会责任感、肯为社会做奉献的人才是真正的企业家，只顾自己发财的那是资本家。二者根本不在同一个层面。（1月18日21：19）

北极重庆：

第一次这么近与你说话，非常敬佩您！与您相比我有些微乎其微的善行，差距宇宙大！但我会继续善行并努力将能及的善念转为善行，永远以您为榜样！（1月18日21：33）

涵涵爸大脸哥：

希望中国的企业家都应该向标哥多学习学习。同样是人民币在标哥手里意义就不同了。（1月18日21：38）

胡丞儒Leo：

你有高调的资格，请你继续个性地、高调地把你的慈善做下

去，人在做天在看，走自己的路让别人嫉妒你去。你帮助了多少人我们都知道，继续加油！（1月19日07：13）

wo-心语：

很敬仰你，改革开放中崛起的企业家，能做到为国分忧，为民解困而坚持不懈的付出，我们非常崇敬你！（1月19日11：23）

生为众生：

积善之家，必有余庆。好人一生平安！（1月19日16：27）

fionadaidai：

刚刚看了一期周立波秀，说的是在中国做慈善很难，很有道理。希望你在龙年能继续选择自己坚持的路，坚定不移的走下去。（1月23日20：37）

美论美焕：

那些指责你的人自己不拿一分钱出来做慈善，甚至还贪污受贿，特别是上次在电视上看到那个所谓的专家竟敢说你是高调慈善，可他连低调慈善也没有过。作为一个中国公民我支持你！（1月24日18：39）

Bad_Eggs：

您的善举，普通老百姓们都看在眼里。（1月24日14：50）

陈红波A：

您是我最尊重的人，对于在一些舆论上看到你的一些负面报道，我感到很伤心，您做的善事是最为公开也最为实际的，可我就是不明白为什么那些人要说那些冤枉话来贬低你，作为一个热血青年，我为有您这样的同胞感到骄傲，我为那些歪曲事实贬低您的同胞感到可耻，您是这个时代的代表。（1月29日03：18）

馨馨爱爱：

陈先生你好，只想对你说一声，不管您遇到什么困难，请您在慈善的道路上坚持下去。您的做法也许不是最好的方法，但您所做事情的意义对这个世界的影响远远超出您的想像。（1

月30日01：08）

大别山猛虎.

你让许多多的需要帮助的人感受到了温暖和快乐，让她们重新点燃了对生活信心的热火，让让许许多多的家庭获得了幸福！（1月30日08：30）

2012年2月23日17：00

陈光标：《杨澜访谈录：陈光标——爱"做秀"的中国首善》http：//t.cn/h4h022

（该访谈内容请见本书第65页）

月影嫦娥不奔月：

喜欢陈光标所做的所有慈善"秀"。不服气可以出来比比啊，这种好事不怕比高调。（2月23日17：02）

peace_L：

标哥，你就是把"秀"做到月球上去，俺都支持你，标哥是时代的楷模，标哥的行善是实打实的，当然"秀"也是实打实滴，必须滴，就两字——支持！！！（2月23日17：17）

Lilith_Lucifer：

说实话，看完哭了，希望大家支持陈董，都拿出自己的爱心去帮助那些需要帮助的人，做自己力所能及的事情！别老挂在嘴上说人家做秀！至少人家还愿意做秀！别连秀都没做的在那冷眼

旁观穷得瑟！！！（2月23日17：18）

Kevin_Hwang_：

　　支持，谢谢你让这个社会还留有真善美。（2月23日17：26）

天中翡儿：

　　绝对支持你啊……。中国像你这样的好人少有，正是您的出现刺激了我们中国人缺失多年的慈善心，可能很多人会说如今的贫富差距大，但如果多出现像您这样的人也许就不一样了，祝福您！（2月23日18：46）

＿＿鲲鹏＿＿：

　　一杯水，一桶水，一条河。标哥是真善人！中国缺少的就是这种理念，希望标哥能感化更多的人来做善举。人之初，性本善。善是需要激发的。（2月23日18：59）

潘小小坚：

　　被感动了！一个让我打心底里敬佩的中国富豪，富有的不只是物质，更是精神！（2月23日20：04）

读雪读雪：

　　杨澜最后总结得很好，目前的中国，需要陈总这样高调的有点偏执的慈善家，真的需要！（2月23日20：31）

长松何志勇：

　　中国至少90%以上的企业家可以在标哥身上能学到真正的男人的责任和泪。我个人向标哥表示100%的尊敬。（2月26日12：39）

2012年3月2日09：55

　　陈光标：中华工商时报《"旁听哥"陈光标　执着高调做好人》http：//t.cn/zOqd7CB

惭愧渺小的我：

我想，如果大家都能自觉起来献爱心，陈总又何必去高调呢？为了老百姓能得实惠，他完全没有去顾及他人批评和质疑，所以是逼迫高调啊！（3月2日13：56）

守望麦田者007：

标哥，不要怕闲言闲语。做你想做的事，大部分人都支持你！一小撮冷言冷语的人代表不了大部分人。只要有穷人得到实惠，你做的就是实事，好事！（3月5日15：03）

桂英出山：

你是一位好人，你所做的好事，天下人都知道。你的确很富有，但你在第一时间想到的是如何帮助所需要帮助的人。在当今社会有如此善心的人还数你，愿菩萨保佑你。（3月5日15：44）

2012年3月6日12：42

陈光标：网友朋友们好！今天下午4点，我和@艺术舒勇一起做客@新浪江苏微访谈，和大家一起聊聊《雷锋陈》的创作之路，欢迎大家提问：http：//t.cn/zOtrcSr

啊甘Gan要认真了：

现在的富豪很多都是享受生活，他们都怕别人知道自己有钱，怕做善事。虽然你做善事很高调，不管你是为了宣传善行还是为了赢得好声誉，毕竟现在做善事的人不多了，感谢中国有你这样的人存在。（3月6日13：16）

皇城根儿的根：

做好事做好人不是模仿秀，知道你是发自内心。假的永远真不了，真的不要往假看齐。（3月6日13：44）

2012年3月6日17：18

陈光标：我在微访谈"谈'雷锋陈'的创作之路"中回答了网友@老千腾飛的提问，http：//t.cn/zOtsIDr

老千腾飛Ⅴ：向@陈光标 提问：只要你是在做慈善，咋作秀我都觉得不过份。下一步你有什么打算？我指慈善方面。 http://t.cn/zOtu7ZF
3月6日 17:09 来自微访谈 - 谈"雷锋陈"的创作… 转发 | 收藏 | 评论(3)

陈光标Ⅴ：我今年会考虑的更全面、更低调一些。当然，这绝不是我要淡出人们的视线，而是高度宣传方面有所减少，有的捐助行为就不再宣传了。同时将来依然走创新型慈善、创新型环保。
本期嘉宾
3月6日 17:18 来自微访谈 - 谈"雷锋陈"的创作… 转发(10) | 收藏 | 评论(22)

巴咚八懂：

说做秀的人就是站着说话不腰疼！有本事也去做的啊！做了就是做了，就应该让人知道啊！让更多的人参与进来！（3月6日17：25）

套猫：

标哥，我非常赞同你的低调反思言论。现在往往做了好事反

而不被人理解。太高调弄不好还有杀身之祸，谢灵运、沈万三就是例子。您连照个雷锋照还遭人非议。（3月16日22：41）

2012年3月6日17：36

　　陈光标：我在微访谈"谈'雷锋陈'的创作之路"中回答了网友@_純同學的提问，http：//t.cn/zOtsmb7

_純同學 ★：向@陈光标 提问：您好，我也经常关注您的微博，您对于别人对您的善举称谓"高调做秀"您对此有什么想说的？ http://t.cn/zOtu7ZF
3月6日 17：30　来自微访谈 - 谈"雷锋陈"的创作...　　转发　收藏｜评论(1)

陈光标 V：　我父母和妻子对我高调的作风是有不同看法的，他们一方面支持我做慈善，另一方面也希望我低调一些。我父母亲给我写了一幅字叫高调行善低调做人，但是我自己认为，中国做慈善的人还比较少需要带动，高调一些可能带动作用更大一些，所以过去我一直高调做慈善。
3月6日 17：36　来自微访谈 - 谈"雷锋陈"的创作...　　转发(16)　收藏｜评论(23)

2012年3月6日17：37

　　陈光标：我在微访谈"谈'雷锋陈'的创作之路"中回答了网友@0so_what的提问，http：//t.cn/zOts3oK

0so_what：对 @陈光标 提问：不管别人说什么，永远支持，那些说作秀的人，我觉得很搞笑，有本事你也去作个秀，可是你没本事。
http://t.cn/zOtu7ZF
3月6日 17：30　来自微访谈 - 谈"雷锋陈"的创作...　　转发　收藏｜评论(1)

陈光标 V：　如果我们这个社会每个人都能拿真金白银无论多少来做慈善秀，帮助需要帮助的人，我们的社会会更加和谐、更加幸福，团结就是力量！
3月6日 17：37　来自微访谈 - 谈"雷锋陈"的创作...　　转发(18)　收藏｜评论(45)

慎重2731948944：

　　你已经实现的自己的物质价值，你现在追求的是精神价值。幸福永远都无法用金钱来衡量，钱只能解决物质的问题，而无法到达精神的高度；并不是所有没有钱的人都不幸福，也不是所有有钱的人都很幸福。（3月6日18：19）

大--熊：

　　支持标哥，至于别人怎么看，我想他们太狭隘了！难道只有默默无闻的做好事才叫做好事，我认为高调一点更好，这样会给社会带来更大的影响，希望标哥这样的人越来越多!（3月9日11：21）

2012年3月6日18：04

　　陈光标：我在微访谈"谈'雷锋陈'的创作之路"中回答了网友@鹏哥001的提问，http：//t.cn/zOcvXof

鹏哥001：向@陈光标 提问：搞不懂为什么 做慈善会被人骂？ 看到被骂你是什么心态呢？？ http://t.cn/zOtu7ZF
3月6日 18:01 来自微访谈 - 谈"雷锋陈"的创作... 　转发 | 收藏 | 评论

陈光标V：走自己的路能骂到我什么呢？他想骂就骂呗。
3月6日 18:04 来自微访谈 - 谈"雷锋陈"的创作... 　转发(11) | 收藏 | 评论(33)

2012年3月6日18：08

　　陈光标：我在微访谈"谈'雷锋陈'的创作之路"中回答了网友@拍客徐健的提问，http：//t.cn/zOcvCW5

拍客徐健☆：向@陈光标 提问： 希望您来北京做善事通知我，拍客人和记者不一样，他们拍是为工作，我拍是为感动， 我用镜头角度和他们不一样，传播感动是拍客人的职责。 http://t.cn/zOtu7ZF
3月6日 18:03 来自微访谈 - 谈"雷锋陈"的创作... 　转发 | 收藏 | 评论(1)

陈光标V： 向你学习，希望你的镜头记录更多感人的事情，去唤醒更多有良知的人，我给你出点路费，到西南旱灾去拍一拍，已经持续一年多了，看看哪些贫困百姓过着什么样的生活，还有捕杀野生动物，现在很多山区每天都捕猎，每天全国捕杀动物都在数百吨。
3月6日 18:08 来自微访谈 - 谈"雷锋陈"的创作... 　转发(11) | 收藏 | 评论(17)

虹浪花香：

　　昨天在班会课上跟学生谈到您。我认为不管是高调做好事还是低调做好事，总之都是做好事。能做好事的人就是好人，值得大家学习。（3月6日19：13）

世卿世禄：

我是一个大学生，一直非常支持您的所做所为，看到有人说您炒作就觉得这些人实在是太没劲了！您的高调慈善可以更好地宣传慈善这项事业，我并没有资格去评价什么，只是表达我对您的尊敬和喜爱！（3月6日21：16）

2012年3月6日18：15

陈光标：我在微访谈"谈'雷锋陈'的创作之路"中回答了网友@沉默的半夏的提问，http：//t.cn/zOcvHPA

沉默的半夏 ：向@陈光标 提问：我等的花都谢了也没回答我 的问题 http://t.cn/zOtu7ZF
3月6日 18：09 来自微访谈 - 谈 "雷锋陈" 的创作...　　　　转发　收藏　评论

陈光标 V：我现在不知道你提问了什么，真诚祝愿你心想事成，全家身体健康、幸福平安。同时，也向那些提问没有获得解答的朋友们，希望你们理解，现在已经近两千条的提问，不可能满足每个朋友的提问，本来给我一个小时，我现在已经超过了一个多小时了，再回答几个
3月6日 18：15 来自微访谈 - 谈 "雷锋陈" 的创作...　　　　转发(3)　收藏　评论(9)

威湘阁王威：

其实当今的陈光标跟当年的雷锋是一样的，做善事无所谓高调低调，重点是他做了，如果每个人都高调地去做善事也就没有高调的人了。某个角度看"高调"是一种倡导，一种手段，对人们来说不是评论形式，我们该做的是善事好事，我们该说的是陈光标先生做了哪些好事，雷锋做了哪些助人为乐的事……（3月6日19：18）

乔因C呢：

陈叔，我不知道该怎么对你说，我感谢你为社会做的这些贡献。我希望你不要被这些不好的舆论给击倒，继续坚持自己的信念。就像你说的那样：人在做，天在看！只要对得起自己的良心就行。

☆**奉旨：**

仁者见仁、智者见智。陈光标的高调行善完全是想把他的这种思想普及化、大众化。一个人就算再富有力量毕竟有限，生命的长度也毕竟有限，如果能在有生之年把这种行善的思想普及给全国，这样的力量将会是无穷的。"支持陈光标，支持善举，希望每个人都能从我做起。"

fujianlxzd：

也许只有真正理解你的人，被你的事迹感动过的人，才会知道你这一路的艰酸与你所要求证的那一个真心想要回报社会、唤醒人性良知的信仰！比起你的钱，我更敬佩你的精神！也许金钱的奉献是有限的，也是薄弱的，但精神的影响是无限的，是可以感动千千万万人，可以改变很多人，可以延承到千秋万代的！你的精神，在你说过的那些话当中感受出来！你的精神，在你做过的那些事中看的出来！

轻盈美丽：

标哥，你好！我是从杨澜访谈录知道中国第一善——陈光标，这个名字，真的是让人好感动，能把慈善事业发扬光大，你称得上是第一人了，这样能带领很多人学习你的善举，让人心向善，你做的真的是功德无量的事情，我衷心地感谢你！你的善举不仅大大地鼓舞了我，也鼓舞了很多和我一样有善心而还没有善行的人，谢谢你！期待参与你的慈善事业，我也会努力向善、做善事的……

125.39.144.*：

坎坷的生活历程让你有了一颗坚定的心。他们说你的捐赠是做秀，是炒作。很开心你用很乐观的心态去看待这个问题，这是你成功的秘诀。只有好的心态，才能快乐人生。希望你以后继续坚持自我。

台湾小鹿：

标哥，支持您的慈善方式。坚持下去，相信人在做天在看，不管扬善、隐善，出发点是良善的，都是好人。

丁秋棠：

通遍认真拜读，高调很必要！为何不可以有更多的反对者们也能一起加入进来，用高调的行为，将善举和爱心进行到底呢？大爱无疆！庆幸我们身边有这样一位敢于逆流而上做善事的陈光标先生！鄙视那些不做善事还说风凉话的人！

用眼睛看人：

我从来不管做好事是高调还是低调，我只看到做好事本身，支持！（4月4日15：48）

贝拉蕾：

就算做秀又有何妨？反正光标哥在做事，做实事。见仁见智，明白的人不需要解释，不明白的人对他解释再多也无用。反正光标哥的行为是无人可复制的！（3月6日17：04）

流氓枪客：

我不认为陈先生是在做秀，而是以自己的一个尺度来行事，虽然会让一部分人看不惯，但是这才是真男人，超然脱俗，我就是我，走自己路。（3月6日17：09）

Z涛哥Z：

新年快乐标哥！这个年拜得有点晚了。平时经常看到媒体关于你做善事的新闻，今天有幸关注到你的微博！很喜欢你做善事的方式，有些有钱人扯着嗓门不停喊高价竞买藏品（当然您也可以去竞价买古董），您却在扯着嗓门吆喝慈善，您比他们高尚多了，谁说做好事就不能高调了。顶你！那些爱乱喊的人先做去点事吧。（1月31日14：38）

罗曼-罗蓝：

低调的标哥，一样支持你！如果你突然说再也不做慈善了，那些反对你高调的人不知道又会怎么样，我想他们中的任何一个人应该大概或许可能基本上乃至于绝对不会接过你大力做慈善的大旗的！因为他们都是很会讲的人，不是会做的人。（2月16日22：11）

道道火烛：

指责的话在自己也可以做到甚至超越才有说服力，否则根本不配！致敬陈光标！（1月7日15：00）

litingr2002002：

标哥，挺支持和佩服您的，你的胸怀和责任感！有的人说你在做秀，但是能像您一样坚持"秀"的人实在不多。祝福您……

雨峰居士：

以善的名义，高调行善，何尝不可？何罪之有？陈光标遵纪守法，取财有道，用之有道，本无可厚非；无论从钱财来源而言，还是从出名目的而言，他不仅是富人的守法标杆，更是富人道德的标尺！为何能容忍坑蒙拐骗的广告，却恶意抵触如此善意的广告！陈光标就是社会道义，良心的方向标！（3月6日00：42）

青春的大嘴蚊：

标哥是个内心强大的人，虽然有时喜欢秀，悄悄说一声，有时秀的有点过，但是看一个人我从来只是看他做了哪些事，将心比心，标哥做的好多事一般人做不到，所以即使秀过了，我也只是觉得他可爱，而不是"假"，顶标哥！（3月6日07：22）

人在迷糊中：

我永远记住你的一句话"我做慈善有瘾"，做慈善其实也是为你自己做的，因为你想做，你有一颗善良的心，做慈善不要怕人家说你高调，你就高调了，怎么了，做了善事想听到点赞扬和掌声那不是贪。做了善事听到了赞扬和掌声，激励你做更多的慈善，对社会的贡献更大了，有什么不好。（2月17日21：09）

轻柔de力量：

我们普通人和平常人之间需要理解、宽容和尊重，但有时候我们对名人的理解、宽容和尊重的标准和尺度却很不一样，难道这就是名人的代价吗？其实名人也是普通人，只是在某一方面鹤立鸡群，不可能完美，对陈光标的善举"吹毛求疵"不应该，他不是完美的人，但是一个坦诚的善良人，值得尊重！（2月23日18：28）

魏然625：

真心帮助了需要帮助的人就不怕闲言闲语。高调无错！即使另有目的又如何？这个项目给谁都要给，给了标哥他会捐款，别人呢？怎么那么多人不知足？不捐不对，捐了高调也不对，大家可以看作他是为环保做公益广告有何不可？我希望大家可以从好的方面出发，也希望慈善可以点到点的做到位。（1月15日10：42）

我非独行2404375083：

陈总我代表我全家支持你，中国有钱人很多，但大多数有钱人发了财不是说国内政策不好了，就是说国内道德败坏、环境差，找各种理由往国外移民，把在国内挣的钱送给外国人花去！可耻可悲可叹，背祖忘宗。如果都像陈总这样把钱花在自己同胞身上用自己的言行去帮助国人，我想国家会更和谐更团结更美好！（1月17日20：21）

我的克里斯多夫罗宾：

陈光标是一位真正的慈善家！也许其做慈善的高调举动饱受争议，但是总比某些贪官强多了。当你指责别人的同时，也请反问自己做过多少慈善？标哥的钱挣得清清白白。问心无愧！（1月24日09：17）

乐运95：

标哥，智莫难于知人。一个人挑着太阳和月亮走路，就显得

别人的暗淡，就会让别人憎恨！慈善难啊！向标哥致敬！（1月28日20：07）

闪亮ing：

您的好心大家有目共睹，但都忽略了您的智慧。您的高调是为了带动更多人来作慈善，您的高调带来了更多话题，也是您公司最好的宣传，公司自然经营更好，才能有源源不断的资本来进行慈善。您是大智大善之人，致敬！（2月14日12：19）

218.22.68.*：

陈总，你是安徽人的骄傲，我很崇拜你，我看到了你对西北干旱所做的，对青海玉树的捐款，你说过对慈善你很高调，希望有更多企业家像你一样，我是一名打工仔没有多的钱，但是我有一颗热的心，我永远支持你。同时希望你能关注一下皖北那里也需要你。

我这面慈善的旗帜不会倒

2012年3月6日18：11

　　陈光标：我在微访谈"谈'雷锋陈'的创作之路"中回答了网友@李小艾V的提问，http://t.cn/zOcvWfM

李小艾V√：向@陈光标 提问：您觉得中国的慈善事业还有希望吗？您对此是什么态度呢 http://t.cn/zOtu7ZF
3月6日 18:04 来自微访谈 - 谈"雷锋陈"的创作...　　　　转发 ｜ 收藏 ｜ 评论

陈光标V：中国的慈善事业有标哥就有希望，标哥走到哪中国慈善总部就在哪，嘿嘿。当然标哥是一名旗帜，也不是完整的旗帜，也有一些破洞需要你们补上，但是这面旗杆绝不会倒。
3月6日 18:11 来自微访谈 - 谈"雷锋陈"的创作...　　　　转发(8) ｜ 收藏 ｜ 评论(17)

天越来越热了：

　　看了微博，感觉标哥就是超人呀，但我感觉即使是超人也帮不了全国的人，慈善应该是大家共同的事业，慈悲和怜悯应该是中国人都有的情感。（3月7日10：59）

鲜橙多2060：

　　实至名归，中国太需要您这样的旗帜了，顺便羞涩一下那些不说不练的所谓人！（4月6日13：12）

黑武士300：

　　我最初看标哥您的新闻时，只觉得您是在做秀，后来经我深入了解您的事迹后，我被震撼了。标哥，我想要是雷锋叔叔还活着且跟您一样那么有钱的话，他也会如此。最后祝您身体健康，愿更多人能理解您，好让您不再在慈善的路上那么孤单！！

大道惠：

支持陈光标先生的善举！我们给这个世界一个善的作用力，这个世界就给我们一个同样的反作用力。爱人者人恒爱之，敬人者人恒敬之。

福气天赐：

别样的财富人生，别样的慈善人生，新时代高调的雷锋！

董ye：

陈叔叔，你好，你在慈善事业上所做的一切我真的很感动，很敬佩你，虽然我现在是一个高三的中学生，但我想我会向你学习，将真正的慈善事业将行到底。

61.138.125.*：

标叔，中国的榜样。你为中国的慈善事业做了铺路的石子，你将影响我每一代人，你推动了社会的进步，我的理想也是兼济天下，我会沿着你的足迹前进。

京鹏律师：

大爱无疆、创新无限、高调无悔，我们都支持陈总的慈善义举！特别欣赏您的一句话：如果有人说三道四，那么请和我一起裸捐吧！

财神二大爷：

陈光标是个干实事的人，舍得掏真金白银，喜欢点小荣誉和做点小秀正显得他可爱和真实。不像某些伪君子站在到的制高点上坐而论道——只进不出，银子捂得很紧。

明–一米阳光：

那些说你的假慈善的人，如果愿意把他们的家产的一半捐出来，也或许有点资格说你，凭什么，自己一分钱没捐，去质疑你呢？你的目的不管是怎么样的，社会是得到了真真切切的好处，总比那些只会在网络上乱骂而没有任何行动的人，高尚得多！！

我不是于文武：

标哥有钱有德有才。现在很多人只看重钱了，但你不是。

sj185：

标哥，您是我们宿迁人的骄傲，我以你为荣，希望更多的爱心人士都像你一样奉献社会，我以后如果能够成功我也会捐出一半的资产，向你学习。

我的慈善事业与环保连在一起

　　曾有人建议陈光标利用丰厚的资金去搞投资高利润行业，赚取更多的钱，再去做慈善，但他没接受。他认为，捐款捐物是一种慈善，而搞好环保，搞好循环经济，造福社会和子孙后代也是一种慈善。他甚至说"低碳是更大的慈善"。

　　陈光标说，现在他最大的期盼，就是希望更多的人一起行动起来，真金白银地献出自己的爱心，大家一起来做慈善，做环保。他说："只有这样，才能让我们的社会更加充满爱心，让我们的环境更绿色，更低碳，让慈善和文明的脚步声在中国更响，让中华民族在世界上更加受到尊重，也更加有尊严。"

2012年3月6日17：57

　　陈光标：我在微访谈"谈'雷锋陈'的创作之路"中回答了网友@WLQ大帆的提问，http：//t.cn/zOcvcSH

WLQ大帆：向@陈光标 提问：节能减排是关系我国经济社会可持续发展的大事，也是关系全球可持续发展的大事，国家也力不从心，陈总将如果做到创新型环保？ http://t.cn/zOtu7ZF

3月6日 17:54 来自微访谈 - 谈"雷锋陈"的创作...　　转发　收藏　评论(1)

陈光标V：比如去年为了让大家记住第五届世界无车日9月20号，砸奔驰，鼓励大家多骑车少开车，绿色出行从我做起，多次发环保袋，鼓励员工走楼梯、鼓励员工骑自行车上下班、捐环保自行车等等都在创新。

3月6日 17:57 来自微访谈 - 谈"雷锋陈"的创作...　　转发(4)　收藏　评论(13)

原故乡的枫：

陈总，我很支持您保护环境、低碳出行的倡议，所有企业家都能提倡环境保护，我们的生活环境将能明净许多。（3月6日16：20）

想着怎么赚钱养家：

绝对的好人，希望更多的富人以您为标准。绝对是富人们的"标哥"。（3月6日18：11）

得朋汽车：

慈善、环保是当今中国构建和谐社会需要关注的两大主题！这两个主题标哥都抓住了，不简单！！！（3月22日12：24）

苏菲她妈索：

支持你，就是爱护我们自己！（4月4日13：11）

内蒙王艺轩：

这是人类生存的最大意义，万物造福我们，我们应还大爱予世界，可凡人有多少人能有这种悟道呢，唯独@陈光标中国首善！（4月4日13：13）

香百合的花季：

爱的行动胜于爱的语言。我们的社会还需要更多像你这样的爱的使者！（4月4日17：41）

地球村人：

光标先生处处想的是家园、是地球母亲、还有人类的未来……（4月4日21：36）

汤瀚翔：

实实在在为让更多人受益！不是一时而是几代人受益！利国、利民、利社会！（4月4日21：39）

没有人知道你知道：

时时刻刻记得，地球是人类唯一的家园，我会尽我自己力所能及，虽然我能力不及你，虽然我只是个穷小子！（4月4日

22：22）

梦圆的世界：

　　作为你的忠实粉丝，在你的倡导下，每天积极宣传环保、爱心奉献……真的很愉快……（4月6日09：29）

慈善是企业家或者说富人的社会责任

陈光标说：爱心不分大小，爱心不分地域，爱心不分党派，爱心不分民族，爱心不分国界。快过春节了，困难群众更需要我们的关爱，特别是我们这些在党的改革开放政策指引下先富起来的企业家，应该积极为党和政府分忧，为困难群众献爱心。在数九寒冬，我们的爱心不应该"冬眠"。

他说：常怀感恩之心，没有党、国家、亲友和他人的关心帮助，我们在社会上就不会有发展和成就。常怀谦卑之心，我们每人都是一滴水珠，只有紧紧地凝聚在一起，才能成为汪洋大海。

他说：越是帮助别人，越是让人感觉到生命的光彩和意义。我希望自己是一根火柴，能够为别人带来一点光亮；我希望自己是一条马路，无数的人在我身上走过。

2012年2月29日10：40

陈光标：今天看优酷视频，我的访谈被放到了首页上http：//t.cn/zOGnrGa

拉登波斯：

假如你的行动能唤醒中国为数不少的大企业家的善心，国家将变得无限美好。（2月29日10：51）

Lin_LOVE：

别人觉得做慈善就应该低调，我个人觉得标哥做的很好，做

慈善就应该张扬点，鼓舞更加多的人加入到慈善事业中来。帮助更加多的人，回报社会。（2月29日10：56）

因为你爱上了夏天：

就像是标哥这样做好事、捐钱也会被人骂，真是无语了。（2月29日13：53）

口才子木：

很久以前在报纸上看到一位现在的活雷锋，说他是雷锋因为他却是行善，说他活是因为行善留名留姓。他就是陈光标！一个与众不同的慈善家！一个百姓都知道的慈善家！（3月1日16：57）

南方的小羚羊：

一个企业家的成功与否，物质财富只是表象，社会责任感才是衡量的标杆，陈先生是当代企业家的楷模，很多山区的孩子还需要更多的温暖。（3月4日17：12）

2012年3月6日16：16

陈光标：我在微访谈"谈'雷锋陈'的创作之路"中回答了网友@闫先生–大连的提问，http：//t.cn/zOtkmbN

闫先生–大连：

嗯！现在的您应该会感觉到您的能力能帮到更多的人，记得您办过一场个人演唱会，听您唱完歌就会送猪！我很佩服您！我希望更多的人会学习您，更多的媒体会报道您。（3月6日16：20）

2012年3月6日17：01

陈光标：我在微访谈"谈'雷锋陈'的创作之路"中回答了

网友@雨墨墨脱的提问，http：//t.cn/zOtFkLe

雨墨墨脱：向@陈光标 提问：您觉得慈善是企业家的责任还是荣誉？
http://t.cn/zOtu7ZF
3月6日 16:52 来自微访谈 - 谈"雷锋陈"的创作...　　　　转发 | 收藏 | 评论

陈光标 V：慈善就是企业家的义务和责任，我认为企业家有起码三个责任：一要为人民生产出安全可靠的产品；二多为国家解决就业、多缴税收、多帮助年轻人创业，大手拉小手；三超过企业家本身的社会责任，就是把企业净利润的比例拿出来回报社会。
本期嘉宾
3月6日 17:01 来自微访谈 - 谈"雷锋陈"的创作...　　　转发(28) | 收藏 | 评论(34)

方以为：

陈光标是中国最美慈善家，最有良心的企业家！（3月6日17：06）

贝拉蕾：

十几亿的人，肯定想法有不同，陈先生做的事情首先对得起自己良心，其次不违反国家法律，最后，不用跟任何人交代，继续去吧，无需多做解释！（3月6日17：12）

雨墨墨脱：

首先谢谢您的回答，开始以为错过提问了就删了。您说的第一点，中国的企业家做的很欠缺，甚至是良知泯灭，我们的食品安全就是例证。第二点就业问题，企业家们还有很大的空间发挥。第三点，"灰色慈善"多么富有"中国特色"，您是企业慈善的先行者。最后希望能见证您带领您的企业完成您说的使命和责任。（3月6日21：43）

Leslie泰迪熊：

"活在人们尊重中的慈善家，比孤独死在存折单上的守财奴光荣、伟大。"支持陈总，陈总今天微访谈，每一条微博，小兔子特地都来支持下！（3月6日17：12）

2012年3月6日17：07

陈光标：我在微访谈"谈'雷锋陈'的创作之路"中回答了网友@hellohuan的提问，http：//t.cn/zOtsZ66

hellohuan：向@陈光标 提问：雷锋精神是雷锋时代雷锋作为普通公民为老百姓的一种奉献精神，请问陈总作为当代企业家要以何种形式接过这把枪呢？
http://t.cn/zOtu7ZF

3月6日 17:01　来自微访谈 - 谈"雷锋陈"的创作…　　转发　| 收藏　| 评论(1)

陈光标Ⅴ：尽其所能为环境保护、扶危济困、帮助80后、90后创业，助推他们健康成长，给他们精神力量、鼓励、经济帮助。能让更多人心向善，大公无私、助人为乐、爱党敬业、艰苦朴素、精益求精、勇于创新，行动高于一切。

3月6日 17:07　来自微访谈 - 谈"雷锋陈"的创作…　　转发(7)　| 收藏　| 评论(25)

2012年3月6日17：30

陈光标：我在微访谈"谈'雷锋陈'的创作之路"中回答了网友@云儿何处飞的提问，http：//t.cn/zOtsjIL

云儿何处飞：向@陈光标 提问：陈总，有很多人质疑你，你还是要做好事，我很敬佩你，你想对那些没有社会责任的企业说些什么，如：毒粉条，毒腊肉之类的，还有对中国腐败的官员说些什么？　http://t.cn/zOtu7ZF

3月6日 17:14　来自微访谈 - 谈"雷锋陈"的创作…　　转发　| 收藏　| 评论(1)

陈光标Ⅴ：不是毒粉条、也不是毒腊肉，人之初性本善，这说明标哥的感染力不够，是我的错嘿嘿 我认为国家加强反腐败的决心是巨大的，态度是坚决的，措施也是比较有力的，这主要是因为是否有效预防腐败，关系到我国人心向背和党的生死存亡，这是一个重大的政治任务

3月6日 17:30　来自微访谈 - 谈"雷锋陈"的创作…　　转发(8)　| 收藏　| 评论(22)

2012年3月31日16：08

陈光标：今天很高兴获得人民网舆情监测授予我唯一的2011年中国企业家最佳口碑奖。由经济日报原总编辑、中国企业联合会、中国企业家协会执行副会长冯并为我颁奖。

2012年4月5日09：34

陈光标：对标可评论部分摘要http：//t.cn/zQKykVD

龙格格54：

向雷锋陈学习，在力所能及的范围内多做好事。（4月5日09：37）

叮当的奋斗：

标哥的善举得到了很多人的赞誉，金杯银杯不如老百姓的口碑。（4月5日09：40）

上海爷叔围脖：

坚持！以"陈光标"的方式，做"陈光标"的善事，最终成就"陈光标"的标榜式人物……（4月5日09：43）

闲言碎语2085850217：

做好事、善事就应该张扬，这样才能起到榜样的作用，推动或触动更多的富人参与。支持陈总！（4月5日10：37）

dongfangzz：

对于陈光标参与慈善的行事风格，饱受社会争议，社会是褒贬不一！我个人言力挺标哥！虽行事有些高调，但是办的都是实实在在的事儿，而且坚持了这么多年，比起那些看起来道貌岸然、身价显赫的所谓的"企业家"，强千倍万倍！（4月5日10：38）

杰飞扬888：

标哥，你是一个了不起的人。你是我的偶像，如果我有钱也像你一样，做一个对社会有用的人。（4月5日15：16）

21时尚男孩：

标哥，你的品德真高尚，你这么乐善好施，富了不忘了别人。中国能多一点像你这样富豪，这个社会将变得更和谐。（4月9日17：49）

2012年4月6日12：32

陈光标：今天我在人民网看到了一篇关于我被评为2011年关注度美誉度"双第一"的舆情报告，感谢各位网友和粉丝对我的关注和支持，特与大家分享一下。http：//t.cn/zOKHzB9

长恨伊剑啊：

鼎力支持！！！！标哥心中的爱才能够算爱！真正的大爱！这个荣誉是毋庸置疑的，理所当然的！！（4月6日12：34）

奔跑de加菲猫：

您用实际行动诠释了什么叫雷锋！也可能会让那些某某名的慈善机构，无地自容，但最终，人民的眼睛是雪亮的，人民的支持是坚实的，您就是我们作为当代中国人的一个标杆，您就是榜样。（4月6日12：35）

东方邦主：

做人能以善人为本也是不枉此生了。不过我个人认为，其实企业家做善举是本分吧，没有群众的支持，换而言之，就不存在购买力，企业也是无法生存的。取之于民，用之于民吧。钱生不带来死不带去，我如果是企业主我也会毫不犹豫的捐赠给需要帮助的人，我支持你。（4月6日12：36）

哈哈天意：

最敬佩陈光标先生真金白银的付出，支持你！（4月6日12：43）

博尔赫斯的夏天：

不论你是何种身份，以何种方式，你在奉献爱心，你做了，比那些躲在角落里蝇营狗苟的闲话要强出何止百倍？就如朗达·拜恩的书中所言，拥有爱心的人才拥有真正的力量！（4月6日12：45）

翻江倒海直捣黄龙：

当然支持了，有本事的人就是被大家喜欢，又善良又有本事的人那就没啥可说的了，加倍支持。（4月6日14：21）

Q版狐狸：

陈光标先生，我一直觉得您是个艺术家。您通过一场场仿佛做秀式的行为艺术，事实上真的让慈善这个话题成为热点，让更多的人，让社会开始关注起慈善来。很多人反对您，那是因为中国人口实在太多，一石激起千层浪。但是，还有更多有知识的人认可您，谢谢您的坚持，让我们知道世界上还是无私的大善。支持您。（4月8日01：10）

渔夫2004：

陈光标先生是一个非常开明有远见的私营企业家，树立了一个新时代私营企业家的光辉形象。（4月11日21：51）

119.48.17.*：

陈总的壮举值得中国的企业家们学习，我有幸在也是号称中国首富×××身边24小时工作过四年，也是号称慈善家，但是我知道他们所谓的慈善是怎么回事，对于陈总的善行一开始我也表示怀疑，但是这几年我感受到您是切实在做善事，高调也好低调也好，其实都无所谓，您的高调是在切实想唤醒中国人的良知，那些所谓低调的慈善，不见得不想高调，而是不敢高调，经不起推敲而已，太多人在这点上说三道四其实是不知道这里面的"猫腻"。2009年我有幸在成都双流机场和陈总有过一面之缘，您是刚下飞机，我是要上飞机，没有交流。对于中国的富豪圈我了解很多，希望陈先生能持之以恒，言语能稍加注意保护自己。祝您及家人生活快乐，出入平安！

124.126.149.*：

向真正有良心的慈善家致敬！您是所有企业家名人的榜样，如果这个社会的每位成功人士，以及所有的民众，都能在国家与人民最需要的时候，像您一样真心实意地回报社会，那我们这个国家会更加美好强大！

220.170.26.*：

作为一名80后的年轻人，陈总的事迹给我们80后上了一堂让我们佩服和崇拜的课，我一定向您学习！希望你能注意身体，国家需要你这样的企业家，老百姓需要您！

125.113.13.*：

"中国的企业家能把一年企业的纯收入的50%用做慈善事业"，这个是您说的。我很震撼，您能说出这样的话来，这个真的是中国新兴企业家的代表。这个是何等的胸怀与个人魅力。我很敬佩您！

夕阳念：

陈总好！作为一名云南人，我向您致敬，您的善举使很多很多人度过了难关。4月20日在电视上再一次看到您为玉树献出您的爱心，真的很感动很感动，感觉您好亲切，您是全中国人的朋友，如果中国1/10，1%的企业家或者是老板能像你一样，那么祖国会更加富强，更加和谐，更加安定，更加美好。作为普通人的我很想很想像您一样，但对于目前的我只能在力所能及的范围内做好自己身边的事。非常感谢您，您是我一生的榜样、楷模。

真正做到乐善好施、"兼济天下"

陈光标说：目前中国农村还有3000多万人口没有脱贫，3000多万是个什么概念呢？整个加拿大2700万人，整个澳大利亚不足2000万人，整个葡萄牙只有1000多万人。希望富豪们把目光投向中国西部地区，到那里去看看，到那里去做慈善，到那里去投资，为帮助他们早日解决温饱问题，尽自己的一份力。

陈光标说：两岸人民一家亲，真的是血浓于水。2009年他曾透过红十字会，参与台南"八八水灾"的赈灾活动，他希望两岸企业家共同携手合作，分担重任，为民解决困难，做一个有道德、懂尊严、具有社会责任的企业家。他说：台湾有许多好的慈善理念，有助于大陆企业家相互学习，把慈善做得更好更完善、标准化、制度化、法制化。

陈光标倡议建立中外慈善家定期交流机制，组织一些中国慈善家走出国门，把慈善晚宴办到国外，与世界富豪交流如何把慈善事业做得更好。

陈光标说：人的力量有大有小，做好事的心却是一样的。让我们一起约定，每天做一件可以帮助别人的力所能及的小事。我打赌，你会和我一样收获一个美好的人生，我们会共同拥有一个更幸福美好的社会。

2012年2月13日12：30

　　陈光标：各位网友朋友大家好，我刚才看到新华网的一篇报道，题目是《建议人民币印孔子名言并不雷人》，觉得评价比较客观，在此与网友朋友们分享。http：//t.cn/zOwdZo0

新华网
WWW.NEWS.CN

新华新闻　　新华评论 > 正文

建议人民币印孔子名言并不雷人

2012年02月12日 08：41：11
来源：红网　　　　　　新华微博　　　　　【字号：大 中 小】【打印】

　　2月8日，陈光标透露，在旁听今年全国两会时，将建议人民币改版，在人民币上印《道德经》、《弟子规》、《论语》等名篇名言，使人们记住传统文化的精髓，耳濡目染地学习。他称自己做过实验，在人民币上印这些名言不会挤。（2月9日中国广播网）

　　因为高调慈善，陈光标向来具有争议性。码"钱墙"，发现钱，开个唱，发牛羊，都被公众视为雷人之举。此次，陈光标建议在人民币上印孔子、老子等人的名篇名言，如他所说，确实是"轰动性的建议"，但仔细想来，建议并不雷人。

　　首先，传统文化有传承和弘扬的必要，而且，传统文化还是缓解和治疗当代"社会病"的一剂好的药方。时下，道德滑坡，一切向钱看，让人很累、很烦、很困惑。人们希望寻找一种精神寄托，以求得内心和谐。而古代圣贤有很多话是教人向上、向善的，言简意赅、意涵深刻，读后让人有醍醐灌顶之感。所以，现代人纷纷向圣人先贤、向传统文化寻求生活真谛的答案，由此也催生了国学热。如果人民币上印上孔子、老子等的话，将多了一个弘扬传统文化的有效渠道，当然是好事。其次，陈光标的建议并不是空穴来风，而是经过一番思考和调查的。在票面上印制一些宣传社会和谐、责任意识、环保意识等积极意义的标语、口号，国外早已有之。而且陈光标自己做过实验，在人民币上印这些名言不会挤。

　　当然，人民币改版是大事，必须慎重。到底能不能在人民币上印孔子、老子等先贤的名言，需要有关部门依据专业角度和公众意见作出决定。但陈光标的建议也给有关部门提了醒，现在的弘扬传统文化的渠道并不够，并不十分有效，要积极开拓和寻找更有效的传播载体。

美派：

　　听新闻说，你想把孔子的名言印在人民币上，我对此事比较中立，但是感觉是有些怪怪的！不过，贫富分化加剧，对于您的慈善行为，我100%的支持您！我相信，您的行为会带动更多的人进行慈善行为！（2月10日09：06）

空空妙有：

这是好建议！不仅中国需要光大中华传统文化，全世界都需要！希望光标先生继续努力！不用顾虑非议的声音，因为他们确实不了解我们的祖先有多么智慧。反对的人们不明白祖先父母只会把最精华和有用的东西留给子孙后代。（2月10日19：35）

郑君君2267711693：

中华文化博大精深！每个人都需要吸取其营养！标哥是位有道德，有良知，有感情的企业家！我们永远支持您！加油哦！（2月13日13：19）

天天思考中医：

陈总的建议很值得考虑，这是扭转滑坡的现代社会人们的价值观的方法！当你拿出人民币时，我们应该知道，这个世界除了钱还有更值得追求的东西！（2月14日23：34）

2012年3月9日09：45

陈光标：今天是全国政协会议的第二次全体大会。我的提案内容是：

建议两会增设慈善界代表委员

目前我国企业、文艺、科技、教育等社会各界在代表委员中都有许多代表。他们在两会上发挥了重要作用，并发出了各领域的最强声音，积极推动了政府在相关领域的工作。而公益慈善是一个国家社会文明进步的重要标志，也有利于促进社会和谐，向世界展示中华民族的大善大爱。因此，我建议在两会中增加慈善界代表委员，比如每个省（市、区）可以选举1—2名为慈善作出巨大贡献的人进入代表委员行列，这样两会中就有50—60人参与讨论政府工作中的慈善事业。这无疑将大大推动我国社会各界的慈善行为，推动慈善制度建设，促进国家和谐进步。

公民钱成：

积聚力量好办大事，众志成城，集思广益，把中华慈善事业办好，同时可以团结港澳台慈善力量，支持，顶，向活雷锋标哥致敬。（3月9日09：59）

林枫萧瑟：

标哥，您是富人阶层慈善事业的风向标，您用实际行动让那些吝啬的富人汗颜！支持！支持！（3月9日10：00）

peace_L：

标哥做的都是务实的工作，社会如果这样的人多了，一定会更美好。标哥是有理想的人，营造了这样的氛围很好。那些指责他做秀的人，良知何在。（3月9日10：02）

Happywowo地盘：

标哥的慈善理念独树一帜，非常支持你。你就是社会的榜样！（3月9日14：02）

空山秋色：

标哥深知，自己的慈善力量，对整个中国需要救助的人来说，只是杯水车薪，因此才会想到高调行善，其目的是为了发动更多的人加入慈善队伍。（3月10日01：14）

做一个铁人：

陈大哥，您的善行大家有目共睹，敢说敢做，而且真正能让弱者受益才是真慈善，我十分敬仰你的善行，不会像其他人一样光说不做，感谢你对弱势群体的帮助。（3月11日08：46）

映钗微博：

建议提得非常好，中国的慈善事业需要有一群人去推动。（3月11日13：23）

勒毕小新：

支持标叔，做慈善不能太默默无闻，起不到榜样作用，争议越大证明关注的人也越多，这比单纯的捐钱效果要好很多，有钱的出钱，有力的出力，您是钱与力外加媒体的力量！我会一直支持下去的！（3月11日14：04）

LINSHUHAO林书豪：

你是一个认真贯彻邓小平思想的人，先富带动后富，走共同富裕的带头人！！！（3月11日20：52）

Su2626：

我觉得您挺像弥勒佛的。心宽体胖，笑容可掬，胸怀大志，普渡众生。（3月11日23：42）

自由无极918：

这个建议非常好，中国不缺富豪，缺的是像你这样的慈善家。代表多了增加感染力。（3月12日11：44）

明鼎包子与小魏：

更重要的是让慈善机构的人带领一些官员经常到基层去走走看看，在农村还有很多冬天生不起炉子的人，我们现在贫富的差距过大必然会引起社会的不和谐。（3月12日15：15）

冰雪之恋－：

陈光标就是与众不同，我国13亿人口中只有一个陈光标。（3月13日22：05）

地球村人：

一个成功的企业家的最终归宿，不仅是慈善家，还要成为……光标先生在努力攀登更高的境界！（3月14日09：57）

翘世浮生：

标叔：在我的成长经历中，你的事迹是我做人的标准与奋斗的目标！支持你！（3月15日14：16）

2012年3月6日17：23

陈光标：我在微访谈"谈'雷锋陈'的创作之路"中回答了网友@台湾大懒趴的提问，http：//t.cn/zOtsSqL

台湾大懒虾 ★：向@陈光标 提问：什麼時候來台灣發揚雷鋒精神?台灣地區民眾對雷鋒很陌生阿 http://t.cn/zOtu7ZF

3月6日 17:09　来自微访谈 - 谈"雷锋陈"的创作...　　　　转发｜收藏｜评论(1)

陈光标V：非常想把雷锋精神带到宝岛台湾，不满你说，本来定的3月8号过去，台湾世新大学已经帮300多张雷锋照片展板已经做好，他们就等我过去，并把雷锋电影带过去放给他们看。但是由于特殊情况，我暂时去不了，不但在台湾展还要到香港、澳门展，让雷锋精神走向世界。

3月6日 17:23　来自微访谈 - 谈"雷锋陈"的创作...　　　　转发(16)｜收藏｜评论(26)

乡下人新鲜人：

陈先生：我非常支持您的善举行为，虽然有一些人对您的所谓"高调"慈善行为有一些微词，但我理解您，您想通过一些人口中所说的所谓的"高调"行为来带动一些人的慈善行为，您受到了委屈，受到了很大的委屈，但我要说，需要帮助的人需要您。（3月9日21：23）

2012年4月8日10：59

陈光标：学好人，颂中华经典，做有德之人。http：//t.cn/zO9owc3

霞城故事：

陈总一直用行动在证明自己的品德！（4月8日11：00）

白昼不懂黑夜：

陈光标弘扬正气不遗余力，用心良苦，呕心沥血，希望有识之士都来向他学习！（4月9日18：28）

奶瓶0-0：

光标大哥，我第一次看到关于你的信息，你的事迹激励着我、感动着我，让我明白慈善不是虚伪。我希望你的事业越做越大，帮助的人越来越多，也希望你保持最初的心志。我相信天公疼傻人，人在做天在看！（4月11日13：54）

Lilyweida：

我是一名慈善工作者，每次看到标哥的善举在中国大地上行动，就是一种鼓舞，是一种力是在鞭策。我个人认为将慈善年饭，改变成一种对困难家庭人员在助学，技能等某一方面的帮扶，这样才能标本兼治，我们的救助才更有社会意义。大爱无疆，欢迎您到兵团来，兵团慈善总会将会竭尽全力为困难人员做好服务工作。（1月5日17：14）

木子太空：

我很赞成那句话不信你来做做。陈总做了数不清的好事，不管是什么方式做好事，总归是为人民做好事，就不要求全责备。如果中国有钱的没钱的都能象陈总那样做好事，我们的社会风气就会大大改观。（2月16日03：57）

女娲亚太基金会：

尊敬的光标兄您好。感谢您对中国慈善事业的奉献和支持。让世界知道除了美国的比尔·盖茨和巴菲特，还有一个中国的陈光标。（2月17日15：32）

救灾凸显慈善之心

2008年，汶川"5·12"地震发生后的第二天，陈光标就带着60台挖掘机等大型工程机械组成的抢险突击队赶到了都江堰，成为出现在灾区的首支自发抗震救灾民间队伍，其速度令军事专家都大为赞叹。陈光标这支队伍分别在都江堰、茂县、绵阳、北川等地投入抢险。在救灾现场，陈光标告诉记者："我背出来的人起码有上百个了，活着的有7个，我亲手救出了7个！"陈光标还带了25万元现金，现场发给受灾群众，还把200万元的支票捐给了受灾区县的政府部门，并委托中国扶贫基金会为灾区捐款650万元用作建设孤儿院。他说："地震发生了，党和人民对我们这些民营企业家履行社会责任的考验时刻也到了。我希望有更多人行动起来……我们要主动为政府分担责任！"

2009年8月初，台风莫拉克重创南台湾。陈光标在第一时间通过中国红十字会总会、中国人权发展基金会光标榜样基金各捐赠100万元，通过江苏省红十字会捐赠300万元给台南受灾地区。

2010年年初西南地区抗旱救灾时，陈光标向西南干旱灾区捐赠5300吨饮用水，价值1300万元；通过"抗旱救灾我们在行动"大型公益晚会向西南干旱灾区捐1200万元；同时，组织21支打井队，帮助灾区人民打井取水，解决灾区人畜饮水问题。

2010年4月，青海玉树地震发生后，陈光标带领江苏"黄埔抗震救援民兵连"，紧急购买21台二手吊机、推土机及挖掘机等重型机械装备去灾区救灾；同时，购买50台发电机、500吨矿泉水、3000件军用大衣和价值200多万元的药品捐赠给受灾群众。

......

221.236.86.*：

每次出现灾难时候总能看到您的名字，家里老老小小都让我上网顶您，谢谢你为老百姓做的那么多好事，希望好人一生幸福平安快乐！

川一狼：

陈光标先生，我是个孤陋寡闻的人，也是今天在晚会的现场看到你的捐款才知道您的善举。当支持人报到捐款人是你且是个人的时候我震憾了。你是中国人民的榜样，我只是一个打工族里的一员，但是在我以后的人生路上，我会以你的善举为目标。我代表灾区的千万人民谢谢您。

这个村里的人：

陈先生您好：我今天在天津电视台看见一个《抗旱救灾我们在行动》的节目，我当时看了特别感动，我觉得在咱们中国有您这样的人我感到自豪、骄傲。真的，打心眼里的，今天您给我上了一课，值！我也是追求成功的人，现在还是在成功的这条道上慢慢前行，我相信我自己能行。

imagine9：

陈光标，很敬重你，每次在救灾前线，都能看到你的身影，从"5·12"，到现在的西南干旱，你的出现，都会让我的鼠标暂停一下，我会告诉同事说，这是中国首善，来自江苏泗洪，离我家很近，我是沭阳人，或许大多数人，没您那一手笔挥出1000

万来，但我们会因为你，而更加的关心国家大事，2010年元旦我又去献血了，下了献血车的时候，觉得自己是南京东路上最耀眼的一员……

jfhero1：

陈光标，你是好样的，是我们年轻人学习的好榜样，你的事业节节高升，最让我佩服的是你的善心，从抗震救灾，再到打井取水抗旱救灾等等等等，你付出了太多善心，我打心底欣赏你，我也要和你一样，为了祖国为了人民付出个人微博之力。

perpetuity_19：

我欣赏像你这样的叔叔，总是自己亲临灾区，看到那些真实的情况，做实实在在的事情，中国需要像这样的慈善家。不需要在乎说你做秀的人，如果有人总是愿意花这么多代价去做秀的话，那我更希望中国有很多有这样资本的人。陈光标叔叔，我支持你！！

110.247.3.*：

今天您又一次献出了您的爱心；又一次让全国人民看到了您的善举；又一次感动了我，让我感觉到自己的渺小；无数次的奉献让越来越多的人认识您，爱戴您。

飞雪梦驼铃：

看了央视的慈善晚会，看到了您的义举和被您的讲话深深打动！回味您的讲话，就在网上搜索了下您相关的资料，由于没有记住您的名字，网上搜了半天才知道您叫陈光标，看了您的人生经历让人为之一振，折服于您的创业史，更感动于您的义举。虽然现在我还是没有什么钱，但是您的经历和您的行为让我看到了奋斗的目标，我可以穷一时，但不会穷一世，我会通过自己的努力来实现自己的理想，以您为楷模，争做您慈济天下的接班人！

laoxie1952：

陈光标同志，你好。自2008年5月始，你在灾区及全国所作所为，我犹如亲见，看到新闻报道，哪里有困难，你就出现在哪里，您就是人民心中的"及时雨"。您朴实善良，让世人见证了一个又一个神话和奇迹。

惭愧渺小的我：

您是智者，您一定会将慈善在创新中飞得更高更远！同时也相信您，会成为中国人弘扬东方文化的又一个亮点！

自由至彼岸：

我只是一个小小的蜡烛，也愿学习您用我些微的光芒能够为这世界添一点亮光，添一点温暖。

学雷锋与做慈善

2012年2月2日18：26

陈光标：让雷锋精神永放光芒

各位网友大家好！今年雷锋同志诞辰**72**周年，雷锋同志牺牲后的**50**年来，他的精神一直在影响着我们每一个人。雷锋乐于助人、拾金不昧，为人民服务的精神无处不在，可谓是处处有雷锋。从今天起我会将多年来收藏的几百幅雷锋精神的专题图片，每天更新**5**张与大家分享！为了宣扬雷锋精神，让雷锋精神永放光芒，近期，我正在拟写一篇"我学习雷锋的感悟和雷锋精神对我的影响"的文章，不久会在微博上发布与大家共勉！

向公-巴山樵夫：

在当今物欲横流之時，陈光标学雷锋做善举的行为应当受到社会各界仁人志士的肯定。（2月2日18：33）

差不多先生之玩命：

标哥一定顶你。虽然没有你那样的能力但是我明白不以善小而不为的道理。我会从小事做起小善做起。中国人缺少的是好榜样（2月3日02：37）

信念坚守者：

标哥就是弘扬和传承雷锋精神的使者！雷锋是我们学习的榜

样、标哥也是我们学习的楷模！让雷锋精神永放光芒。（2月3日07：57）

大连金绎衫狮姐D382：

我会持续关注您的。全力支持您。陈光标老师。我一直很钦佩您对雷锋精神的深刻理解与践行。我也一直在平时生活中做一些慈善之举，我会以您为榜样，继续加油的。（2月8日16：39）

2012年2月2日18：28

陈光标：让我们一起再睹雷锋的风采！

新思路0823：

言而有信，持之以恒。这就是陈光标先生的性格亮点，也是最难能可贵之处。（2月4日09：43）

周前宜老师：

最近听说你要反思，我认为，要反思的不是您（我年纪比你大，我用这个您，是因为您值得我尊重）；如果您反思，说明是善恶不分！只要你的慈善事业没有影响您企业的发展，您依然要保持这种爱憎分明的个性！（2月4日23：27）

坚持真理不言悔：

当今社会，能挣到钱的人是能人；把自己辛苦挣来的钱分给穷人，才是真正的英雄！（2月5日09：16）

读雪读雪：

这样的照片能给我们心中注入更多的阳光能量，赞陈总的用心！（2月5日10：21）

向公–巴山樵夫：

陈光标就是好样的！能收集几百幅雷锋图片，可见其做慈善事业的动力源于弘扬雷锋精神之志向。赞赞赞！（2月5日14：16）

peace_L：

光标是受雷锋影响最深的一代人，也是真正学习雷锋的人，向雷锋叔叔学习，向标哥学习，现在网友们知道了光标行善不是做秀了吧，有渊源的。（2月6日10：07）

傻子妞妞：

我知道你的爱心来自哪里了，是雷锋的精神精神刻印在你的灵魂里。（2月7日11：44）

2012年2月8日08：59

陈光标：雷锋是一个既伟大又平凡的人。其实，我们每个人都是可以向他学的！

丁冲微博：

值得每个中国人乃至全世界的人学习！全球的榜样，标哥继续努力啊！我们向您看齐。（2月8日09：01）

德瓷：

我一直在关注你的微博，你所说与所做，有时候难免会让人觉得是在炒作，当然你做的也不少，这值得肯定与鼓励，但还是应该以做为先，在中国，说的人太多了，一切都是表面，真正在做的，屈指可数……（2月8日15：41）

顾念蓄物VS拼搏一笑：

也许你是走在了时代的前列吧，我相信也希望从今后10年内雷锋的这种精神能够被你或者更多的他重新唤醒，加油吧！（2月8日09：49）

荆棘满路鲜花遍野：

请标哥将自己的照片也一同发几张，你有资格和雷锋一样让我们记住！因为你就是当代雷锋精神的最好实践者！向你致敬！（2月8日16：32）

周翔宇baby：

谢谢你一如既往的做着慈善事业，传播着爱心文化，不管他人多么激烈的言语毫不动摇慈善的信念！谢谢你！（2月8日18：27）

任啸天的围脖：

陈总你好，你让我看清了什么是真爱，什么是奉献，什么是大公无私。现在的社会一定也需要雷锋精神。（2月9日09：31）

hoboh2559278393：

标哥的慈善事业，我们虽做不到，但我们100%支持。希望标哥别被那些恶意的批评和质疑击打了，鄙视那些光批评、不实践的人。（2月9日16：38）

臭臭在奋斗：

很多人光说学习雷锋但是没做过，但是陈总真的一直在做，不论什么方面都很敬佩您……（2月9日09：34）

无名英雄099：

感谢您唤回我，让我牢记雷锋精神。（2月14日22：39）

香蕉大侠W：

看得出，标哥的这些收藏是用心来收集的，不仅表现出标哥对雷锋同志的佩服之心，更体现出标哥的善良之心。（2月11日16：11）

暖心蔷薇：

近一段时间，您一系列关于雷锋的资料，每每看到这些，就哼起："学习雷锋，好榜样，忠于革命，忠于党……。"星星之火，可以燎原。虽然没有您那么大的力量，但是量力而行！（2月11日09：02）

韦业烈：

让我们去回味那个清纯的年代吧，置于社会中的人，每个人都能为他人着想，这个世界就少了纷争。（2月12日08：52）

华俐2011：

我们中国要多一点你这样的人，有爱心，为别人活着。（2月12日19：09）

苍穹孤鹰blog_v0m：

雷锋精神要继承，光标榜样应发扬！中国的富人如果有半数都跟陈光标董事长一样的去为普通民计民生谋福，中国将无贫民可言，社会负面因素也将不复存在。（2月14日07：01）

2012年2月14日10：11

陈光标：网友朋友们大家好，我刚才看到秋千网的一篇文章，题目是《当雷锋遇上陈光标》，我觉得写得很不错，在此与网友朋友们分享。同时也感谢这位网友对我的高度评价。http：//t.cn/zOAWEVB

当雷锋遇上陈光标

有这样一个人，他是中国大地上一颗渺小却坚韧的螺丝钉，以自己短暂却光荣的一生演绎了"为人民服务"的真谛。

有这样一个人，他是华夏平原上一面鲜艳而飘扬的旗帜，以自己有限却震撼的力量展现了"为人民服务"的品质。

他选择永不停息地，全心全意地为人民做好事。在火车上，在建筑工地里，在抗洪抢险的第一线，他总是默默地出现，默默地做事，再默默地离开。当别人间起他的姓名，他羞涩一笑："我的名字叫解放军。"

他选择把财富归还世界，让更多遭遇不幸和贫困的兄弟姐妹共享。汶川地震，玉树地震，云南地震，甚至日本地震，他一直走在抗灾的前线。他说，"我就要高调做善事，如果你不服你来做，你来和我争'中国首善'这个称号。"

他是雷锋。

他是当代活雷锋——陈光标。

他们来自农村，体会过生活的疾苦；他们懂得感恩，回馈他人和社会的帮助；他们都是时代的领军人物，都代表了一种时代精神。

这些年来，对很多人来说，感兴趣的不是我们自己是否在学雷锋，而是外国人在学雷锋，感兴趣的不是我们的身边有多少雷锋，而是西点军校是否有雷锋塑像。但是，不管怎样，英雄是不应该被遗忘的，雷锋精神是不应该被遗忘的。

一个没有英雄的民族，是一个悲哀的民族，然而一个有英雄却不知尊重、不知珍惜的民族，则是一个可怜的民族。雷锋是我们这片古老的土地孕育的一位平民英雄。雷锋从来不曾离开我们，而我们却曾经几度远离了雷锋。而陈光标用实际行动证明了中国人不曾忘记英雄，不曾丢弃奉献精神，给国人敲响了警钟。

在生活中，我们需要雷锋精神，一个时刻只看到自己利益的人是很难体会到生活中的快乐的，真正的快乐只有一种，那就是为他人而付出。

同样，一个国家，一个政府，任何时候都不能缺少雷锋精神。几乎整个人类文明的发展都依赖于这种人的努力，他们时刻想的不是自己的利益，而是所有民众的利益。每一个国家都在寻找自己的"雷锋"，每一个民族在寻找自己的"雷锋"。雷锋精神所能影响的远不止一个人，一个企业，一个国家。今日，雷锋精神已经成为全人类努力学习和实践的精神，每一个民族和国家都在寻找和培养更多的雷锋，因为我们整个人类文明的发展都将因为有更多这样的人而变

愚柳：

以自己的方式行善，不当金钱的奴隶，救助那些需要的人，比那些刻意塑造的榜样更深得人心！———顶你，标哥！（2月14日10：15）

流星–刘星：

尽管有人说你，是非公道在每个人心中，历史会记着你。（2月14日10：20）

红日出山河：

你是慈善的标杆，所以有人指手画脚再正常不过了，好好努力，中国的富豪如若都似你，那将是多么和谐的社会！（2月14日10：22）

大爱在心2011：

陈光标在中国只有一个，不管他是怎么赚来的钱，都反哺于人民，这比那么多贪污官员好几万倍，我永远支持他，光标就是标光。（2月26日11：43）

想着创业：

现在的中国需要你这样的人！现在的中国好人不易做！现在的中国做善事需要宣传！让全中国的人都行动起来！宣传是为了让更多的人一起行动起来！（2月16日09：44）

2012年2月17日10：45

陈光标：我昨天在微博发表的《怀念雷锋》一诗，今天很荣幸的被《人民日报》刊登了，我感到非常高兴http：//t.cn/zO2uJuX（该诗见本书151页）

请叫我女王_Queen：

喜欢你，有一颗善心胜过一切！支持你！（2月17日10：48）

信诚周云飞：

几十年后一定有人会写《怀念陈光标》！（2月17日10：49）

潘石屹：

陈总太有才了，恭喜！上《人民日报》头条了！（2月17日11：26）

芳芳馥郁：

值得祝贺，我天天把您在新浪微博上的雷锋相下载后整理文档保存，谢谢您让我回忆学雷锋那年代。（2月17日11：33）

偶然心動ww：

2月17日10:45　来自新浪微博　举报　　　　转发(1129)｜收藏｜评论(750)

　　在公益慈善抗震抢险低碳环保中，陈总确实是企业家典范。（2月17日11：35）

离垢地：

　　今天的慈善事业，需要把现金发给灾民手里，需要把牛羊送给农民，需要差异化的高调，所以，让我们大声疾呼：我们的时代，需要陈光标行为！（2月17日11：46）

路边新人：

做一个品德高尚的人。感谢雷锋他像一面多棱镜了，人们可以从中发现自己的影子，而从陈光标身上真正折射出我们时代的雷锋精神。（2月17日14：38）

丁丁宝贝2003：

今天的中国，很需要您这样的雷锋，尽管有时得不到别人的理解，只要是在做实事好事，管他人说什么呢！比那些上亿身家的一毛不拔的富翁活得有意义多了！好人一生平安！（2月17日17：45）

木子太空：

陈总，如果中国的大地上再多一些您这样的有钱人，也许中国的社会风气能有较大改变。很多有钱的，没钱的为了一个钱字，什么伦理道德、做人底线一切都不要了，太令人悲哀了。你怀念雷锋是你的肺腑之言，也说出了普通百姓心里话，坚决支持你！！！（2月18日06：18）

2012年2月17日14：00

陈光标：一部关于雷锋的老电影，与大家共同回顾分享

http：//t.cn/zO2rDYq

翰雨影视：

不管怎么说陈光标还是捐了一些出去，帮助了一些人的。当然，中国的富人现在确实很多，又有多少人愿意拿点出来扶贫济困？这些富人们哪怕就是比陈光标再高调点，我想利总会大于弊的。（2月17日14：31）

E放飞梦想2012：

陈老师的这种善举是对雷锋精神的延续和发展，陈老师这种精神是符合科学的，是可持续发展的。一个人有心做好事是一回事，有能力做好事又是另一回事！常言说心有余而力不足！我相信雷锋如果是个超级大富豪，他的爱心将会使更多人受益！我认为在弘扬雷锋精神的同时更要弘扬陈光标精神！（2月17日18：39）

2012年2月19日09：16

陈光标：和网友们一起重温雷锋光辉事迹！

跃舞者沈静颖：

尊敬的陈首善，就因为您学习雷锋同志好榜样，您才会有这么

雷物好友易秀珍（二排右一）

雷锋用过的搪瓷杯、挎包、水壶

五好战士和红领巾

好的热心肠，竭力做慈善，成为全国的首善！对不对？！（2月19日21：12）

本人风清扬：

多多发扬雷锋的精神，有时觉得很多事情没那么糟糕，但不知咋的又那么"杯具"。学习雷锋好榜样吧！！！（2月19日21：20）

CeliaJojo：

有几人如陈总一颗雷锋的胸怀！且付诸于行动！这是值得我关注的地方。如果有一天我也有庞大的资产，我会向您学习！（2月19日10：15）

开心sssssssssssss：

我妈妈看了你写的诗，觉得你写的很棒。全家都支持你！（2月19日10：24）

小女人子涵：

仰慕喜欢、崇拜您！希望所谓的有钱人都能像你一样多做善事，回报社会，让我们身边更多一些感动！（2月20日10：47）

L--shirley--ing：

标哥，您是我们的榜样，无论您怎样宣传自己，但事情您确实脚踏实地的做了，你是富商里面的雷锋。（2月21日01：28）

过客三点一四：

只要对人民有利，只要做善事，为人民服务了，群众眼睛是雪亮的，谁好谁坏任人评说，问心无愧就行了。其实您总让人看相片，年代不当，贡献是一样的！为人民服务的事实就证明您的一切了。为人民服务的行动胜过一切！善、恶，终有报！（2月22日10：16）

2012年3月4日11：07

陈光标：明天就是雷锋纪念日了，我刚看到这几位网友朋友的提问，简单地回答一下：

↑ 收起　　□ 查看大图　　↺ 向左转　　↻ 向右转

谁是我若狂：标哥！前不久，您在自己的微博上每天发5张雷锋同志照片，反响非常大，你为什么这么做？(1分钟前)
删除　回复

今年是雷锋同志去世50周年，我觉得雷锋那种大公无私，助人为乐，爱党敬业，艰苦朴素，精益求精，勇于创新的精神是今天我们的时代非常需要的。尤其是在社会急剧转型，受到实用主义、拜金主义影响，一些人过于看重金钱，社会人与人关系缺少爱的温暖。所以，我收集了几百张雷锋同志的照片，每天发5张，就是希望几个微博近千万的粉丝能够通过这些图片感受雷锋是如何做的，从中感到雷锋带给我们每个人，带给这个社会的温暖，进而让更多的人行动起来，向雷锋同志学习。

黑夜和魑鬼：标哥，雷锋是一个老典型了，您觉得在市场经济的今天，雷锋精神是否过时了(30秒前)
删除　回复

我认为，雷锋虽然去世50周年了，但是雷锋精神是永不过时的，就像我们读中国儒家思想，就会谈到孔子，我们读到大公无私，助人为乐、艰苦朴素，就必然会想到雷锋。而且，通过这一段时间的学习，我认识到，雷锋精神中还包含了岗位争优、精益求精、勇于创新等时代精神。

美丽的百合花儿：标哥，昨天看到您雷锋造型的照片，想问您是什么时候开始学雷锋的？您对雷锋的感情很深吗？您在微博发来的纪念雷锋的诗作，被《人民日报》刊发，能不能告诉我们，您是在怎样的一种情绪下，酝酿出了这个作品？(2分钟前)
删除　回复

我很小的时候就受父母影响和家庭教育，有一颗善良的心，我见不得周围的人挨冻受饿或者贫困无助，所以我在小学就，就用自己卖水的钱，帮助邻居的孩子交学费。自从我知道雷锋后，他一直是我的偶像，我喜欢说两句话：一个是"学习雷锋好榜样，忠于人民忠于党"，另外一句就是接过雷锋的枪。所以我对雷锋的感情是很深的。我年轻的时候给家乡农村放过电影，放的第一部电影就是《雷锋》，我至今依然珍藏着《雷锋》电影的胶片。今年是雷锋同志去世50周年，我觉得在当今社会呼唤人与人之间真情，呼唤助人为乐的背景下，弘扬雷锋精神意义非常深远，这就是我写怀念雷锋的原因。

俏茎髯你：标哥，您觉得雷锋精神的实质是什么？您号召全公司学雷锋，有什么具体措施吗？(3分钟前)
删除　回复

我觉得雷锋精神的实质是"大公无私，助人为乐"。我经常提醒自己：人做一件好事很容易，难的是做一辈子好事，不做坏事。我要求我们公司每个员工在一年总结中都有一件或几件为社会做的好事。如果我们社会上每个人都做一件好事，全国就会有13亿件好事，这样的中国该是多么和谐而美好呀。

@陈光标
weibo.com/u/1813482925

3月4日11:07　来自新浪微博　举报　　　　　　　　转发(252)　收藏　评论(296)

空灵帝国：

　　标哥，中国需要你，社会需要你，世界更需要你。有人说你高调做慈善，我觉得你是在将慈善发扬光大。你是用行动唤醒人们的良心。标哥加油！（3月4日11：12）

李睿洋爸爸：

知道您一直身体力行学雷锋做好事助人为乐，是啊，难得的是一辈子做善事，大家都看到了您一直在做，不管别人的非议和误解而一如既往。（3月4日11：14）

- - - - 佳俊：

陈叔叔，依稀记得，第一次了解您的事迹的时候，是在08年《商界》的一篇杂志上，从那时起，一直都有在网上、书籍、媒体上获取您的信息，很是让人钦佩，您的这种精神，很是值得我们大学生学习。（3月4日14：56）

老麻雀围脖：

你在中国慈善事业上是里程碑意义上的人物，我们都应该向你学习呀！其他人是做秀你是真的在履行诺言。我十分支持你。（3月4日15：43）

2012年3月4日16：56

陈光标：《友爱 有爱——怀念雷锋》http：//t.cn/zOthdqq

大鹏看天下：

七星级强烈推荐！据陈光标介绍，微电影《怀念雷锋》由他亲自监制，剧情很感人，他抱着一位员工刚满周岁的孩子一起

看，不到一分钟，孩子就感动得哭了。——3月5日，大家一起学雷锋！（3月4日17：15）

陌上小哲花开：

【友爱·有爱】不得不说这个片子拍的很好，当@陈光标 亲自开着拖拉机载着农村的小朋友去城里看风景，我确实被感动了。也许你觉得这个片子太理想化，我们暂且不去考虑这些，只因他传的情真，他所带领着那些孩子看世界是值得颂扬的，这一点是务实的、是值得认同的。（3月4日17：35）

一洛通航在线：

标哥亲自上阵，做得不错，看完了好好想想觉得这个时代真的是太需要雷锋精神了。最近看好多知名人士都在质疑雷锋事迹，其实真的是没有必要，这个时代确实需要雷锋精神，这本身和雷锋都没有半点关系。陈光标真的让人感动，实在搞不懂哪些质疑光标的人又是一种什么样的心态。（3月4日17：52）

好望角‒：

标哥在汶川地震中扛了上百具尸体，在灾区捐了四五十所希望小学，帮助过无数的困难家庭，这些大家都是有目共睹的！标哥亲自导、演的微电影《友爱 有爱——怀念雷锋》，不仅仅是感动了我们，也深深地激励着成长中的孩子。（3月4日20：39）

煨汤小围：

这个视频有意义，孩子有颗善良的心，但还是需要有人去引导。我相信陈环境、陈环保，就是他以后的继承人。他的高调，不是为了炫耀、出名，而是为了呐喊，唤醒我们这个年代忽视了的善良。为人民服务，不是竖块石碑，不是喊个口号，做一次好人容易，做长久的好人，太难。这个绝对是要有颗善良理解的心。（3月4日21：56）

归园田居_阿旺：

非常感恩陈先生做这期怀念雷锋的节目！一看便知是花了很

多精力和时间来编辑拍摄，您真诚无私的付出非常让人感动和敬佩！扬善是止恶的好方法。弘扬善良和淳朴的友爱，我们每个人都应该肩负起来。学习回归善良的天性，去除后天自私自利的习气。人人为我，我为人人。让我们将爱薪火相传，未来一定会很美。（3月4日22：32）

苏晋沛公：

希望当今能多出些这样的"慈善企业家"啊！与其说您是慈善家，其实更像教育家、心理学家……。在祖国大地的许多偏远地方都有过您的身影，通过您的善心善事、身教言传，感化着一代代的"子弟们"！真的，很感人，很让人心动！（3月5日13：18）

2012年3月5日17：46

陈光标：各位网友大家好！这两天我身着雷锋服装的照片在网络上引发热议，有不少网友不能理解我的真正用意，但是我从有些媒体上也看到了理解我以及对于事件客观评价的报道。比如辽宁卫视的说天下http：//t.cn/zOtKse1以及新安传媒网：陈光标回应争议"雷锋照"：这象征接过雷锋的"枪"http：//t.cn/zOtKse3等

晚报玉子：

陈老师，我们的好榜样。积德虽无人见，行善自有天知。好人好报！（3月5日17：50）

天天学雷锋365：

一直坚持着做好事、善事，这才是雷锋精神。每年就这几天才想起雷锋，这才是做秀。标哥好样的，我们支持你！（3月5日19：19）

小微企业怎生存：

那些有钱的人，光顾自己亨乐，可能钱还赚的不阳光，拿出一点来做善事，他们也怕！标哥好样的，就炒作再炒作，让更多的人学习，你取之于社会用之于社会，就高调点！（3月5日20：41）

淡月如水639：

每个人都有自己做事的风格，只要是向善扬美，不必拘泥于具体的形式！国人最大的毛病就是自己做不到的事情，别人做了反遭板砖！不论张扬还是内敛，这个国家需要好人！你是好样的！！！（3月5日21：04）

东篱居士：

雷锋是中国的精神符号，有深刻的内涵。友爱、关心、扶助的美德，需要像你这样的人传承！我看到你的脸上有圣洁的光芒！（3月5日21：24）

力挺标哥：

"标哥"，已成为中国慈善领域的一个响当当的品牌。但这一民族品牌，也要我们细心呵护，用心经营。只要心怀感激的人多了，泼污泥浊水的人少了，中国的慈善事业的春天也就到来了。（3月5日21：41）

伟哥哥WeLu：

陈总：本人也经常在媒体上看到你，你的行为令我感动，我

们对你总体印象是敢做、敢说、肯捐，你是一个好人，你用你的方式去做慈善吧，国家多点像你的人就好。（3月5日21：52）

2012年3月6日16：10

　　陈光标：我在微访谈"谈'雷锋陈'的创作之路"中回答了网友@蓝色性幻想的提问，http：//t.cn/zOtklsz

蓝色性幻想：向@陈光标 提问：雷锋造型很雷人，为什么要这么做，雷锋是一个人为制造出来的英雄。今天的年青人，我们在意是普世价值，雷锋这种人为制造出来的假英雄已不适用于这个时代，我想问，您为什么还要这样做呢？
http://t.cn/zOtu7ZF

3月6日 16:04　来自微访谈 - 谈"雷锋陈"的创作...　　转发 ｜ 收藏 ｜ 评论

陈光标✔：雷锋是真英雄、真好人，不是伪造雷锋虽然去世50周年，雷锋精神永不过时的，就像我们谈中国儒家思想，谈到孔子、谈到大公无私、助人为乐、艰苦朴素，就必然会想到雷锋，而且通过这段时间的学习，我认识到，雷锋精神中包含着岗位争优、精益求精、勇创时代精神。

3月6日 16:10　来自微访谈 - 谈"雷锋陈"的创作...　　转发(41) ｜ 收藏 ｜ 评论(49)

2012年3月6日16：28

　　陈光标：我在微访谈"谈'雷锋陈'的创作之路"中回答了网友@Rambo陈亮的提问，http：//t.cn/zOtFz3T

Rambo陈亮：向@陈光标 提问：您对"学雷锋"的现实意义怎么看？您怎么看"官员最应该学雷锋"这种舆论？？ http://t.cn/zOtu7ZF

3月6日 16:23　来自微访谈 - 谈"雷锋陈"的创作...　　转发 ｜ 收藏 ｜ 评论(3)

陈光标✔：雷锋的实质意义就是大公无私、助人为乐，我经常提醒自己：人做一件好事很容易，难的是做一辈子好事，不做坏事。我要求员工在年终总结为社会做过多件好事作为年终奖测评，我们这个社会每个人一天做一件好事，全国会有13亿件好事，这样中国该是多么和谐美好啊。

3月6日 16:28　来自微访谈 - 谈"雷锋陈"的创作...　　转发(24) ｜ 收藏 ｜ 评论(36)

2012年3月6日16：39

　　陈光标：我在微访谈"谈'雷锋陈'的创作之路"中回答了网友@1＿＿谢使的提问，http：//t.cn/zOtFxGa

1__谢使 ：向@陈光标 提问：有一句话叫做"授人以鱼，不如授人以渔。"标哥从小开始艰苦创业，一直到今天，取得了很大的成功。当今大学生很需要向你这样的人学习。请问标哥有去高校做演进的打算么，我们很想向你学习学习经验。 http://t.cn/zOtu7ZF

3月6日 16:35 来自微谈谈 - 谈"雷锋陈"的创作...　　转发　｜收藏　｜评论

本期嘉宾 陈光标Ⅴ： 说的很好，有时间我会去，我希望80后、90后的孩子就要发扬雷锋精神、骆驼精神、长征精神、井冈山精神、延安精神，一定会成功的。骆驼能在沙漠中缺水、缺食物依然不拔的前行，这也是我们中华民族需要的精神！祝你成功。祝80后、90后发挥以上精神，一定成功！

3月6日 16:39 来自微谈谈 - 谈"雷锋陈"的创作...　　转发(22)　｜收藏　｜评论(35)

金皖香：

学谁不重要，能真正为人民做点实事最重要！不管陈大哥学谁我们都支持！因他能真正为大家为穷人做实事！（3月6日16：43）

半世繁华666：

标哥，我支持你！因为你比那些只靠嘴皮子光说不做的人强一万倍！我现在最讨厌那些素质低下没有道德的有钱人，中国贫困山区的孩子吃不饱穿不暖，他们却出国大采购，在国外素质低下把中国人的脸都丢尽了！！！（3月6日16：53）

2012年3月6日17：41

陈光标：我在微访谈"谈'雷锋陈'的创作之路"中回答了网友@地产小工的提问，http：//t.cn/zOtsgsh

地产小工 ：向@陈光标 提问：你好雷锋~~我记得携带仿制枪支属于违法行为，难道没有人纠正雷锋同志这种违法 行嘛，而且这么张扬，你知道这会造成如何影响？ http://t.cn/zOtu7ZF

3月6日 17:37 来自微谈谈 - 谈"雷锋陈"的创作...　　转发　｜收藏　｜评论(1)

本期嘉宾 陈光标Ⅴ： 好与坏让大家去评吧，陈光标所做出的事情都是负责任的，男子汉大丈夫敢做敢当。但是我认为我做每件事情开始都会有一些争议和讨论。归根结底对社会都是有益的，积极向善的。谢谢你兄弟。

3月6日 17:41 来自微谈谈 - 谈"雷锋陈"的创作...　　转发(14)　｜收藏　｜评论(40)

2012年3月6日17：50

陈光标：我在微访谈"谈'雷锋陈'的创作之路"中回答了网友@长谷川美晴的提问，http：//t.cn/zOcvAtx

长谷川美晴★ 向@陈光标 提问：您最近有什么捐款的意向吗？您对裸捐怎么看？您是想做雷锋第二，还是陈光标第一呢？ http://t.cn/zOtu7ZF

3月6日 17:41 来自微访谈 - 谈"雷锋陈"的创作... 转发 | 收藏 | 评论(1)

陈光标Ⅴ 雷锋在我心目中永远第一、永远榜样、永远粉丝。承诺裸捐，说到做到。

本期嘉宾 3月6日 17:50 来自微访谈 - 谈"雷锋陈"的创作... 转发(3) | 收藏 | 评论(9)

2012年3月6日18：02

陈光标：我在微访谈"谈'雷锋陈'的创作之路"中回答了网友@蓝夜流沙听海的提问，http：//t.cn/zOcviUG

蓝夜流沙听海 ：对 @陈光标 提问:请问陈总有没有计划成立扶持创业的专项基金？扶持那些创业成功后愿意把大多剩余价值回馈给社会的创业者！ 授人以渔！ *^_^*#^_^#··· http://t.cn/zOtu7ZF

3月6日 17:59 来自微访谈 - 谈"雷锋陈"的创作... 转发 | 收藏 | 评论(1)

陈光标Ⅴ 我在考虑是否成立一个新时代雷锋榜样基金会，哪天如果成立了希望你捐一毛钱，嘿嘿，让我感受到你的温暖。

本期嘉宾 3月6日 18:02 来自微访谈 - 谈"雷锋陈"的创作... 转发(5) | 收藏 | 评论(15)

2012年3月6日18：21

陈光标：我在微访谈"谈'雷锋陈'的创作之路"中回答了网友@蓝夜流沙听海的提问，http：//t.cn/zOcv36E

蓝夜流沙听海 ：对 @陈光标 提问::请问您成立学雷锋基金会的资金是用来做什么？是用来授人以渔的吗？如果是，我也裸捐！！！······ http://t.cn/zOtu7ZF

3月6日 18:13 来自微访谈 - 谈"雷锋陈"的创作... 转发 | 收藏 | 评论(1)

陈光标Ⅴ 我想成立新时代雷锋榜样基金还是用来推动创新型慈善、创新型环保，感召带动更多的人热爱慈善事业、热爱环保产业。如果你裸捐，送你四个字"功德无量"，嘿嘿。

徐永华1962:

标哥，是标准的活雷锋！当年雷锋精神是那个年代的特殊产物！是毛主席树立起来的典型！从而感动全国人民！影响了几代人！而标哥您呢？您是靠您的实际行动感动了全世界，所以说您是当代的活雷锋当之无愧！您的英名将留芳百世！（3月15日22：37）

2012年4月2日16：23

陈光标：和网友朋友们分享中国主持界的泰斗赵忠祥老师访谈标哥–广西卫视《老赵会客厅》http：//t.cn/zOo2FKm

（该访谈内容请见本书第71页）

幸运的北方英子：

学习雷锋好榜样，你学雷锋不走样。你的敢为人先的精神，值得每个人学习！（4月3日22：18）

陆侃健Hades：

世代相传吧。期盼陈总把雷锋精神发扬光大，感染千千万万人。（2月16日21：13）

旺的FOUR：

学习雷锋，应从自己的实际、自己身边的事出发，贵在坚

持！勿以善小而不为！（2月27日11：16）

人讷.

现在，为富不仁的大有人在！不要说一夜暴富的土豪，即便是饱读诗书的所谓"精英"，有几个心地善良的？唯有光标先生，今天心里仍旧装着"雷锋"的纯洁和善良，一心济贫。您是当今社会道德的天使！（2月17日14：53）

daixiansheng：

陈光标先生，是目前很具有争议之人。我个人觉得，无论他做了什么你爱看和不爱看的行为，总之他真的付出了！他更多的是在传递我们正在丧失的一种精神。请问：你有这个勇气吗？我只能说他做了我们很多人不敢去做的事情，我很汗颜。他追求的雷锋精神有错吗？（3月4日17：24）

禹发明：

陈光标善举行为是伟大的雷锋精神。（4月4日14：11）

学雷锋的高调与低调

2012年3月6日16：46

　　陈光标：我在微访谈"谈'雷锋陈'的创作之路"中回答了网友@Anson苏博建材的提问，http：//t.cn/zOtFNmB

　　Anson苏博建材：我在微访谈向 @陈光标 @艺术舒勇 提问：陈总，如果你补穿着雷锋装继续做好事，我觉得大多数的网友会觉得舒服点！加油！
　　http://t.cn/zOtu7ZF
　　3月6日 16:35　来自微访谈 - 谈"雷锋陈"的创作...　　转发　收藏　评论(1)

　　陈光标V：我穿了那套雷锋的衣服已经收藏了好多年，我从小就想当一名战士，17岁考到21岁村干部不让我走，我从小就非常崇拜雷锋，多年来就想穿拍张照片，同时让我实现穿上军装的梦想。所以感谢舒勇老师给我的鼓励，这张照片就是我要接过雷锋的枪！
　　3月6日 16:46　来自微访谈 - 谈"雷锋陈"的创作...　　转发(14)　收藏　评论(26)

ijiajie5500：

　　做好事也不一定要穿雷锋装，陈总穿雷锋装是一个象征，唤起我们的记忆。（3月6日16：52）

2012年3月6日16：50

　　陈光标：我在微访谈"谈'雷锋陈'的创作之路"中回答了网友@红楼梦鹤的提问，http：//t.cn/zOtFjfF

　　红楼梦鹤☆：对 @陈光标 提问:陈先生，您好，您感觉"雷锋照"事件，对雷锋精神的弘扬起到了什么作用？雷锋精神在新时代的中国到底该何去何从？
　　http://t.cn/zOtu7ZF
　　3月6日 16:45　来自微访谈 - 谈"雷锋陈"的创作...　　转发(1)　收藏　评论(2)

　　陈光标V：我觉得雷锋精神在当今社会呼唤人与人之间的真情，呼唤助人为乐的背景下，弘扬雷锋精神意义非常深远，自从我知道雷锋后，他一直是我的偶像，我喜欢说两句话：学习雷锋好榜样、忠于人民、忠于党；另一句就是接过雷锋的枪。
　　3月6日 16:50　来自微访谈 - 谈"雷锋陈"的创作...　　转发(20)　收藏　评论(27)

2012年3月6日16：56

陈光标：我在微访谈"谈'雷锋陈'的创作之路"中回答了网友@戴瑞的提问，http：//t.cn/zOtF3Av

戴瑞 Ⅴ 向@陈光标 提问：雷锋已经是作秀的符号，大部分事件经不起推敲，陈先生如此做秀取宠，目的何在？是出于娱乐目的还是攀延附势？
http://t.cn/zOtu7ZF

3月6日 16:54 来自微访谈 - 谈"雷锋陈"的创作...　　　转发 | 收藏 | 评论(4)

陈光标Ⅴ： 朋友，如果你想做一个成功的人，不要有这种想法。

3月6日 16:56 来自微访谈 - 谈"雷锋陈"的创作...　　　转发(37) | 收藏 | 评论(84)

2012年3月6日17：14

陈光标：我在微访谈"谈'雷锋陈'的创作之路"中回答了网友@刘一刀_27的提问，http：//t.cn/zOts55q

刘一刀_27：我在微访谈向 @陈光标 提问：您的高调慈善行为与雷锋低调奉献背道而驰，如此高调的背后引人怀疑？ http://t.cn/zOtu7ZF

3月6日 17:05 来自微访谈 - 谈"雷锋陈"的创作...　　　转发(1) | 收藏 | 评论(2)

陈光标Ⅴ： 做人难做好人更难。做高调的好人更是难上加难，不被一些人理解是我一个痛苦，最大的痛苦是我个人的财力很有限，能够帮助的人也有限，当我看着一些向我求助的人，带着失望情绪离开时，是我最痛苦的时候，那时我真的希望自己能够拥有更多的财富，帮助更多的人。

3月6日 17:14 来自微访谈 - 谈"雷锋陈"的创作...　　　转发(21) | 收藏 | 评论(39)

华广乒协人–立：

标叔我支持你！每个人对事物的看法不同，相信尊敬您支持您的人更多，那些说您在做秀的人，叫他们有本事也拿那么多钱去"做秀"看看。（3月6日17：03）

老羊哥哥：

是的，个人的精力与财力毕竟有限，只有让这面旗帜永远挺立，才能召唤越来越多的后来人，向战士一样冲锋，在公益的道路上。

吐鲁番葡萄房助学基金：

希望更多的人高调做慈善，绝不怀疑其真心，希望标哥知名度越来越高，赚越来越多的钱，帮助更多的人。（3月6日17：22）

西风向南_：

不管高调低调，能帮别人，为他的，都是好样的.有能力帮人也是你的本事。高调也很好，能影响更多人加入你的行列。标哥好样的！（3月6日17：32）

空间无密码：

希望你的行为能感动更多的富人伸出温暖的手，让爱洒满人间，所有的中国人都会记住你的功绩！（3月6日17：40）

2012年3月6日18：27

陈光标：我在微访谈"谈'雷锋陈'的创作之路"中回答了网友@灏嗣的提问，http：//t.cn/zOcvkeL

灏嗣 ✦：向@陈光标 提问：我想请问一下标叔，你说你学"雷芬"，做好事，你学他高调还是~~我不明白你的用意，我知道你做善事，富则兼济天下，身边好多这样的人，默默无闻，也都被发现，唯独你，没做一件好似都写在记事本，不是，都在招揽很多媒体，感觉好不舒服 http://t.cn/zOtu7ZF

3月6日 18:19 来自微访谈 - 谈"雷锋陈"的创作...   转发 | 收藏 | 评论(1)

陈光标 ▼：没什么不舒服，舒服一点吧，嘿嘿。雷锋做好事自己写日记，因为我特别忙，我做好事只有让媒体朋友帮我写。你看，网上一点"陈光标做好事"那么多。谢谢媒体朋友们！也送四个字给你们，宣传陈光标理念功德无量，等于你们也在做大慈善，积功德。

本期嘉宾

落日余情：

做了好事就得宣传，以带领更多的人投入到慈善中去。就比如商家做广告让你去看商品是一个效应，只是后者一般都不介意，因为他没有失去什么。但是，前者的话，投入到慈善中去，就代表你要舍弃一些什么，而这些不是每个人都能做到的！（3月6日21：02）

Princess宁儿：

一个人做秀，若能让那真正需要帮助的人们得到帮助，那么我愿为这场秀捧个人场。换个说法，他如今所做之事于我未尝做得到，也未尝愿做！单从这看，不管他秀与不秀，写不写日记，扮不扮山寨雷锋，都无妨。只他做了向善的事情，他便是高大的，须仰视才见，向雷锋同志学习。（3月6日21：35）

小贤哥GG：

这就是榜样，像这样的好事就是要宣传。宣传有什么不好，真真正正那钱出来实实在在帮助了有需要帮助的人，那才是硬道理。不管黑猫还是白猫抓到老鼠的就是好猫。（3月7日10：02）

令胡葱：

支持一下！雷锋做好事从不留姓名，只是都写在了日记本上！标哥做好事都留名，那是为了让更多人把慈善写进心里！

居士————冷眼观色：

光标兄做慈事尽管高调但从不做假，他这种境界、精神、善举真值得我们学习。望中国在不久将来会出现许许多多陈光标！

香蕉大侠W：

支持标哥高调慈善，时代不同了，新时代的慈善就应该公开化，这样才能透明化，以前的做好事不留名在现在不一定是好事。雷锋精神应该永远发扬，但雷锋方式可以在新时代有新表现形式。支持标哥！

小楼一夜听蛙语：

标哥干的实实在在的，救助了万人，我们为什么不能表扬？这样的人更值得我们宣扬和学习。批评的人先问问自己，你们为社会捐助了多少钱？

凤凰宝贝儿：

陈总是想号召有能力有爱心的一起加入慈善"至于留名不留名只是做好事的方式不同而已"，只要做了就好，"社会需要好人"。

水之澜1991：

第一次看到你的这种学雷锋的方式是我在学校报刊室里阅读

《人民日报》时读到的。虽然你的方式和"雷锋"的不同，可是我觉得在当今这个社会，做好事的方法要紧跟着时代的发展而发展了。不管他人的非议，你能朝着自己心中所想而去做，这就是勇气。同时，我永远的支持你。

我的"口号式治理"思维

陈光标的"口号式治理"思维

2012-02-12 02:48:17 来源:长江商报 【大 中 小】评论　　□ 收藏到 ⊕ ⊕ ⊠

长江商报消息 "中国首善"陈光标常有惊人之举，最近又惊人了一回，他在参加江苏省"两会"的小组讨论时说，他的江苏省"两会"提案也将是他旁听今年全国两会的建议，内容就是建议人民币改版，在人民币上印上《道德经》、《弟子规》、《论语》等名篇名言，以弘扬传统文化，一时掀起轩然大波。

很多人对陈光标的提案不解、不赞成，甚至挖苦讽刺，说他是在开玩笑，不像是正儿八经做提案，说他是不甘寂寞，一有机会就博出位。总之，在网上，批评他的声音远多过支持。看来，陈光标的提案已经引来了一地鸡毛。

但说实话，陈光标的建议也算是"有理有据"的：一是学习借鉴国外一些做法；二是在票面上印制一些宣传爱国精神、社会和谐、责任意识、环保意识等积极意义的标语、口号，能够起到耳濡目染的作用；三是他做过实验，在人民币上印这些名言，不会拥挤，完全排得下去。

陈光标的建议所依托的"理据"不能说没有道理，国外确实有此类做法，比如西班牙旧版的2000元钞票上，正面就是诗人希梅内斯的头像，反面还印出了他诗句的手稿，美元上也印有"In God We Trust"（我们信奉上帝）的字样。人民币首先固然是一种货币，从它的收藏功能来看，它也应该像邮票是一种艺术品，可印人物、风景、诗文、字画等等。

陈光标的建议也算合规。2000年5月1日起施行的《中华人民共和国人民币管理条例》第七条规定，新版人民币由中国人民银行组织设计，报国务院批准。第十九条规定，纪念币的主题、面额、图案、材质、式样、规格、发行数量、发行时间等由中国人民银行确定；但是，纪念币的主题涉及重大政治、历史题材的，应当报国务院批准。

从这两条规定可以看出，无论是人民币还是纪念币，都由中国人民银行来确定，但要报国务院批准，而且从规定来看，人民币的主题应该可以包括十分宽泛的内容，除了涉及重大政治、历史题材的要格外慎重，对一般题材并没有额外的强调和严格的要求。因此，像陈光标的提议，宣传爱国精神、社会和谐、责任意识、环保意识等积极意义的标语、口号，印制到人民币上，不但不违规，而且，人民币应印成什么样子，需要什么样的题材，从程序上说，公众应该是有建议权的。

就算如陈光标一家之言，在人民币上印上《道德经》、《弟子规》、《论语》等名篇名言，当人民币除了具有货币的交换功能，还具有社会"教化"功能，也算是多功能币种了。当人民币成为世界结算货币时，岂不是也在向世界输出"文化"？

至于人民币印上了标语、口号，能不能够起到陈光标所说的作用，就另当别论了。我所能想到的是，人们知晓之后行不行动，那很难说，人民币上就是印上"君子爱财，取之有道"的古训，也仍然会有人心存侥幸偷钱受贿。不过，值得一提的是，人民币可以说是最大的广告平台，其广而告知的功效很大。陈光标期盼人民币印上标语、口号，就是想以人民币的无所不覆盖，来实现标语、口号的无所不覆盖，以其标语、口号"触及人层"，于世有改观。但情况会不会如陈光标所愿呢？

2012年2月13日20：02

陈光标：各位网友朋友大家晚上好，长江商报一篇题为《陈光标的"口号式治理"思维》文章评价的比较客观，在此与网友朋友们分享。http：//t.cn/zOAXVZG

FelixChina：

不论怎样，结果就是你帮助了很多需要帮助的人。支持你。（2月13日20：05）

隐忍的忧伤：

陈总，你所做的任何事情我觉得很好，没有必要去理会别人怎么说。（2月13日20：21）

美乐谱：

标哥，继续努力你的事业，我们有你更精彩。（2月14日09：18）

汪学之：

顶！陈总我从内心佩服您，做好事需要勇气，过年我回老家想帮老家建座桥，阻力大啊，看看七十岁的老奶奶冬天过河心疼啊，做好事需要动力和魄力，我永远支持您！（2月14日10：12）

新疆阿里木：

你是个好人。我理解你，我支持你。需要我参与活动的话，给我打电话。贵州毕节的阿里木。（2月14日10：17）

拙心：

陈先生之大作用在于在朴素精神迷失的年代，用最大的行动标语提醒人们，物质的充裕不能真正解决社会问题，唯有人心向善，社会才能和谐，才能找准方向，这个方向应该是真理的方向，活着的方向。（2月25日10：06）

追求美好生活与贪得无厌

2012年2月7日17：20

陈光标：分享图片

> 水上潭之笑行天下：@陈光标 标哥：你认为追求美好生活与贪得无厌的界限是什么？
> 还有怎样才算是一个有财有德的人。(50分钟前)
>
> 删除　回复

我刚看到这位网友朋友向我提出了两个问题，我认为这两个问题问的很好，我的回答如下：

追求美好生活与贪得无厌的界限是什么？ 大到一个国家一个民族，小到一个家庭一个人，如果没有理想和追求，就丧失了不断发展的内在动力。所以，人类追求生活更富裕，更舒适，更美好，是一种本性，有利于社会进步。然而，如果对欲望没有节制，贪得无厌，那么，这种人对世界，对国家，对邻里，对自己，都是灾难的。 追求美好生活和贪得无厌的边界线在哪里呢？如何掌握度呢？我认真思考后，觉得有以下几个标准。 首先，人们追求生活水平的不断改善，生活质量的不断提高，但是也要懂得节约不浪费，奢侈浪费、没有节制的生活，不是追求美好的生活，而是丑恶腐败的陋习。 其次，你在追求自己物质财富和美好生活的时候，不能损害他人的利益，更不能对他人进行剥夺。因为你有生存和发展权，别人也有，如果忘记这一点，就没有度了，出位了，最终也将出局。 第三，一个国家，一个社会，不能只为自己这一代人的物质生活水平提高而耗费子孙后代的资源和环境，这对下一代是不公平的，当我们把石油，煤炭，森林，淡水等资源消耗殆尽，把环境严重污染破坏时，他们会骂我们贪得无厌的。 第四，一个追求美好社会的人，应该懂得周边社会环境非常重要，社会稳定和谐是美好生活的前提，所以自己生活富裕了，要不忘做公益慈善，给身边贫困家庭更多帮助，这才是有财有德的人。

阳光愚子：

这样的回答，的确让人很欣慰。你的慈善，我很支持。不管是炒还是实，最起码你是拿真的人民币去给贫困的家庭。比起那些整天喊着去慈善的名人，要好得多。（2月7日17：27）

麦芽糖－－－－－：

标哥说的好。追求美好生活和贪得无厌的区别，关键就在德这个字。追求美好生活的人注重自己的品德修养，在满足自身需求的同时，还要兼顾对他人、子子孙孙以及社会的种种责任。（2月7日17：41）

小盐城：

其实我挺喜欢你为人处世的方式的，你是我们江苏苏商的杰出代表！（2月7日18：41）

大别斯基：

光标哥果然是有家国情怀的好男儿！（2月7日20：21）

白河336699：

给力！这就是做人的标准，更是中国人做人的标准。如果每一个中国人都这样做了，那么我们的祖国一定会是一个无比强大、无比骄傲、无比自豪的国家，会让所有的外国人刮目相看。（2月8日16：34）

欧亚散人：

经过数十年的风雨，没有改变童年时的心灵！（2月16日21：15）

古娃–陈佩琦：

人生最大的希望是平安，人生最大的财富是智慧，人生最大的美德是慈悲，人生最大的发心是利众。向您看齐！（2月17日16：08）

zhuyanxin1982：

标哥你彰显了一个中国男人的胸怀，也彰显了一个中国商人该有的社会责任。

激扬义字1001：

赞助困危爱无疆/陈词难以诉衷肠/光风霁月开义举/标榜仁德传善良。

我的个人演唱会

2012年2月24日17：42

　　陈光标：网友朋友们大家好，今天给大家分享一首我唱的歌曲《我的中国心》http：//t.cn/zO4AnOb，不管唱得好不好听，希望给大家带来快乐，接下来我会陆续上传一些我唱的歌曲和参加的部分访谈类节目，并且回答网友提出的关于经济发展、民生、低碳环保和慈善的相关问题，请广大网友朋友们积极参与。

–Only88：

　　中国心，在标哥身上体现的好多。好人一生平安！（2月24日17：49）

Iam_Show：

　　高调慈善，至少是一直在做慈善，你们为什么老是明嘲暗讽的说标哥呢！！都是一群匹夫，自己没做善事，人家做还说人

家！！（2月24日17：57）

洪乐融荣：

唱得很好，非常支持，诚信、传统、慈善、感恩的代表，中国的骄傲！尽管压力很大，但没有退路，也没想过退路，因为我们都已烙上深深的中国印，慈善一定不是陈总一个人的事，希望一首《中国心》，能够唤醒更多的中国人！（2月24日18：02）

2012年2月27日17：28

陈光标：《一路慈善一路歌陈光标个人演唱会》歌曲：朋友
http：//t.cn/zObdxRd

应国企划工作室：

希望有志于慈善的人与您一起高歌，传递慈善火花，大爱的延续。（2月27日18：00）

王者归来20021111：

标哥，支持你，你才是真正的中国爷们。（2月27日18：04）

天之润美业孟祥华：

当人的成功达到一个层次的时候就要不断去回报社会，努力做慈善！钱少了是自己的，多了是大家的，再多了就是人民的，所以叫人民币嘛！支持陈总的慈善事业！我们要将慈善事业一路

进行到底！（2月27日19：34）

我的葡语名字Antonio：

标哥现在低调多了，我支持标哥。标哥做好事值得表扬，过去唯一的缺点就是太高调了，咱中国人讲究的是中庸之道。凡事太高调的人没几个有好下场的，只有中庸、四平八稳的才能长久！（2月28日09：30）

2012年3月27日23：46

陈光标：给辛苦工作一天的朋友们献上一首歌《爱的奉献》http：//t.cn/zOXTKA3，各位晚安，好梦。

pilgrimspin：

标哥，中国需要像你这样的企业家！！感动他人，感动自己，辛苦打拼，回报社会，感动人间，温暖人间！！！（3月27日23：52）

706青年空间：

做实实在在的人，做实实在在的事。敬佩实干型的人。（3

月28日00：00）

爱拼敢赢的小朋友：

唱得很好啊，中国需要您这样子的人，谢谢您。只要人人都献出一点点爱，世界将变成美好的人间。（3月28日00：02）

大梦一场的孔二千先生：

且不说您的歌唱得如何，但您是用行动在诠释这首歌，比那些虚有其表的歌手更棒！标哥，永远支持您！（3月28日00：05）

Ascend沪虎生威–朱晨：

标哥，晚上听了下你歌唱，非常的感慨，自从商业领袖奖采访到你，你就一直是我们的榜样，希望能把慈善一直做下去，让更多的人献出一份份爱心！带动与传播更多的人！（3月28日00：34）

jan798：

听完亲善者陈光标演唱《爱的奉献》，除了感动还是感动。真的假不了。（3月28日01：10）

唐煜坤：

标哥虽是世间凡夫，所做之事阿弥佗佛！愿善行人人为之，愿好人往生净土！（3月28日01：25）

孟桂岚：

祝福你！陈光标！《一路慈善，一路歌》叩开众人的心扉，给这个世界涂抹更多的光亮。（3月28日08：59）

地球村人：

你虽然不如歌唱家的歌声，但我觉得你是用真爱唱出来的，这歌声更令人感动！（3月28日10：42）

scparkwang：

以前是你觉得您太高调了，太招风了，现在想想，如果不这样怎么去影响更多的人。标哥加油！支持您，向您学习！（3月28日11：23）

你曾经爱过我吗2012：

标叔，谢谢你对我们家乡贵州的贡献。你真的是一个谁都比不了的好人。真希望中国所有的有钱人都像你一样，奉献自己的爱心。让贪官都变成你一样，我们的国家就不会出现没有衣服穿没有饭吃的人。他们真的很可怜，虽然我父亲的离去让我的家变得一无所有，我相信我的未来是无比辉煌的，做个有爱心的人。

（3月28日12：45）

2012年4月13日17：10

陈光标："孔和尚"逗大家一乐http：//t.cn/zONBojg

主持人："人类已经无法阻止陈光标了！"继在世界无车日前高调砸了自己大排量的奔驰轿车后，昨晚，陈光标带着3000头猪羊，在贵州毕节政府广场开个人演唱会，并再次承诺捐出个人所有的财富。孔老师，这个陈光标是想要当歌星啦？

孔庆东：陈光标赶着猪羊去唱歌，激起我的唱歌欲望，我也想唱歌。（主持人：您想唱什么？）唱"猪啊羊啊送到哪里去啊，送给咱英勇的八呀路军"。但是陈光标这回不是送给八路军，是送给可爱的贵州人民。那么陈光标的这些举动呢，引起了质疑。但是我们怎么分析？是谁质疑的？我怎么就不质疑呢？石菲也没质疑啊，党中央也没质疑啊，贵州人民没质疑啊，是谁质疑他呀？谁质疑陈光标了？是别人觉得他把规矩坏了。人家别人都贪污腐败——包括我们大家质疑的红十字会，就是郭美美同学所牵扯到的那一大堆人——他们现在自己不干好事，都来质疑陈光标。你质疑陈光标可以啊——我们大家应该监督，每个人都应该在监督之下，陈光标做过什么不合适的事情，那我们要质疑他，犯法我们抓他，但目前没发现陈光标做过什么事情不合适啊。

第一，人家把自己的钱拿出来，用这个钱买东西，不论是捐现钱还是捐实物，反正人家把自己的财产拿出来捐了，这有什么不对吗？这应该肯定吧？这是应该肯定的。

第二，比如就说这一次，他发这个猪和羊，猪和羊怎么就不能发呢！我刚才不是唱歌儿了吗，当年老百姓就是赶着猪羊送给八路军呀。可现在有些人说陈光标"用猪羊来侮辱别人的人格"，那当年我们的劳动人民是用猪羊侮辱八路军吗？显然不是啊。是这些质疑陈光标的人，第一是嫉妒人家；第二是自己干了亏心事儿，不想让自己这个群体里出现一个真正的慈善家，所以才质疑陈光标。捐猪羊，捐牛马，捐拖拉机，有什么不对吗？没什么不对啊。

第三，他们说陈光标有个人目的，你没有个人目的吗？我们凭什么不能允许人家有个人目的呢？比如我做好事，是为了宣传我自己、树立我个人形象，这没什么错误啊。你凭什么要人家非得当天使呢？让人家又得捐钱，完了捐完钱自杀了，你们才高兴，是不是啊？一个人做好事儿他有个人目的，这是应该的，这是正常的，这是题中应有之意啊。我们要监督的是这里边有没有腐败。

……

zero--xia：

支持标哥！希望能出现更多的标哥，社会就更加安定、和谐了！（4月13日17：29）

深呼吸6737：

就像标哥所说的小红旗的故事，能让大家都知道自己在做好事，让其中的50%有做好事的意识，我觉得标哥就很欣慰，就很满足。挺你，陈光标先生！（4月13日17：43）

畅游智慧人生：

我觉得陈总活得很真，率性！你是我们80后年轻人学习的榜样，向你看齐！（4月13日18：06）

笑言时事：

我们提倡创新，无论是什么方面，敢于创新的人最终总会被历史的后人认可的。关于标叔演唱会送牛羊之举算得上是一个慈善事业的创新，这样做很好，如果早知道我就跑去听标叔唱歌了。在此也力挺孔大伯的评价。（4月13日19：02）

十年之后2709119277：

不管别人怎么看标哥的善举，我觉得说是非的人没资格说任何话，我只希望所有人能像标哥这样去行善，高调也好、低调也好，因为都在行善。（4月14日19：32）

虎落平阳爽：

总有一些人不干正事，还要对别人做好事评头论足的。光标做得对，支持你永远这样干下去。应将标兵的光辉陈列到他应在的殿堂里。全国人民都应该学习他呀！（4月14日21：05）

在北京发放自行车

2012年3月1日17：54

　　陈光标：网友朋友们大家好！和大家分享一下关于今天在北京月坛体育场免费发放2000辆自行车的视频。http：//t.cn/zOq02Yg

沂蒙阿龙：

　　希望所有的企业家都向标哥学习，做慈善做的这样让人心里踏实，祝福标哥事业收入更上一层楼，有更多的钱来做慈善。

（3月1日17：59）

乌镇旅游－住宿－会展：

　　关注环保、绿色出行；环保从每个人做起，从身边的小事做起；支持标哥、支持低碳，来保护我们共同赖以生存的家园。

（3月1日18：02）

早晨天：

关注环保，绿色出行！多骑车，少开车！陈光标先生的创新慈善行为，会带来环境保护效应。（3月1日18：54）

旁观者说该说想说能说的话：

此次活动不错，是光标做慈善以来策划最为成功的一次，这比请乡亲们吃顿年夜饭强百倍。以此为起点，会越来越好。期待着……（3月1日18：56）

Zwittpa：

陈光标，当大多数人不够理解你时，你更要坚持下去，第一人只有一个，就是你。（3月1日19：55）

爵迹小时代：

标哥威武，绝对支持标哥你。虽然您做慈善高调了点，但是送出去的都是真银真金，实实在在帮需要帮助的人！（3月1日20：30）

瑜微笑待人生：

我爸妈也很佩服你的！说你是很博爱的人，希望将来我也能像你一样。（3月1日20：36）

朱晓磊律师：

不论形式上是高调还是低调，慈善本身才是内核，支持标哥、学习标哥！（3月1日21：44）

苏州Arvin：

觉得陈先生这次是用另一种方式去践行和谐中国的新方向新力量。佩服你，支持你！（3月1日22：07）

雪晴先生：

标哥，是当今社会最可爱的人！我一直把您比作活菩萨在世！功德无量！永享福报！（3月1日23：12）

魔天南：

当你看到的人是天使，那么你就是在天堂，当你见到的人是

魔鬼那么你就是在地狱。标哥，我觉得我是生活在天堂的人。支持你（现在只能精神上）！找会努力！（3月2日02：12）

牡丹魂Maggie：

光标在我们眼中你是那样的完美，你为社会做出了巨大贡献，我们支持你，欣赏你，我们是你的老粉丝。（3月2日07：22）

念之风景_w3d：

有些人总爱评论，有本事你自己也像人家一样实实在在做点好事啊。中国就是光说不做的人太多了，像陈光标学习，只有动手去做了，才是真的善事。（3月2日13：03）

笨笨的吃货：

标哥，我觉得你做的没什么不对的，虽然有些人对你的慈善行为表示怀疑，但我觉得舍得拿出钱的人就是好样的，那些说闲话的大可拿钱出来看看，我敬佩你，历史会记住你的。（3月6日16：27）

我拍微电影

2012年4月18日13：39

陈光标：标哥出品的公益微电影与大家分享一下。《环卫工》http：//t.cn/zOOMtcy

介绍几句：

樊小平：

绝对分享！高调慈善我支持！总比那些不慈善还叨叨的人好多了吧！（4月18日13：40）

仪表端庄：

电视里只要有陈光标的镜头，我都会看到结束，很喜欢他的做事。看过这个小电影，我会从我做起，同时也教育我的家人和儿子，影响我周围人的，一起做起！（4月18日13：44）

名车驿站2012：

标哥永远是我生活中的一面镜子，我永远的榜样！（4月18日13：47）

Fancy阿曼达：

很好，晓之以情，很温馨，期待更多，环卫工人也该多配一些劳动手套，关爱的不仅仅是环卫工人，应该还有自己的良心。（4月18日13：48）

活力的Samol：

标哥，你是永远的强人，支持你！（4月18日14：31）

阳羡_杨巷_郁：

标哥，我已你为江苏人为荣！做人做得坦荡。做好事不容易啊！（4月18日19：36）

2012年4月18日14：40

陈光标：标哥出品的公益微电影与大家分享一下。《饭》http：//t.cn/zO06WzV

介绍几句：

蜀南竹海竹荪：

标哥，是我心中的榜样！一定要努力，力所能及地回馈社会。（4月18日14：47）

田野的风6：

标哥，好样的，中国人的脊梁。（4月18日15：58）

太阳的洗礼：

拍到心窝里了。（4月18日17：16）

草包康：

支持陈光标，不为别的，只因为我们都呼吁社会良知！（4月18日18：07）

斗夫翁：

谢谢标哥告诉我们这样一个重要的道理！中国有你这样的人

物真伟大！为你加油！（4月18日18：32）

香草冰淇琳琳：

陈老师看了您的访问，很感动！请坚定高调行善的步伐！永远支持你！（4月18日18：51）

时尚女人更美丽：

希望能成为微博的"光标"——指向标（4月18日19：22）

鲍亮13576408016：

标哥！伟大的爱，世界上唯一能够与你荣辱与共的就那两个人。祝全天下的父母身体健康，开开心心，快快乐乐。（4月19日09：59）

无情lf：

标哥，越来越觉得中国只有你算是一个伸张正义、顶天立地的中国男人！我敬仰您！永远支持您！（4月19日23：24）

"千人宴" 不摆了

2012年1月4日20：04

陈光标：关于取消五省贫困县千人年夜饭活动的说明

关于取消五省贫困县千人年夜饭活动的说明
陈光标

大家好！为了继续慈善事业的步伐，我本打算元月中旬在云南、贵州、四川、新疆、甘肃5省区贫困县举行请5000名老百姓吃年夜饭、发年货的活动。早在一两个月前我就开始筹备这个活动了，期间，我亲自带人走访、调研了5个省区近10个贫困县，包括：云南怒江和麻栗坡，贵州紫云和都匀，四川凉山和阿坝州，甘肃舟曲，新疆木垒县、阿勒泰，各地政府都表示支持和欢迎。

但是，最近又得到了多个贫困县政府反馈：希望将这次活动取消或者改期，主要原因是：

1、元月正值各地政府对全年工作总结之时，工作繁忙，压力较大。

2、每个贫困县安排100桌宴席，没有室内场地可供选择，只能在室外广场进行，但是元月中旬很多地方气温太低还伴有雨雪，百姓组织难，出行难，很难操作。

3、时值春节前，举办上千人聚会，要确保食品安全和人员安全的万无一失，对贫困地区也是很大的考验。各地正赶上乡镇县领导换届及两会代表选举。他们希望能够推迟或以其他方式进行扶贫捐助。

介于以上原因，我考虑再三，决定暂时取消这次千人年夜饭的活动。本想通过这样一种全新的慈善方式来推动中国的慈善事业的发展，但由于客观因素无法继续，我个人觉得非常遗憾，不过请大家放心，我不会停下慈善的脚步，一定会继续努力用更加创新的方式将慈善进行到底！也希望大家一如既往地支持陈光标，支持中国慈善事业的发展！在这里也向各位支持我的朋友们表示衷心的感谢和新年的慰问，祝大家龙年大吉，万事如意！

2012 年 1 月 4 日

【网友评论】

V山姆大叔：

支持你，阿标，不管怎么说，你是在真刀真枪的干实事，有时候扯开嗓子喊两句也未尝不可。不过把慈善真正送到需要的人手里也真不是一件容易的事，向你致敬，别听那些"蝲蝲蛄"叫唤！（1月4日20：10）

蓝钻心灵1：

陈总，永远支持您。虽然我现在没有那么大的实力去做太多的慈善，但是我会永远记得一句话，勿以善小而不为，从身边的小事情做起。（1月4日20：20）

旭升1985：

陈总，你就像一条鲶鱼，发挥着鲶鱼效应，搅动着中国的慈善事业。你用各种慈善方式吸引人们的眼球，同时令人们深思该不该做慈善、该用何种方式做慈善。支持你。（1月4日20：22）

危警之：

标哥，我强力支持你，只要做事对得起自己的良心，别管别人怎么说，你做了很多我想做但目前做不了的事，向标哥敬礼！看看你再想想自己就会发觉怎能不敬佩你。（1月4日20：34）

落网之虫：

慈善就要高调做，不然怎么会有更多的人知道？不然怎么会带动更多的人做慈善？说您沽名钓誉让他们说去，人生在世，争议总是不断，不愿遗臭万年，定要流芳百世！（1月4日22：41）

姚鹿jason：

支持标哥没话说！虽然本人收入低微，但是在标哥的带动下，现在也走在了慈善的道路上。我想慈善不在忽资金多少，毕竟本人没有标哥的实力，只要用心去帮助那些需要被帮助的人就可以啦。（1月5日02：10）

lcsing_牧公：

标可挺能想的，并且落实上不含糊。挺你！希望你带动一大批、又一大批的人士加入。确实有一个观点很好，慈善不仅仅是捐钱捐物，更重要的一种态度，人人都有慈善的态度，那么，社会就会形成良好的慈善文化。（1月6日11：21）

一屉–包子：

陈先生，您好！第一次关注您的微博，从各类媒体上读到您是位争议不断的慈善家。我想说，支持您这样掏真金白银出来做慈善的企业家，愿一切都好。（1月9日11：54）

守望麦田者007：

从标哥的说明看出他的无奈。标哥大可以给每家每户发点钱，发年货。但是他请客吃饭，为的就是让这些生活在低下层的善良的人们能感受到温暖和关爱。支持标哥！（1月29日15：54）

第三十九次献血

2012年3月27日23：03

陈光标：今天是我献血二十周年的日子，每年两次，今天是第三十九次了，我认为献血不仅是帮助他人，更重要的是非常有利于身体健康。

可乐人03：

学习了，高调慈善达人！（3月27日23：05）

围脖儿茶餐厅：

我决定献血去，也为社会做点贡献，向陈总学习。（3月27日23：10）

逐阳一啊翔：

为好人撑腰！你就是好人！（3月27日23：12）

清风托起白云飘-飘-飘：

捐钱捐血献爱心，浮躁社会你为傲。大爱无疆陈光标。（3月27日23：15）

魏杰--：

无偿献血，无上光荣。我

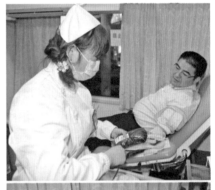
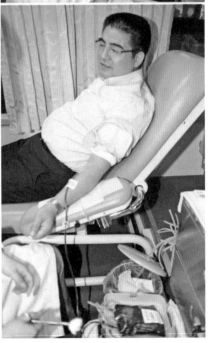

打算每到一个城市就在那里献血
一次。最终印出个"中国红"。
（3月27日23：15）

暴风雨中的舞者：

支持！标哥对慈善的身体力
行是我们这个社会值得弘扬的一
种无私伟大的精神力量。（3月
27日23：18）

刘绮姗ajia：

好的榜样就应该宣传，这样
也可以带动更多的人。善良就该
让人知道，因为它是温暖的也是
光荣的，这种温暖也可以和大家
分享。（3月27日23：18）

讷而敏微博：

很敬重你，很佩服你，你是
我在课堂上为学生树立的榜样。
（3月27日23：22）

我想要的名字都被注册掉了：

坚持20年，佩服！献血献物
献钱，伟大！（3月28日00：54）

张燕航：

不管外面怎么评论，我认为
在中国不为生活压力捐血的，标
哥应该是次数最多的人。（3月
28日10：46）

献血对身体的五大好处

大量科学研究证明献血有益健康。

一，可预防、缓解高粘血症

科学家们运用血液流变学与血液动力学对血液与献血
的关系作了研究，发现坚持长期适量献血，特别是单献红细
胞和血小板等有形成分，可使血液粘稠度明显降低，加快血
液流速，脑血流量提高，从而达到缓解或预防高粘血症，使
人感到身体轻松、头脑清醒、精力充沛。

二，可预防、降低心脑血管病的发生

青岛一位专家曾对127名多次献血者、87例高血压者、
60力学血性中风者进行血液流变学的对照研究，结果表明，
献血者对减少心脑血管病的发生具有积极的作用：芬兰一研
究小组对278名42~60岁的男性进行调查，其中献过血的人
5年后患冠心病的比例比未献过血的少86%。另一组研究，
对献血1~2次的1532人进行追踪观察，结果仅一人发生急
性心肌梗塞，发生率为0.043%，同期为献血的2306人中，
有226人发生急性心肌梗塞，发生率为9.8%，明显高于献血
组：美国一心血管研究小组的研究已表明，在3年中，献
血者（男性）患心血管病的危险仅为未献血者的1/2。

三，男子献血可减少癌症的发生率

体内铁元素含量过低容易患缺铁性贫血及行动迟缓，过
高则适得其反。《国际癌症》曾报道，体内的铁含量超过正
常值的10%，罹患癌症的机率就会提高，适量献血可以预防
癌症。该文还提到，女性因月经周期损失了一定量的铁
制，故未发现女性的铁含量与癌症发生有明显关系。

四，可促进、改善心理健康

大量研究表明，健康的情绪可通过神经、体液、内分泌
系统沟通大脑及其他组织与器官，使其处于良好的状态，有
益于人体免疫力的增强、抵抗力的提高。而献血是救人一命
的高尚品行，在助人为乐、与人为善的同时，也使自己的精
神得到净化，心灵得到慰藉，工作与生活更加充实。做好事
者以德施善，实际上在帮助别怒呢同时也帮助了自己，这是
健康长寿的重要要素。

五，可延年益寿

国外也曾有学者对66岁以上的332人(献血者)与同年
龄、性别的399人(未献血者)作前瞻性对照研究，结果显示：

献血组平均寿命为70.1岁，高于未献血组的平均67.5
岁；

献血组的存活率为67%，高于未献血组的40%；

献血组的死亡率为33%，高于为献血组的60%。

发起"千个雷锋在行动"活动

2012年3月28日18：09

陈光标："千个雷锋在行动"活动报名地址：http：//t.cn/ zOXkrEq

网友朋友们大家好，标哥准备 4 月 1 日在南京发起一次 "千个雷锋在行动"的活动，有人说："三月学雷锋，四月去无踪"，在这春意盎然的四月，让我们大家都来参加此次千人学雷锋义务献血和植树活动。来参加的每一位义务献血者，都将穿上标哥免费赠送的"雷锋套装"参加活动，"雷锋套装"将留为纪念。自愿参加的网友可登陆陈光标人民网微博参与报名，报名截止日期为 3 月 30 日 22:00 时。

新疆一网情深：

标哥，你就是我最敬佩的一个纯老爷们。（3月28日18：13）

潘晓建：

感恩！人有善愿，天必佑之！这今天正发愁从那儿弄一套雷锋服穿呢？这不？陈总送了！（3月28日18：43）

晴空万里22：

标哥顶你支持你！做事但求问心无愧，不必在乎别人的闲言碎语！（3月28日18：43）

高世荣导师：

坚信在你这个活光标的带动下，将会有万个活雷锋出现啊！（3月28日20：18）

mizian：

有知识没文化真可怕。看仔细了，标哥的出发点是什么？是用一种幽默活泼的方式唤醒大家的爱心！有勇气坚持不懈以身作则站出来去呼吁，即使是做秀，又怎么样呢？不做秀达不到目的。不做秀能跟上这个时代么？（3月28日22：01）

汉白玉石玉石：

中国需要千百万个光标在行动！光标敢高调出场做公益和慈善活动——说明他心底无私天地宽。向他致敬！（3月28日22：29）

2012年3月29日14：21

陈光标："千个雷锋在行动"

网友朋友们好，关于标哥倡导的"千个雷锋在行动"活动，首先感谢本公司员工和广大网友朋友们的积极参与，感谢人民网、新华网、凤凰网、搜狐网、中国广播网、新民网、正北方网、民主与法治网、东莞时间网、星岛环球网、军转网、博才网、强国论坛、百度贴吧、杭州 19 楼论坛等对本活动的支持，目前已有近300人报名参加。今年年底标哥为回报微博粉丝，将会奖励价值 200 万元奖品，参加本次活动的朋友们将作为优先评选对象，对于外地前来参加本次活动的困难户朋友，凭当地社区居委会或村政府提供的相关证明和车票为准，可报销回程车旅费。

丹麦乡村：

很喜欢你做慈善的风格，光明磊落。很多人只知道批评，自己却做不了什么。（3月29日14：31）

潘晓建：

感恩陈总！感恩贵公司的所有员工！此项活动背后，可想陈总为之付出多少心血，以及贵公司多少人为之付出！我华夏炎黄子孙的良心将与天地同在！与日月同辉！光明世界！（3月29日15：02）

胡杨九千年：

标弟捐出的人民币是真的，标弟做善事是真的，至于做事的形式，可以忽略不计了。精神可嘉啊！（3月29日15：05）

小强的精神2011：

标哥必定会被历史记载，但愿天朝多一点像标哥这样的人为官，再接再厉。（3月29日15：15）

庸俗的汤姆：

标，支持你的善举，希望你内心可以感受到行善的报偿，另外你雷锋的影像很帅。（3月29日18：17）

菜菜卷-：

你是一个善良的富人，富了自己恩泽他人。（3月29日21：16）

2012年3月29日22：23

陈光标致谢信

标哥致谢信

　　尊敬的各位网友，我发出倡议组织 1000 人，于 4 月 1 日这一天在南京举行"学雷锋义务献血和植树活动"后，得到广大网友的热烈回应。短短 24 小时，就有 1000 多人报名。你们的行为让我感动，我在这里真诚地说声：谢谢您，中国好人！你们是中国的脊梁，是这个时代需要的雷锋！由于我此次只做了千人在南京参加活动的准备，所以现在只能怀着深深的歉意宣布：报名到此截止，请报名的前 1000 名网友来南京参加这次活动。我特别恳请那些外省的朋友，不要从遥远的地方来南京参加这次活动，请你们在当地参加义务献血和植树活动，让爱心在当地传递给更多的人。另外，4 月 1 日这一天我会通过发视频和图片与大家一起献血，一起植树，一起奉献爱心！

别打_小怪兽：

　　你是这群队伍的核心，是队伍的灵魂。（3月29日22：24）

山高人为峰2000：

　　祝活动圆满成功！加油！中华民族的栋梁！（3月29日22：25）

欣桥：

　　支持陈光标组织1000位网友"学雷锋义务献血和植树活动"，并再次呼吁党员干部行动起来。（3月29日22：28）

金诚杨武：

　　您的一言一行感动天下所有好心人！您就是当代活雷锋！我们年青人的榜样！（3月29日22：29）

坚决反对转基因：

　　标哥才是真正的中国脊梁！（3月29日22：49）

一笑一世界xs：

标哥做好事以身作则，不玩虚的，难得还有这样的绝种好人！（3月29日22：54）

CHUEN-LAW：

中国需要更多的标哥！好人一生平安！标哥！你是我们海外留学生一致的偶像！榜样力量无穷大！（3月29日23：56）

天利针车整烫设备：

标哥，好样的，中国最美的人，中国人的骄傲。（3月30日01：23）

苏鲁江山：

心有灵犀，我和标哥想的一样，在异地献血，植树也一样，学雷锋不是走形势，赶庙会，快快行动，大家同参与，共建合谐社会。标杆！（3月30日09：39）

2012年3月30日18：39

人民网《陈光标通过人民微博召集网友学雷锋 上千人参与》http：//t.cn/zOa3hQV

狂啷：

善举应该得到大家的肯定、赞许和支持。（3月30日22：31）

惭愧渺小的我：

外在的荣誉有无并不重要，重要是拥有一颗纯洁善良的心。标哥，相信您一定能将慈善事业越做越好，利他事业越做越广！有时人生中或许少一些外在的荣誉，也是对我们心的一种考验，从而也能更加鞭策自己。永远支持您！"人在做，天在看！"（3月30日23：18）

追风的NR：

标哥，支持你，这社会能拿出真金白银帮助别人的并不多，你的实际行动让我们感动，希望以后有能力像你一样帮助需要帮助的人！（3月30日23：30）

2012年4月1日15：52

　　陈光标：我和我父母亲向今天参加"千个雷锋在行动"的行动者，和全国的爱心朋友们表示敬意，祝大家身体健康万事如意！同时希望更多的人做好事，长好心，当好人，有好报，前人栽树，后人乘凉，保护环境，爱护地球。下面还将陆续发很多活动的照片和视频与大家分享。

秀木成林世界：

　　做好事，长好心，当好人，有好报，前人栽树，后人乘凉，保护环境，爱护地球。谢谢标哥！！（4月4日19：31）

2012年4月1日16：50

　　陈光标："千个雷锋在行动"

和父母亲一起学雷锋

今天来了近1500名雷锋志愿者

献血光荣

今天每一个人都是雷锋

先检查后献血

"雷锋"在献血

参加服务的天使们

献血光荣自己、帮助别人。

千个雷锋在行动

"雷锋"在植树

我爸妈也是"雷锋"

老"雷锋"大力支持小"雷锋"

来自各地的粉丝朋友们

做中国好人！

魅力阜阳春日暖：

我认为无论怎么做，只有做善事就应该支持，这个社会就应该高调做善事，宣传支持做善事，而不是不敢做善事。（4月1日 01：03）

暴风雨--龙：

喜欢雷锋，喜欢雷锋精神！我的同学都喜欢。（4月3日 17：39）

雨蝶满池：

看您的微博，总有种莫名的感动！（4月3日19：20）

2012年4月1日20：08

陈光标："千个雷锋在行动"视频与网友朋友们分享。http：//t.cn/zOSuBQH

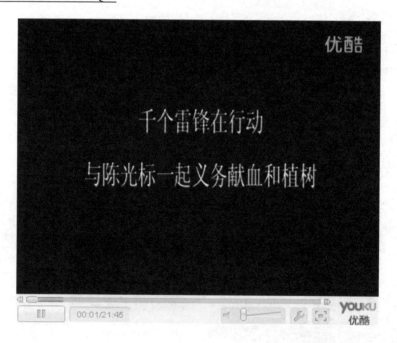

枫叶微语：

创意如同名字——光标。光——信息的载体或传播媒质；标——标榜、标兵。（4月3日15：03）

苏菲她妈索：

必须赞美。有能力的人都做些善事，那些可怜的人、无助的人，就有些希望！小陈加油！（4月4日21：16）

南通二手电脑回收：

热血沸腾，也想去参加你们的活动！（4月4日21：22）

地球村人：

千万个雷锋在行动，这是时代的呼唤！（4月4日21：24）

21世纪信宜-施：

陈总所做的事恰恰是现在社会上最需要的！环保和血荒应该引起高度的关注啦。高调就是为了使全社会重视起来！对于标哥所倡导的这种精神，只有三个字，做得好！（4月4日21：27）

眺望的OCEAN：

好！学雷锋必须像标哥一样造成社会效应才行！轰轰烈烈！（4月4日21：47）

古月轩斋：

学习雷锋做好事、做善事无可非议。每一个正常善良的人都应该做的，不一定刻意去炫耀和宣传。现在的富人好多但向陈光标先生这样的人却很少。建议国家有关部门将陈先生好好提拔重用，树为典范。现在的问题不是他应该怎么做，而是应该给他一个很好的位置，发挥它的作用，为全社会服务，为人类造福。（4月5日07：27）

茶韵清香50：

社会需要雷锋式的人物，大多数的人是善良的，很愿意帮助别人。不管陈光标是做秀的成份多，还是诚心。我都举双手支持！政府也应该给他更多的绿色通道，让他有资本，有时间，有实力地学雷锋。（4月5日10：04）

2012年4月1日22：15

陈光标：关于误传我担任中华儒商总会名誉主席的声明

各位网友大家好，今天我一直在忙于"千个雷锋在行动"，非常感谢来自全国各地的朋友积极参与义务献血和植树活动。今晚我看到一篇文章说，"中华儒商总会"涉嫌非法经营和诈捐。一些别有用心的媒体，用大标题说我是该商会名誉主席。在此我郑重声明，首先，我从未去过所谓"中华儒商总会"，该商会领导是谁，我更是一无所知。其次，我跟所谓"中华儒商总会"更没有一分钱来往，或者抽过他们一根烟，喝过他们一口酒，说我是该商会名誉主席，简直是无稽之谈。最后，近年我应邀参加过各种公益慈善社会活动，都是以支持慈善为目的，没有主动担任过什么职务。但我想也不排除有人假借我的名义做危害社会和公益慈善的事。我认为，人在做，天在看，我是问心无愧的。我在此建议，如果此事涉嫌违法，国家应对相关责任人依法严处。

伪与假Janice：

标哥，你做的问心无愧这就对了！挺你！（4月3日15：47）

无锡的abby：

中国应该多点陈光标，中国人太缺乏信仰了。（4月3日20：59）

2012年4月4日21：08

陈光标：4月1日我组织的"千个雷锋在行动"义务献血和植树活动，再次与大家分享活动视频，我想听下网友朋友的意见和建议。

中国左手：

我支持陈总，永久支持民企老板都这么做。（4月4日21：09）

逃往火星2439153027：

现在许多人都是嘴上学雷锋，但不愿意付出行动，雷锋是拿行动说话。支持陈叔！希望成为榜样。（4月4日21：11）

大山里的男子汉：

中国有你更加和谐，生活有你更加温馨！！！（4月4日21：12）

扬名天下178：

标哥！是我的榜样！我也会按这样的雷锋精神去做的！做多大事在人为！（4月4日21：17）

文刀N：

支持一下！有人说你做善事太高调，我不苟同。只要真正为百姓做事，结果是好的，过程也就可以忽略。假如中国的富豪都能像您，何愁农村小孩没桌椅。（4月4日21：21）

lcg松柏先生：

支持。学雷锋就是在全社会倡导雷锋精神，也就是乐于助人的精神。这种精神跨越贫富差距、地域时空、阶层文化。因为它应是而且也应是全人类最值得推崇和尊重的美德。（4月4日21：23）

庞星星--在路上：

力挺标哥！这个社会需要更多标哥这样为慈善公益摇旗呐喊的人。（4月4日21：42）

傅密LLY：

同为泗洪人感到骄傲，现在中国需要这样的人这种慈善来引领大家！以民间带动官方，以直接方式带动慈善制度的出台。（4月4日22：17）

梦圆的世界：

光标：组织这个活动好感动哦，听到学雷锋歌曲，仿佛回到童年。（4月4日23：00）

余洋shang：

你的行为激活了人们的善心！（4月5日00：09）

向阳zz：

你的善举虽褒贬不一，但我很敬佩你！感觉得到你心里有更长远的追求，而不仅限于此。衷心祝福你在有生之年完成你宏伟的夙愿！吾亦追随。（4月5日03：10）

帅哥沈小平的空间：

此项活动举办地很好，很及时也很给力！希望此项活动能够引起更多的"雷锋"重视和觉醒，当然，陈先生永远是新时期"雷锋楷模"第一人！（4月6日19：14）

2012年4月24日12：16

陈光标：网友朋友们大家好，今天南京红十字血液中心领导专程为我送来了荣誉证书和锦旗，感谢我四月一日组织的"千个雷锋在行动"爱心献血与植树活动，推动了无偿献血事业的发展。近一个月来，南京街头献血量比活动前的献血量增加了一倍还多。我认为这是榜样的力量，这样的慈善创新一定会起到很好的示范作用。

泰禾–小田：

好人！好企业！！好企业文化！！！赞！！！！（4月24日12：18）

感谢陈光标先生积极支持红十字会工作，带头献血，并积极组织"千个雷锋在行动"的爱心献血活动，关爱他人，关爱社会。

特颁此状，以资表扬。

南京红十字血液中心
二○一二年四月

关注"黑心"产品

2012年4月16日08：01

陈光标：网友朋友好，请你们看过这个节目，有什么感悟？并能为国家提出什么好的意见？很多药企生产毒胶囊，我昨看了后一夜没有睡，不知道这个毒害了多少人？[视频]小胶囊究竟隐藏什么大秘密？http：//t.cn/zOpBiIa[视频]胶囊背后的隐秘加工链条http：//t.cn/zOpBiIS

耶鲁快乐：

标哥是个有良心的人，支持你！央视一经曝光，相关政府、政府相关部门就去查处，类似食品药品监管局早干嘛了？违规企业的存在也不是一天两天了。所以，要追查监管失职者的责任！（4月16日08：47）

-陈石浩：

所有富人都像陈光标就世界和平了。（4月16日17：11）

雁城老兵：

陈光标兄弟好样的。挺你！先富起来的都像你一样有责任心、同情心，多好啊！（4月16日21：06）

江江犟：

你是好人，真的！虽然网上有人对你有非议，但是希望你坚持下去！当今中国，需要暴力慈善！需要有人站出来！！！只要做好事，方式可以多样化！！（4月17日00：27）

爱娇娇2671878805：

中国现在像你这样的好人大企业家不多了，我们希望中国

能够多一点像你这样的企业家，共同去关注和消灭那些国家的蛀虫，我们支持你。（4月17日02：52）

2012年4月16日08：01

陈光标：[视频]工业明胶变胶囊 加工过程惊人http：//t.cn/zOp8ujM；[视频]报道涉及两家企业已被查封http：//t.cn/zOp86mz；[视频]明胶厂：失火致大量文字材料单据被销毁http：//t.cn/zOpnEmh；[视频]新闻追踪·药用胶囊使用工业明胶http：//t.cn/zOpRnKS；[视频]当地生产药用胶囊企业均已停产http：//t.cn/zOpBiCX

2012年4月16日14：17

陈光标：投诉黑心产品等相关信息，发送邮件到renminzhishang@163.com。

看了很多网友对毒胶囊事件的处理建议，首先，标哥敢负责任地说，毒胶囊的生产一定是这些黑心老板和地方政府某些官员利益捆绑在一起而产生的恶果，对这样的行为必须要坚决打击，绝不手软！这种行为与杀人放火没有任何区别。希望国家对这些黑心老板和他们的帮凶判处死刑，并没收所有家产与非法所得！！！杀鸡给猴看的时代已经过去了，是杀猴给鸡看的时候了。广大媒体在杀猴给鸡看的时候必须要现场视频直播。

那些我们没有发现的黑心药品、食品、化妆品、装饰材料等和人民群众生活息息相关的物品还不知有多少，为此，标哥开通了"人民至上"邮箱：renminzhishang@163.com。大家有黑心产品生产以及与之相关情况的信息，可以发送到这个邮箱，信息一经核实，将给予重奖。

刘俊–Leo：

纯爷们的中国人！喜欢你的直率和坦荡！（4月16日14：19）

yhm09：

光标，你做的好！真正撑起一片天！支持！（4月16日14：33）

潘福球：

支持标哥，在中国现在没有一个人像标哥那样了！！这是我们百姓的福音啊！（4月16日15：19）

渐冻之星：

陈总这一善举民生太感谢了。我们这些底层草民就需要这样的大善和大侠！希望善举常有。（4月16日18：16）

许宝缘：

坚持你！新型慈善！感到你会有无穷的力量，无畏的精神。（4月16日20：34）

阿万茶楼约会吧：

陈总总是一心做中国人的英雄，好人有好报，顶顶顶。（4月17日08：52）

jidazhifeng：

这个靠谱，期待更多企业家社会精英行动起来！期待政府能支持！！（4月17日09：32）

快乐帮主：

强烈支持标哥的正义之举！你是一个好人，上天是公平的，坚信你一定会有好报的！（4月17日10：08）

卢克嗳特蜜：

标哥是慈善界不折不扣的领头羊，里程碑，更是一个不可多得的好人。欣赏您大张旗鼓、亲力亲为的慈善义举，也希望更多有良知的企业家以标哥为标杆，做些力所能及百姓喜闻乐见的事。坚信您的慈善之光会普照神州大地！（4月17日10：22）

2012年4月16日16：02

陈光标：感谢一位广西网友朋友提供的关于工业硫磺、工业石蜡和滑石等生产一次性筷子的信息，希望你能把该厂的详细地址的发到邮箱renminzhishang@163.com，谢谢！

用于生产一次性筷子的竹片

用硫磺浸泡一次性筷子的水池

用工业硫磺、工业石蜡和
滑石等生产一次性筷子

pds200399：

标哥带队，雄起！（4月16日16：09）

平淡激越：

感谢为社会做了点点滴滴的人，不管事儿有多大，做法主流不主流，只要您做了，就是我们应该感谢的人！（4月16日16：43）

青萍拂水：

不管别人怎么看，至少在我们普通的百姓眼中，你是我们最值得尊敬的人。（4月16日19：11）

想回到过去的風：

他的人和他的微博都是无可争议的好，所以难得看到半个不同意见者。（4月17日07：13）

2012年4月17日09：55

陈光标：网友朋友们好，大家可以看一下昨晚央视的《新闻1+1》关于毒胶囊的报道，报道中提出的三个问题应当引起社会的关注与深思。http：//t.cn/zO0qZuR

山野村夫闯天涯：

首善陈光标，好样的。永远支持你！你的善举方式至今没被认可，实在很遗憾。你得到的是百姓的赞颂。（4月17日10：29）

龙利平：

做企业要讲良心，像光标同志这样的企业家中国太少了。（4月17日10：35）

家佳211：

陈光标，我看过他很多慈善活动节目，人很好，有人说他是在做秀，让你拿那么多钱出来捐给穷人做秀，你愿意吗？你肯定愿意拿来买豪车，买几亿元的别墅！支持陈光标，支持大慈善家！（4月17日11：09）

Iam尚：

今天看了您设置举报奖后，对您之前的感受大为改观，相信你是真善，所以加你微博，我们会一直支持你的正义行为的，加油。（4月17日15：02）

黄文zgr：

你是我知道的唯一的一个慈善家。我觉得你有能力和实力干更多为善全体中国人的好事，不是捐钱，而是其他。（4月17日

16：07）

忧郁的股市：

现今能够有像陈光标先生一样不畏强权伸张正义的人不多了！！！我们人民群众渴望充满健康、阳光的日子。（4月17日18：26）

小熊饲养员lw：

一直觉得光标先生就是个有钱的理想主义者，能够把自己的一些想法变成现实，你是我的偶像。（4月17日23：20）

2012年4月18日10：18

陈光标：网友朋友们好，让我们继续的关注毒胶囊的后续报道。《[新闻 1+1]治理有毒胶囊，用什么药？》http：//t.cn/zO0lmof

吴文娟77：

你就是我们所有人的楷模，思想纯正。难能可贵。赚到钱依然正直。（4月18日10：37）

酒店一夫：

标哥！支持你，坚持住做这事呀，为了中国的老百姓，为了一个放心的食品环境。（4月18日12：46）

2012年4月20日11：29

陈光标：这几天收到的举报信息让标哥非常震惊。

网友朋友们大家好，从公布举报打击黑心产品邮箱几天来，已收到了数千个来自全国各地大大小小的举报信息。经公司工作人员整理出来后，我昨天出差回来看了，让我不是一般的震惊！！！正如有很多关心我的网友说：标哥按这样的奖励就等着破产吧！嘿嘿，我看了下，就是不破产也差不多了。再次感谢这么多做好事、长好心、做好人、有良心的朋友们的参与。你们每一个人的举报，我都会认真的对待与核实，但可能需要一段很长的时间，因为标哥不能听风就是雨，如果是虚假消息，标哥要承担法律责任的。从调查取证都需要花出一定的时间，同时更需要你们每一个举报同志的积极配合，一旦成功，标哥一定兑现承诺。

从目前的举报内容来看，让我最为关注的举报是一个从生产毒胶囊企业出来的营销人员杨某。他想了解标哥的奖励是真是假？奖励如何给他？他举报的内容能奖励多少钱？他的举报内容如下"标哥，我可以提供生产有毒明胶企业供应给一家国企、六家民企生产果冻与酸奶的证据，你能奖励多少？"

杨先生你好，首先感谢你举报的这条信息，第一，我希望你能到南京来与我面谈。第二，你的手机拨打多次都是关机，无法与你取得联系。第三，你的举报信息一经核实，一定是**100**万的大奖，标哥是个性情中人，如果你提供的信息对打击黑心产品贡献较大，有可能标哥一激动再追加奖励一部**30-50**万的轿车。所以，请杨先生尽快与我取得联系，到南京来面谈具体举报信息吧！

移民北海过等待的生活：

标哥的良心，我们一定要支持支持支持！（4月20日11：32）

薛晓东7777777：

标哥一个人的力量有限，我们大家会与你一起让世间充满爱。（4月20日11：34）

川-虎：

标哥，这才是你众多慈善行动中最正确，最得民心的选择！顶！（4月20日11：36）

头顶个萝卜：

靠个人能成功吗。但是我还是在背后支持标哥，好样的，真爷们！（4月20日11：40）

孔博士1：

相信标哥能撑起一片天，没有什么好担心的！（4月20日11：50）

诗_景尘：

标哥做的是对老百姓有好处的事。比很多该做而不做的官员不知强多少倍！（4月20日11：56）

咸豐劉大斌：

多一些标哥这样的人我们的社会就和谐了，为了我们社会大家庭的用药安全我们应该支持，我们不应该拿标哥的奖金，如果为了奖金而举报，这个人没有正义感，这是我们每个人的责任。（4月20日12：00）

高世荣导师：

你是国宝！（4月20日12：13）

老壮我爱你：

温总理说过，企业家的身上要流淌着道德的血液，标哥你是代表！（4月20日12：22）

煨汤小围：

标哥，你做的事很有创新思想，我们喜欢。你可以找温总理谈谈改革了，希望两个有决心的人能带给中国一些希望。（4月20日12：48）

海南张金波：

标哥就是标哥！支持打黑！一起努力，使世界变得纯洁，使生活变得美好，大家和标哥一起动起来！加油！（4月21日00：09）

如果–今生：

能力越大，责任也就越大。人生最大的成就莫过于慈善。兼天下大事于己任，标哥，中国少有的慈善家，我打心眼里敬仰你，你是我终身追求的目标。（4月21日00：23）

2012年4月23日15：33

陈光标：我今天在人民网看到关于"毒胶囊"事件的后续报道《学洋明胶厂纵火案告破 乡人大主席指使企业放火》http：//t.cn/zOW8VoO，与我之前的所说的如出一辙，任何地方的制假者与地方某些官员一定是利益捆绑的、幕后支持的，小到一个黑心餐馆、旅馆，所以抓到一个制假者必须把幕后的支持者审讯出来！

希热苏兰：

支持标哥！一个真正有良心的人，真正有良心的企业家。他的梦想很简单，回归人性，为人性最平凡而伟大的奉献而脚踏实地去做！（4月23日15：38）

随遇而安学无止境：

非常敬佩标哥的正义感！（4月23日19：55）

小阳哥ah：

我永远支持陈光标，有的人只做不说，有的人有说有做，有的人只说不做，社会风气其实还是需要带动的。（4月23日11：06）

谈粮食安全

2012年3月16日09：59

陈光标：各位网友大家好，两会结束的第二天我接受了《环球时报》的采访，提到了粮食安全问题，关于该问题，我发表了一篇文章《保卫粮食安全是天大的慈善》http：//t.cn/zOMK7Xy，与大家分享。

V山姆大叔：

支持，能有名人意识到国家粮食的安全，有危机感，这是国民的幸运，希望更多的人关注。（3月16日10：03）

傩面侠客：

安全粮食不能少，放心饮水不能缺，好空气更是越来越稀缺。虽任重道远，但不能不做，极力支持陈总。（3月16日10：14）

舟山_刀客：

全力支持标哥。你是在忧国忧民，为老百姓办好事！（3月16日10：16）

朱大帅v：

强烈关注农村，关注农业。希望标哥能给我们带来更多的消息。（3月16日10：16）

拉登波斯：

保卫粮食的质量是天大的慈善，是关注民生的重大问题，这个事情做得好。（3月16日10：19）

湖南雪竹：

极为赞赏这种善举，企业家发展到一定的规模，应该以高度

的责任心去关爱自己的国家，关爱自己的人民！农业永远是中国人民的根！（3月16日10：24）

偷乐的生鱼片：

你是慈善的标杆，当你达到一定程度的时候，你就是慈善的旗帜。相信你和你的企业会越走越好。（3月16日10：31）

铁山杰迪：

标哥看得清。农业有很大危机，也有很大机会。规模化经营是大势所趋，也能解放更多劳动力。问题是如何和谐地实现这个转变？如果标哥在这方面有所创新，对国家民族，都是善莫大焉。（3月16日11：18）

读雪读雪：

现如今，绝大多数人们都忘了"谁知盘中餐，粒粒皆辛苦"。能守住这条道德底线的人也越来越少了，感觉很可怕。当年我们以农村包围城市，才使祖国越来越富强。百分百支持陈总！（3月16日19：34）

道道火烛：

先衣食足而后知礼，民以食为天，关心百姓盘中餐，陈光标先生你是最棒的，支持你！（3月16日19：39）

地球村人：

此举意义深远，粮食安全就是国家的安全，关注东北粮食基地，就是最大的慈善，赞赏！（3月16日20：08）

潘晓建：

感恩陈总忧国忧民的大悲心！感同身受，但愿更多的名人志士能像陈总一样成为我中华民族的脊梁！人民感恩您！（3月16日20：43）

关注因病返贫致贫的群体

2012年3月28日

陈光标：下文来自一位江苏医药权威人士谈话整理，仅供参考。

关爱因病致贫，因病致穷的弱势群体

由于医疗总供给不足，将医院从现有的以药养医的体制中解脱出来，是一个很复杂的问题。要将现在老百姓痛骂的医生灰色收入逐步过渡到医生的合理合法的正常所得，使附加在老百姓身上过剩的社会成本逐步降低到合理的范围。现在医疗的现状是过度医疗现象严重，医生为医院创收利己不利人的现象严重。

然而医院改革十分复杂，医生队伍的素质高低与稳定牵扯到国家的安全以及民生的尖锐问题。

清水难养鱼，污泥滋新生。正是由于中国医疗资源总供给不足医生社会需求大，现在某些大型三甲医院里主任医师的年灰色收入有的已达百万元甚至几百万元，政府对此也拿不出更好的解决办法。医生与病人，医生强势，病人的命交给了医生当然对医生为命是从，正因如此，现在医生开大处方已成为主流，最让人难过的是付钱的大多是因病致贫，因病致穷的中国最低层的穷苦老百姓，付的又是他们的活命钱。在全国数千家大型医院里，病人的队伍哪一家不是人海如潮，医护人员哪一个不是万般辛劳，这里撷取出来病人的故事，一幕幕凄凉的场景，真是比好莱坞的大片更撼人心魄，更让人酸楚。

现在江苏有家科技公司创新的医院精益化 **spd** 是在不触碰医院各方现有利益的情况下，通过优化流程、提升管理水平、完善运营体系等方式，将原先粗放管理产生的巨额浪费节省下来，从而达到每年 **30%**以上的管理增效，这是一个非常了不起的数据，在中国我们是唯一成功的一家，现暂无竞争对手。现在国药.上药早已投资了数十亿元巨资，努力研发了五年多，但迄今仍然没有成果。在国际上目前也只有美国强生医药，美国通用电器医疗事业部，美国霍尼韦尔医疗三家与我们研发水平同步，但是他们根本解决不了中国大型医院平均每天有近万人就诊的问题，中国药品标准不合格的问题。并且他们的报价也是我们成本的十倍。华软的 **spd** 医院管理全解决方案，是引用了日本的国家标准，华软是把世界上最好的医院之一的日本东京大学医学部附属医院的管理成功移植成为中国本土化，并成功落地在综合排名全国第十二位的南京鼓楼医院。

jackie川：

加油，支持你！你的善举被全世界华人关注着！虽然有一些不同的声音，但是每次看关于捐款的新闻都能看到您的身影！不管别人怎么有异议，在我们的心中你是英雄！（3月28日15：22）

鲍亮13576408016：

社会需要看到标哥，但是标哥何其少啊。让这个国家更加有秩序，秩序井然品德自然高尚。（3月29日10：00）

根据实际情况创新慈善方式

（1）陈光标说："我做了10多年的慈善，深深地感受到中国的慈善不仅需要爱心、行动、坚持，更需要'创新'二字。""创新能让慈善更具吸引力、感染力，才能吸引更多人的加入。"

（2）"慈善不是口号，行动高于一切。"陈光标说，自己每天都在思考，如何让中国慈善在内容、形式上不断创新。

2012年3月17日17：18

陈光标：感谢宁夏卫视为民族大团结、当地经济发展和"黄河善谷"起到的积极推动作用，同时也建议全国企业家关注"黄河善谷"这个伟大而又造福子孙后代的双丰收工程。http：//t.cn/zOxLnyP

张云之语：

支持！更多的企业家走向慈善，拥抱慈善，奉献慈善！当然我们普通人一样可以以各种方式去做慈善。（3月17日19：56）

lanerdeai：

相信您的高调比低调付出得更多，我们记得您。（3月17日20：38）

lanerdeai：

谢谢陈先生的义举，不管别人怎么说，做自己问心无愧的事，一直在关注您的微博，每次都感动在心里，今天第一次给您留言。今年回家过年，平时连电视都不怎么看的妈妈竟然跟我说起了您小时候买凉水替邻居家小孩交学费的善举，我很吃惊，也很感动。（3月17日20：38）

中国唯一阳：

如果标哥能从政就好了，伟大的企业家政治家，更重要的您是一位身体力行的慈善家！！！（3月19日16：50）

杨少旭——创业CEO：

虽然有很多人不能理解标哥为什么一直这样无私地做贡献，我想绝不是哗众取宠，或者是为企业利益而做的假慈善。（3月20日21：39）

堡垒奇遇：

经常会看到您的一些报道，很欣赏您的作风，希望您不负众望，坚持到底！用您的实际行动感化身边的每个人！（3月20日21：56）

奋斗11-16：

标哥是国家慈善事业发起者，也是领跑人，前进中有挫折，在挫折中前进，相信标哥将成为启明星……（3月20日22：09）

若水84：

他是一个人非常值得敬佩的人，不管他怎么做慈善，他最终目的还是帮助到那些需要帮助的人了……（3月20日22：42）

鲍亮13576408016：

中国将来会有更多的实际慈善家的出现。（3月21日12：50）

COOL曙光在前：

心动不行动者，我瞧不起。而你是行动者，比那些心动者好，所以我永远支持你。好样的，标哥……（3月24日00：00）

别让我喝汤：

不管外界怎么写、怎么评，公道自在人心。我支持你去做很多人不敢为的事，我蔑视那些明明自己没底气却在那说三道四的人。（3月26日09：45）

瑶池仙丹大本营：

标哥您好！我叫陆明！我极其羡慕你有能力帮助那么多人！做那么多好事！真心的祝愿你！可惜我现在还没有那个能力！现在也蛮苦恼的！当然要是你能看到我的留言给我指点一些前途！我有能力了！我行善还要高调！还要疯狂！我才不管别人怎么说！我只在乎我那份帮助别人的心！（今天14：21）

2012年4月4日17：21

陈光标："黑龙江省与外埠企业项目合作交流会"活动的视频http：//t.cn/zOoD9OF

可可51哥哥：

感动于陈光标勇于担当，勇于创新，勇于创业，勇于拼搏，坚持做慈善的精神。春天播下了种子，秋天一定会有收获！祝福陈光标，祝福所有的好人！（4月4日18：50）

刘军–早康：

黑龙江，我美丽的家乡！善人、善念、善行、善举！感谢支持标哥！

福：

吃亏是福，有近50多名企业家参与此次黑龙江活动，支持标哥，赞吃亏是福的企业家。（4月4日21：40）

雕刻时光乐：

我支持您陈先生！无论你有多么的高调，至少您在为中国的人民做实实在在的善事，比起那些只说不做的伪善人，要比他们强万倍，您是中国人民的福星，但愿你的善举能带动更多人向你学习，福福你！（4月4日21：02）

2012年4月13日12：34

陈光标：朋友们，我的慈善正在转型与创新，从去年带领企业家到西藏、宁夏考察投资，到今年一季度前往黑龙江，包括昨日前往甘肃，都受到了各省主要领导的接见与宴请，同时的确也有很多企业家在当地投资兴办企业，为解决当地就业、税收等问题起到了作用。这种慈善转型模式请朋友们提出建议。http：//t.cn/zONYf9Q

钊到了：

这样的慈善才会长久，而且为其他企业家提供了商机。可歌可泣。（4月13日12：37）

杨佳川–Kelemen：

我是不太懂你们生意场的事，但我知道你们做的一定是好事，是对需要帮助的人们有意义的事。好人一生平安。（4月13日12：40）

上海爷叔围脖：

标哥坚持走自己认定的慈善路，看到"向陈光标同志学习"的号召是迟早的事！（4月13日12：41）

龙天育人：

好，促进贫困地区的发展，提高他们的自我造血功能，为慈善的最高境界！标哥以天下苍生为念的善行将在中华民族五千年历史上名流青史，成为中华文明的形象大使！（4月13日12：56）

立定稍息：

无论以啥形式做慈善都是值得推崇的，只要是真心为民解决了困难，解了燃眉之急，形式可以多样化。正派做人，坦荡做事，不怕别人说三道四！（4月13日13：03）

想过得好些：

这种方式很好，唯有源头活水来，这才是真正的扶贫！（4月13日13：49）

greg笔墨伺候：

挺陈总。与其授之以鱼，不如授之以渔。慈善更应该是一场造血而非输血的行为，只有这样，才能让接受帮助的人更体面，更有尊严的活着，慈善才能进入良性循环。也衷心的希望陈总的大善能带动更多的人投身慈善事业当中，让慈善之风劲吹神州。（4月13日14：21）

咖啡豆0777：

无论哪种模式，至少你是在用实际行动让许多人受益了，让许多人感受到了慈善的关爱与温暖。支持你，陈总。（4月13日15：26）

纠缠葬爱：

从汶川地震起您的事迹就打动着我的心。您是真金白银亲自捐献到人民手中。我为要求您晒明细账而抱不平。（4月13日16：06）

孔雀东南飞6478：

宁夏人民感谢你！每天听着、看着你的一举一动，给我的精神生活是一种莫大的鼓舞，心灵因你而美丽，温暖，你好似一缕耀眼的阳光，穿透乌云，温暖了大地。普天下之大，一人之力同

杯水车薪，榜样的力量是无限的（4月13日17：54）

欧阳维建：

从"授人以鱼"到"授人以渔"的慈善转型，是标哥慈善升级换代了！支持标哥这样做，能帮助更多人，而且这份爱可传承更远！（4月14日21：38）

心之源丁飞：

你的坚持影响着我，你的执着影响着我，逆袭的风再大只要坚信自已能够到达彼岸，就不要放弃扬帆前行的使命。（4月15日23：47）

呼吁加强知识产权保护

2012年4月20日10：46

陈光标：关于知识产权保护问题已迫在眉睫，我写了一篇文章与大家分享。（该文见本书第127页《加强创新型企业的知识产权保护》）

白昼不懂黑夜：

这是一篇具有经济学博士水平的文章，值得有关人士关注和重视！（4月20日10：53）

太极道V：

支持！在市场经济的环境下，创新得不到尊重和保护，便没有生存的空间。离开创新谈转型是一句空话。（4月20日12：23）

2012年4月20日11：23

陈光标：这是我人生第一次和第二次获得国家专利的证书，刚推向市场就被仿制了。

花无心：

现在要做点真事实事真难。辛苦了标哥，山寨的永远只能是山寨，人民心中有杆秤。（4月20日12：16）

2012年4月23日15：44

陈光标：人民网《陈光标呼吁加强知识产权保护 走出科技创新"怪圈"》http：//t.cn/zOWBkwo

曾获得的两份专利证书

名人智库：

慈善是您的态度，知识保护是您的目标！（4月23日
15：44）

我不是一个完美的人，
但我会把慈善做到底

陈光标说：单纯追逐财富并不是一个完美的财富创造者。必须更注重精神上的满足，拥有了财富又要合理去分配和使用这些财富，这才是一个人美好生命的全过程。

他说："在这样多元化的社会里，观点思想不同是很正常的，我会一如既往地将慈善事业坚持到底的。"

他说："常怀慈悲之心，感受到别人的感受，为他们的幸福安康献上一点力量，这是我毕生的愿望。

他说：常怀进取之心，拼搏和奋斗使我们强大，有能力帮助更多的人。

superman126：向@陈光标 提问：我支持陳光標的善舉，中國就是要你這樣用行動來呼吁慈善的人啊。希望你持之以恒。 http://t.cn/zOtu7ZF
3月6日 17:41 来自微访谈 - 谈"雷锋陈"的创作… 转发 | 收藏 | 评论(1)

陈光标V：我一定持之以恒、永不放弃，将创新型慈善、创新型环保坚持到底，我这一生唯一的遗憾就是我没有第二次生命奉献给人民。时间对于我来说太少，财富对于我来说也太少，因为我看到了需要帮助的人太多太多，真的心有余力不足。谢谢支持！
3月6日 17:54 来自微访谈 - 谈"雷锋陈"的创作… 转发(10) | 收藏 | 评论(21)

2012年3月6日17：54

陈光标：我在微访谈"谈'雷锋陈'的创作之路"中回答了网友@superman126的提问，http://t.cn/zOcvG7j

昆明建材运营商：

陈总，继续加油啊！另一部分中国人要富起来，就是要靠你这样的企业家去创造社会价值，尽管你个人的力量有限，我相信在你的带动下，更多的企业家会站出来添砖加瓦，扩大慈善事业的影响范围和数量！支持你！（3月6日18：02）

上海滩911：

慈善是帮助他人，环保是帮助自己。然而，这两个最简单明了、在全球范围都无须注解的词语，在当今却被曲解得黑白颠倒，蹂躏得面目全非。标哥提出"创新型慈善，创新型环保"，可谓拨乱反正、一针见血呀！（3月6日18：03）

浩运旺观音茶：

我希望您不要遗憾，由于您的行动和影响，中国现在很多人都在不同的领域尽自己的力量做慈善。无论大小，尽自己的力量行动了，并且能够持之以恒，影响到我们的下一代，星星之火，可以燎原。（3月9日11：50）

2012年3月6日16：22

陈光标：我在微访谈"谈'雷锋陈'的创作之路"中回答了网友@救救苟丹的提问，http：//t.cn/zOtkDCF

救救苟丹：向@陈光标 @艺术舒勇 提问：90后女孩苟丹现在病情很重！你可以救救她吗？？？百度就可以看到苟丹，又名苟译丹的信息！
http://t.cn/zOtu7ZF
3月6日 16:17 来自微访谈 - 谈"雷锋陈"的创作… 转发 收藏 ｜评论(1)

陈光标Ⅴ：我稍候看一下苟丹情况，如果属实，不管多少，我都会表示我的爱心。
3月6日 16:22 来自微访谈 - 谈"雷锋陈"的创作… 转发(29) 收藏 ｜评论(91)
本期嘉宾

2012年3月6日17：51

陈光标：我在微访谈"谈'雷锋陈'的创作之路"中回答了网友@暖暖的太阳2012happy的提问，http：//t.cn/zOcvL8Z

暖暖的太阳2012happy： 向@陈光标 提问：标哥，你老帅了
http://t.cn/zOtu7ZF

3月6日 17:42　来自微访谈 - 谈"雷锋陈"的创作... 　　转发 | 收藏 | 评论(1)

陈光标✔： 嘿嘿，标哥人长的不帅，我夫人都叫我"胖猪"，但是我的心灵要做中国第一帅。谢谢！

本期嘉宾

3月6日 17:51　来自微访谈 - 谈"雷锋陈"的创作... 　　转发(16) | 收藏 | 评论(19)

大炮先生：

对于陈光标先生的慈善行为，我是无比的崇敬并要学习的！一个人，只要赚的钱是合法的，只要确实是为大家做好事，那么他的行为就是值得赞扬和学习的。至于他实施这种行为的方式是保守还是激进，那完全是个人行为，我们没资格去指责一个人的做事方式，因为事情本身我们还远没做到！我想我有钱也会这样去做的！（3月7日17：08）

2012年3月6日18：23

陈光标：我在微访谈"谈'雷锋陈'的创作之路"中回答了网友@浮云飘过蓝天的提问，http：//t.cn/zOcvrXe

浮云飘过蓝天： 向@陈光标 提问：您对"中国首善"这个称号有什么看法？作为中国首善，是您是因为捐的更多，还是因为带领大家行善？http://t.cn/zOtu7ZF

陈光标：我认为中国首善不是捐多少就是首善，我们企业家朋友捐的比我多大有人在，只不过他们低调不说，我对首善的理解是做了好事时眼睛就要到处传播、到处说。传播给一个人、就等于你又多做一件好事。

偷乐的生鱼片：

你在用自己的方式做着中国的慈善，所谓新一代的"雷锋精神"，虽然人们一直都崇尚雷锋精神，但当我们该为"雷锋精神"做些什么的时候，都退缩了。不论你是做秀还是真实的意思表达，我都要向你学习、致敬，你毕竟做了，做了我们大多数人所不能做的。（3月14日09：52）

2012年3月6日18：30

陈光标：我在微访谈"谈'雷锋陈'的创作之路"中回答了网友@一张微博的提问，http：//t.cn/zOcPhQI

2012年3月6日18：34

一张微博☆：向@陈光标 提问：标兄，钱对你来说意味着什么？你如何取之，又如何分配之？ http://t.cn/zOtu7ZF

3月6日 18:26　来自微访谈 - 谈"雷锋陈"的创作...　　　转发　收藏　评论(1)

陈光标Ⅴ：财富如水，你有一杯水自己喝，你有一桶水你可以把它存放在家中，你有一条河就应该学会与他人分享，钱财如粪土，生不带来死不带走，在巨富中死去真是可耻的，生活在人们尊重的企业家比孤独将死在存折上的守财奴光荣而伟大

3月6日 18:30　来自微访谈 - 谈"雷锋陈"的创作...　　　转发(20)　收藏　评论(26)

陈光标：我在微访谈"谈'雷锋陈'的创作之路"中回答了网友@蓝夜流沙听海的提问，http：//t.cn/zOcP2vu

2012年3月6日18：39

蓝夜流沙听海：对 @陈光标 提问：好！我们一言为定:裸捐！但我希望加上授人以渔这一条！授人以愚地不要！！！ http://t.cn/zOtu7ZF

3月6日 18:31　来自微访谈 - 谈"雷锋陈"的创作...　　　转发　收藏　评论(1)

陈光标Ⅴ：是，有时候授人以鱼不如一碗鱼汤解决问题啊，特别我参加了汶川地震、玉树地震、西南抗旱、舟曲泥石流看到哪些受难的百姓们给钱、给鱼都没用啊，不如给我鱼汤，一碗鱼汤能救活他的命啊。

3月6日 18:34　来自微访谈 - 谈"雷锋陈"的创作...　　　转发(3)　收藏　评论(11)

陈光标：我在微访谈"谈'雷锋陈'的创作之路"中回答了网友@人生-黑白灰的提问，http：//t.cn/zOcPGWe

人生-黑白灰：向@陈光标 提问：标哥 这个社会 我就决定 向你学习赚钱做好事 对新的创业者 有什么指导么 http://t.cn/zOtu7ZF

3月6日 18:26　来自微访谈 - 谈"雷锋陈"的创作...　　　转发　收藏　评论(1)

陈光标Ⅴ：广西的这位朋友，因为微博的字数有限，一言难尽。你可以给我写信，同时也希望你关注我的微博，会有发财的机会，我现在正在想怎么样跟哪些真正的创业者们一些实质上的帮助。

3月6日 18:39　来自微访谈 - 谈"雷锋陈"的创作...　　　转发(11)　收藏　评论(15)

li-伟男：

很欣慰中国能有这样企业家，诚心诚意为社会做慈善事业，

你的一生，有两件事，是最让我感动的，每次想起，我都很开心，一件事是你10岁的那年，给人家交学费，还有一件是2008年大地震的时候开重型车辆去汶川。两个事件，看似一大一小，但这证明了你内心深处真的是有大爱的，我相信你。（3月6日21：55）

爱中医2010：

我支持你！我是个低调风格的人，但我理解你，做好事善事高调点没什么？谁觉得不服气，也做好事善事，就怕拥有"一条河的水"，却在那里只评论不分享的人。（3月7日16：40）

axzhjdm：

陈首善你好。如今中国这个社会需要更多更多像你这样的人，在中国很多发达城市还是有很多无家可归的人。而我见到这些无家可归的人只能尽我所能的献上一份爱心，所以我想放弃我在某大型企业的工作准备自己创业，希望和首善一样为中国慈善事业献一份爱心，还希望在创业的路上首善能够给予指点和帮助。（3月8日12：53）

魔鬼猪猪侠：

标哥，先给您敬个礼，您做了那么多的慈善！怎么老是有人质疑您。他们自己做不到的事。还要找些费话来说说！真不是人！标哥您做善事，我觉得不管您高调也好，低调也罢！我们都从心里佩服您！谢谢了！（3月9日11：37）

2012年3月6日18：44

陈光标：朋友们，关注标哥的微博今年有大奖拿，不要错过，我中午还没有吃饭，我想你们肚子也饿了吧，今天先聊到这里，祝各位龙年大吉、家庭幸福、身体健康、万事如意！

苦逼青年伪白领：

标哥！我关注你可不是为了中奖，我是因为欣赏，打心底佩服才加的关注，不要妄图用中奖来增加注水的粉丝，就让我们铁

胆忠心围绕你，温暖你。（3月6日18：47）

骑马看唱本2034397211：

标哥，用真金白银换回来的必将是真情人间！支持你，崇拜你！（3月6日18：51）

Edison小柴：

不要去管别人怎么说你，只要你真金白银的捐款了，你就是好人。不管有没有大奖拿，我都会去关注您。以中国首善为榜样。（3月6日18：54）

淡水轻墨：

走自己的路，让别人去说吧！支持你做的每一件善事！（3月6日19：01）

月亮女人0127：

其实拿不拿奖并不重要，关注你是因为喜欢你的做事风格，喜欢你将慈善事业进行到底的精神，喜欢你是雷锋精神的传承者……（3月6日19：02）

淡定人生1966：

做慈善最难得的就是不管别人说什么，你还在坚持！支持标哥！（3月6日19：18）

vincenpih：

真的很佩服您的胸襟，"达则兼济天下"，现在社会很需要这样的精神，晚辈也希望有朝一日能像您一样好善乐施，帮助别人。（3月6日19：19）

晴空碧海2011：

中国富人如果都能像您标哥这样，付出自己的爱心，哪怕就是故意要飘，有意炒作也会早日步入共同富裕。可最可悲的是，标哥没能用自己的高风亮节的气势换来好的带头作用，反而招来一些"小人"的挖苦与讽刺，实乃悲哀。（3月6日19：23）

青春的思考生活：

标哥要在微博里多说话啊！！我们喜欢你的声音，喜欢听你的声音。（3月6日19：27）

斓雁：

对做好事的人，大家都很感动。不管以什么方式做好事，都是有良心的好人！应该得到肯定！支持你那是必须的！和那些不做好事，只干丧尽天良的坏事的人相比，你就是活菩萨！那些人就是恶魔。菩萨是受人尊敬的，恶魔只能被诛杀！（3月6日19：32）

晴空碧海2011：

如果说美国因为有个比尔·盖茨而骄傲的话，那么中国就以你为荣。标哥，你是我学习的榜样，等我有条件了，或者说，有钱了，我比你还要高调做慈善，让那些只会羡慕嫉妒恨的小人，碎嘴子的人磨破嘴皮了来呲。（3月6日19：38）

D--D--：

公益就是要人人相传，关注你并不是为了拿奖，而是我们都很钦佩你，敬仰你！（3月6日19：55）

木易雨林良：

志愿精神，中国需要很多您样的人，不管你的形式是怎么样的，但爱是没有固定的形式，只要有心。（3月6日19：57）

小资也有范儿：

标哥，你的做法，常人不无法理解，因为你不是常人。祝中国慈善事业，做得更透明更有效。（3月6日20：30）

李沧军：

看到你就像看到了刚下过雨后的天空，向标哥致敬。（3月6日20：37）

晴空碧海2011：

回复@无名醇：我虽然做不到那么高调的慈善事业，但我可

以尽我的微博之力维护慈善事业的好心人（3月6日20：49）

一土真人：

标哥：你的奖我不在乎，就像你不在乎钱一样！但是实话实说，我关注你很久了，从台湾捐款到大陆慈善活动，再到今天扮雷锋、学雷锋、弘扬雷锋，哥们从心里佩服你，做善事张扬一点怎么了，比那些为富不仁的人好多了，如果中国多一些像你一样的富人，中国一定美好多了！（3月6日21：45）

simin_zeng：

真的真的很支持你，当看到您上电视节目，反对您的人说的滔滔不绝，我真想冲进电视对你表示支持，中国正是需要有您这样的慈善家。（3月6日22：15）

梦圆的世界：

阿标，在你的带动下，真正做到低碳生活，美化环境，这就是您给全国人民最无限的奖品。（3月6日22：40）

包良平：

经济社会中，很多人忘了精神文明建设的重要。也包括好多政府官员，让人们眼里只有金钱。标哥的出现让我想起父辈为了奖状就能无私付出一切的那种精神。标哥你有能力是否也在全国普通老百姓里评选雷锋式的标兵。只需一张奖状，老百姓就会知足了！（3月6日23：31）

cmqwb：

陈先生，您的一切行动已经比真正的雷锋还雷锋了，雷锋在我们心里没有什么概念，而你是心到！行动到！我作为普通的一名公民真希望社会多出些有如此慷慨有如此善举的企业家。（3月7日00：39）

乔录：

标哥，不管别人怎么想，别忘自己怎么想。我理解您就是想通过自己的行动带动更多的人加入进来，形成合力，推进我

国光彩事业大发展，影响更多的人，改变更多的人。（3月7日 01：17）

射手美喵喵：

一直都对标哥在慈善事业方面非常的关注，我觉得慈善没有多少之分，也没有高调与低调之分，更没有好与坏之分——只要努力去做，就是好的！（3月7日09：30）

开穆：

中国难得才出一个愿意为慈善做贡献的人，我更希望大家能给更多支持！（3月7日10：55）

陆小唯：

好人好梦，在慈善这条充满荆棘的路上，希望你加油，支持你。（3月7日17：02）

lillian_danny：

标哥是个神话，是个时代的标杆。在中国这样的社会下能有勇气做好事的不多，因为往往做了好事还要被质疑。你真是一个勇敢又了不起的人。（3月7日17：31）

lillian_danny：

在中国做坏人比做好人容易很多，我们往往对坏人很宽容，对好人却非常苛刻，稍有不留神就是一片骂声。做慈善更是不同于国外，压力会很大，希望标哥顶住！！（3月7日22：32）

helene367：

标哥正带动一大批跟他一样有善心但是还有些行动上犹豫的人毫不犹豫的去行善！加油，让行善队伍更加强大，我们的国家到处充满爱。（3月11日10：09）

我把书伞鞋子送给了她：

你的行动、举措都已经在慢慢的影响着每一位有爱心的中国人！（3月15日14：56）

2012年3月28日15：31

陈光标：感谢德高望重的刘三多老师赠予我的这幅肖像画，我非常喜欢。

CHAPLA：

你是仁帅，慈帅，善帅！！（3月28日15：46）

妖1女儿红：

继续努力，实现自我价值和社会价值。大家的眼睛都是雪亮的，尽管很多流言蜚语，但是所有的成绩，你的善良，是大家都能感受到的。只要做好自己力所能及的事情，其实最好的形象，在人们心里。（3月28日16：31）

钟国尧de：

光标叔一身正气，不畏冷语，坚持革新，救人危难，实乃真英雄也！！！（3月28日17：12）

李壮飞jxz：

更喜欢你微博头像。眼神中的坚毅，让人信服。（3月29日10：55）

2012年4月2日17：32

陈光标：关于第七届"中华慈善奖"

各位网友大家好，最近很多朋友关心我落选第七届"中华慈善奖"的事，在此我说下的我想法，此前我已连续六次获得"中华慈善奖"，这次没有我的名字，我并没有特别的感觉。大家想一下，我已连续六次获得中华慈善奖，第七次让其他更多的人获得这个奖，鼓励更多的人从事慈善，这有什么不好呢？我多年来做慈善有几点一直没有改变，一是多年来我一直持续不断做慈善，帮助他人。去年我慈善的脚步没有丝毫停止，这是有目共睹的。二是我喜欢亲力亲为，冲在第一线高调做慈善。三是我希望自己的慈善行为得到社会赞誉和肯定。四是我认为慈善要吸引更多的人参与，需要在机制和形式上不断创新。这次"中华慈善奖"没有表彰我，也许是想让其他更多的人获得这一荣誉。大家通过媒体可以看到，去年我在做慈善方面没有减少，而且又有许多新的探索和创新。

老土老土真老土：

相信有良知的同胞们早已在心里给你颁奖了。（4月3日08：22）

GeminiTa：

挺你，不管别人怎么说，反正我们看到你在行动，中国慈善发展的路上，你是功臣之一。（4月3日09：27）

Th白色海洋：

这次没有拿奖说明中国在做慈善的人多了起来，证明你已经做得够好，无需拿奖。做慈善是由内心发起的，拿奖其实不重要，重要的是过程和坚持。（4月3日13：56）

呀呀酒呢：

在我们心目中，你永远是中国首善！活菩萨！（4月3日18：34）

毛毛猫哥：

标哥学雷锋，我们学标哥！来自自己内心的快乐才是最大的奖赏！（4月3日20：22）

读雪读雪：

您在做，我们在看，并尽力效仿。这就足够了，任何的奖励都是浮云，不变的是一颗永恒的慈善之心，这个才是最珍贵的，理解您。（4月4日19：49）

2012年4月21日16：01

陈光标：网友朋友们大家好，明天（4月22日）我将参加一年一度的北京高校论坛，此次活动我收到了北京30多所名牌高校学生会主席团成员的集体邀请，他们希望我在开幕式上以《做青年领袖必须具备哪些素质》为题做五分钟的演讲。以下是我演讲内容，与全国的大学生分享。（该文见本书第135页《做青年领袖必须具备哪些素质》）

宸熙庭枫：

为人民做实实在在的好事的人，理应被尊重！（4月21日16：13）

T可达鸭T：

标哥这样的才是我们的青年领袖。（4月21日16：24）

陈建顺V：

把您的观点同当代大学生分享，这本身就是一件极有意义的事。祝福。（4月21日18：14）

厨师小胖曾：

喜欢让你这么做，零距离接触我们，能让我们能感觉到你就在我们的身边。（4月21日21：11）

青年志愿者谢贵泉：

支持标哥的行为，每次看到你的讲话我都很感动，我觉得你的行为绝大部分华人都是支持的，你用一颗爱国、热情、扰国扰民的心感染着我们每一个有良知的人。你用你的付出，带动社会更多的人参与到关爱行动中来，你是最可敬的。（4月21日23：40）

天那地啊：

哈哈，标哥，我在现场！视频精彩，讲得好，朗诵得好，唱得好，魔术变得好！（4月22日11：10）

不渡众生2643655325：

标哥，希望你用自己的言行，带动更多的人，让世界更加美好，当然，非议也会更多。

我要说的是：

相信人性的光芒必将普照大地！（4月22日13：08）

spencer_van：

演讲的形式文采不重要，是否严密也不重要，重要的是内容，是让听众知道应该做一个怎么样的人。这点上，标哥是成功的！（4月23日09：12）

附录　媒体评论

富人不仅要包容，更应感谢陈光标

高调的陈光标，是慈善的宠儿，更是媒体的宠儿，总是处于媒体的聚光灯下。近来又因其高调的裸捐宣言而成为媒体追逐的焦点。这位以慈善而闻名的"中国首善"接受采访时称，请富人们包容我的存在：我希望对我有意见的人，那些富人朋友们要包容我和理解我。

陈光标这话并非无的放矢，而有着明确的指向。一直以来，陈光标高调、张扬的行善作风在赢得舆论尊重的同时，也让不少富人很是不满，有的指责他做秀和炒作，有的批评他哗众取宠，觉得他是在贬低其他富人抬高自己，对他的高调充满排斥。于是，陈光标跟其他富人隔空喊话："请富人们包容我的存在。"

确实，富人们不应该把陈光标当敌人，虽然不能像陈那样行善，但至少要包容和尊重他。而在我看来，富人们不仅要包容，更应该感谢陈光标的存在。感谢他的慷慨解囊改善了富人的形象，感谢其善行对弥合贫富间的隔阂起到了很好的作用；还要感谢因为有了陈光标，使中国富人在巴菲特、比尔·盖茨这些国际慈善家面前不至于抬不起头。

是的，每一次陈光标高调行善的时候，都会有人将他的大善与中国不少富人的吝啬进行类比，借此批评中国其他富人缺乏慈善意识。比如这一次巴菲特和比尔·盖茨到访中国，报道称一些富豪因怕被"劝捐"而拒绝慈善晚宴邀请，陈光标却反其道而行之，高调宣布将会在身后"裸捐"，引发舆论对其他富人的批评，这可能是其他富人对陈光标充满不满的原因。

其实完全不必如此。陈光标的高调行善虽反衬出其他富人的各啬，但更多时候则对富人形象起到了正面宣传效果，使富人赢得了更多的尊重——陈光标不仅仅是一个独立的个体，而代表着一个符号，那就是中国富人的形象，他只是众多富人中的一个代表。所以，他的行善不仅为其个人赢得尊荣，也为富人群体赢得声名。中国有着巨大的贫富差距，贫富阶层间有着很深的隔阂，陈光标之类富人一次次的善行，一次次对弱者和穷人的救助，还有在灾难中引人注目的慷慨解囊，对消解和弥合这种隔阂起到了很大作用。对于这样一个在致力于改善富人形象、让富人赢得更多尊重的人，富人们有什么理由不去感谢他呢？

陈光标的许多善行，多数富人可能目前还做不到——理念和行动都跟不上陈光标，比如身后的"裸捐"，呼吁向富人课征遗产税，还有动辄数亿的大手笔捐赠，这些都让其他富人"相形见绌"。可是，陈光标做到了，其他富人做不到，不能因此对陈感到不满和诋毁他，而应该更加尊重他。不应以"陈光标是抬高自己，故意让其他富人出丑"的阴暗心态来审视陈的高调行为，而应以"虽不能至，心向往之"的态度对陈的善行表示尊重。陈光标许多善行对许多富人来说虽非前卫，目前做不到，但起码引领了一种慈善潮流，对于这个先行者和引领潮流者，应有起码的尊重。

比如对于"一些富豪因怕被'劝捐'而拒绝巴比的慈善晚宴邀请，陈光标却高调宣布将'裸捐'"一事，不要认为陈光标是借机出其他富人的丑，而应该感谢陈光标：我们起码还有陈光标，不至于让慈善晚宴上没有中国富人的面孔，不至于让这个群体在世界面前丢尽颜面。巴菲特和盖茨的"裸捐"赢得了世界的尊重，我们有陈光标足以与"巴比"媲美。中国富人应该为他而骄傲，毕竟，美国富人也并非每个人都是"巴比"。

（《扬子晚报》2010年9月29日，作者曹林）

善行难能可贵，方式应更精细

陈光标先生奉献社会、关爱困难群体的精神值得钦佩，在物欲横流的今天，陈光标先生这样的榜样尤为突出。人们希望中国有越来越多的慈善家出现。

可惜，中国的慈善事业还刚刚起步，从政策、法律、制度到社会心理都还处于不完善的状态。同时，中国富人致富的时间还太短，多数富人还是第一代。他们的资本力量和国外富豪相比相对弱小，也需要继续将资本转化为投资进行再生产。所以，面临着"裸捐"的问题有些人想不通，对这种慈善举动有看法，是可以理解的。

作为一个企业，的确应该肩负起社会责任。但是企业的社会责任是有层次的。作为企业的社会责任第一是生产合格的产品以满足社会的需要；第二是保证职工的利益不受侵害；第三是保护自然环境不受破坏；第四是依法纳税；第五是保证合作伙伴的利益。在尽到上述五个方面的社会责任的基础上，才轮得上谈慈善。

如果一个企业连上面的五个方面的社会责任都不能尽到，那么他的所谓慈善是站不住的，甚至可能会蜕变成以慈善为名来捞取某种利益。

慈善事业不但要有高度的社会责任感，而且还要讲求社会效益。亲力亲为的慈善模式，不失为一种好的慈善方式；但是正像陈光标先生自己承认的：他目前的亲力亲为可能还比较粗放。这种方式会大大抵消其慈善举动的社会效益。亲力亲为需要一个具有专业性、具有良好的内部治理结构和保有优秀慈善专业人才的机构。没有这样的机构，所谓亲力亲为就是向社会撒钱。你的钱再多，撒在祖国辽阔的大地上也就变成了撒胡椒面，不如集中财力做几件具有深远社会影响和更高社会效益的事业。

另外，撒钱的方式还有一个缺点就是对于被救助者来说，本质上还是一种恩赐，并不能激发被救助者的能动性。应该是通过救助，使被救助者能够逐渐自食其力，也就是帮助他们（她们）学会依靠自己的力量来改善生活状况，使之能够自立和有尊严地生活。

从粗放走向精细，慈善事业就可以更好地造福人民、改造社会。希望慈善家们的善行能够更上一层楼。

（《人民日报》2010年10月13日，作者李景鹏）

请官员们向陈光标看齐

中国首善陈光标一贯高调，且有一发而不可收之势，从高调投身慈善事业，再到高调"裸捐"，让大家看得心服口服。但是，陈光标最近出巨款发动群众监督他骑单车上下班，我却有些不以为然。他忘了自己生活在一个自行车大国，在绝大多数人只是因为经济能力所限而被迫骑车上下班的当下，富豪的单车秀属于在正确的时间、错误的地点做了一件错位的事情。

我一贯认为搞慈善在当下仍是个窄众项目，或者说是有钱人的道德游戏。普通大众捐个仨瓜俩枣，那叫献爱心而不能自诩为慈善义举，所有人都不否认慈善家是特指那些捐助款额动辄几千万元甚至几个亿的富豪。上个月"巴比"来华"劝善"，也直指那些重量级中国富豪，他们知道慈善是有钱人义不容辞的社会职责。而搞环保就是一个大众项目，门坎低，不管你有没有钱，都可以从我做起、从身边做起。也因此，对环保的认识会有千差万别的标准。比如，骑单车就是支持环保的行为，现在恐怕就很难得到更多国人的附和。无他，国情使然而已。

同样是一辆自行车，往往成为官员的亲民道具。平日坐惯了专车的政府高官一旦偶尔骑车上班、下乡一次，立马成为媒体（特别是地方媒体）争相报道的重磅新闻，仿佛多么感天动地，但公众潜意识里也没谁把这当回事，你爱骑不骑，不骑拉倒。公众知道，认同并陶醉于形式主义之中，实乃对政府官员践行执政为民理念的最大误导和纵容。

这回，陈光标还是拿单车说事，不仅如此，还悬赏巨款以让公众监督他是否骑单车上下班。其实，他低估了公众对富豪生活方式的宽容度。社会文明进步的标志之一应该是仇富思想的土崩瓦解，对富豪们高调奢侈的生活方式也日益能持一颗宽容之心。享受生活难道不是一个人创业发家的原动力之一吗？富豪进出有豪车也不会有人视之为社会堕落。尽管，倡导环保、推行低碳生活为今时今刻的社会潮流，但社会共识尚未形成，较真型的环保原教旨主义远没有形成气候。我有理由怀疑，那些劳神费力地"蹲守"陈光标不放的人，实在是看在"钱大爷"的面子上。

陈光标以往的慈善义举一再证明，他言必信行必果，因此，他的个人信用度不容置疑。即使如此，他仍设法为自己的信用指数增加可信度，除了说明他本人严格要求自己的道德洁癖外，也说明在一个浮躁的社会中，要让社会认同自己看似荒唐的壮举，依然知易行难。作为一个普通的公民，他更多的应该是享受权利，而不是承担无尽的义务。倒是一些国家干部应向他看齐，不是学他的裸捐、环保观，而是学他对公众的敬畏，对监督的渴望，以及由此而来的对自我人格的珍视。

能做到这些的官员，一定是一个脱离了低级趣味的人，一个高尚的人，一个懂得敬畏民意的人。

（《中国青年报》2010年10月13日，作者高永峰）

把荣誉视为生命

陈光标缺荣誉和肯定吗?

在他的公司——江苏黄埔再生资源利用有限公司办公楼的6层,有一个大房间专门陈列着他获得的荣誉证书。里面装不下了,6层的走廊里也几乎装满。

陈光标非常喜欢在媒体和访客面前展示他获得的荣誉。他把荣誉视为生命,"我做了好事不让我说不行,我做了好事不给我荣誉也不行。我会直接去要。我做了好事,为什么不给我荣誉呢?"

喜欢荣誉,喜欢高调,与陈光标的个性有关。小时候,陈光标用自己辛苦卖水赚来的钱帮邻居家的孩子交了一块八毛钱的学费。老师知道了这件事,不但在课堂上公开表扬他,还用红纸剪了小五星让陈光标贴在脸上。

"我没有浆糊,就用鼻涕粘在脸上,在几个班到处跑,放学以后我在村庄里从这家跑着那家,告诉大家我得了小红星,我那天晚上真的非常开心。"陈光标说,第二天,他第一个到学校,打扫教师和厕所,刚上课就问老师,能不能再奖励一个小五星。

"我做好事你不让我说,不行!我心里憋得难过。"

陈光标做慈善十几年,几乎每次捐款都要召开新闻发布会,希望通过媒体弄出点响动来。迄今为此,他为捐款召开的发布会超过千次。

"陈光标从小就喜欢打抱不平,行侠仗义。我坐得正,站得稳。虽然我高调,我心里面非常踏实。"陈光标介绍,从1998年他开始捐款做慈善开始,有关部门就到他的公司来查账,不过,从没查出过问题。他觉得自己赚的钱可以坦坦荡荡地晾在阳光下，也希望自己做的好事可以被肯定，被感谢，被赞美。

"给我（荣誉）是种激励，将来对我的孩子和后代也是最好的交待，是历史的见证。他问爷爷为国家做了什么事啊？我要留下个东西。"他说。

誓做中国富豪慈善的引路人

陈光标不但自己高调，还希望做中国富豪慈善的引路人。让他下定这个决心的，是著名的"钱墙"事件。

2009年的最后一天，北京的九华国际会展中心内热闹非凡，陈光标利用参加一个论坛的机会，动员台下四千多位企业家向西部地区捐款捐物，在2010年的春节到来之际，去为这些地区的贫困农牧民发过年的红包，让他们过一个温暖的新年。

陈光标也说不清这是他对企业家的多少次呼吁了。在这以前，他在无数的场合做过呼吁。不过，这次的结果出乎预料得好——有2780多人捐款，一共捐献了价值2.3亿元人民币和实物。其中四位企业家的捐献超过了1000万元，一位甚至是开着车带着1000万元现金来到陈光标的办公室。

早在2007年，陈光标就以全年捐赠1.81亿元的惊人纪录，荣获了"中国首善"称号。除了自己做慈善，陈光标一直在思考，如何发动全中国的企业家做慈善。在当代中国，只有富裕的企业家才是慈善事业的真正源泉。

眼看着长期的努力终于有了响应，陈光标心思开动了，他在想该制造怎样一个新闻事件，来吸引公众的眼球？2010年1月22日，中国工商银行江苏分行会议厅，陈光标用人民币堆砌起一面墙：他将每10万元捆为一块"钱砖"摆列成墙，一共330块"砖"，陈光标站在这面3300万元的"钱墙"后面，面带笑容，双臂平行展开拍了一张照片。

"钱墙"的轰动却正如陈光标所期待。几乎所有的国内主要媒体都做了充分报道。有人说这是"做秀"，陈光标说我就是要做给有钱人看；有人说这是"炫富"，陈光标说我炫耀的是慈善；有人说要依靠慈善机构，陈光标说，期待着这些机构更加透明。

2010年春节前后，5支共237人的慈善家春节慰问团奔赴了新疆、西藏、云南、贵州和广西。陈光标去的是新疆和西藏。这些地方的气温都在零下二三十度，大雪纷飞道路难行。在拉萨，当地群众向他敬献哈达。陈光标不停地弯腰接，在接完两千多条后，甚至因为弯腰太多引起高原反应而一度晕倒。

陈光标说："这次募捐，我只出资300万元，占总数的百分之一多点。而这么多的企业家捐款，让我看到了蕴藏在现在他们心中的善。"

1090字的"裸捐"信

为西部地区募集春节慰问金的事完成后，陈光标感觉到，虽然有一些中国富豪是在做慈善了，但是更多更有钱的富豪却不主动、不愿意。他应该为这个群体的人做榜样，加压力，引领他们走上慈善的道路。

2010年9月，当传出比尔·盖茨和沃伦·巴菲特这两位美国巨富兼慈善家将在北京邀请中国富豪共商慈善的时候，陈光标给这两位慈善家写了一封信。信中说："在我离开这个世界的时候，将不是捐出一半财富，而是向慈善机构捐出自己的全部财产"，并将此作为"给你们两位先生中国之行的见面礼"。

日前，陈光标向《国际先驱导报》记者回忆说："我在9月初收到巴菲特和比尔盖茨联名的邀请函。那时我了解到，基金会总共邀请了中国50位富豪，其中竟有半数打电话过来询问是不是劝捐，并且表示如果是的话就不参加了。9月4日凌晨2点，我再也睡不着了，连夜起来写了那封后来发表在网上的公开信，我清楚地记得那封信一共有1090个字。对我来说，做出这样的决定是迟早的事情。"

其实早在2007年的时候，陈光标曾经宣布，将来把家产95%捐给社会，只保留5%留给子女。

陈光标的财富有多少？陈光标的企业——江苏黄埔再生资源利用有限公司在全国十多个城市有600多台大型设备，在北京、上海、香港、南京等地购置有办公楼，再加上其他固定资产和现金一起，大约价值45亿元人民币。

陈光标有两个孩子，5%的比例分到一个孩子身上至少也有1亿元以上。而"裸捐"之后，两个孩子将与"富二代"无缘。陈光标是带着他的两个儿子参加了"巴比宴"的。大儿子陈环境向本报记者表示，宴会上巴菲特对他说："你表现得很好，我十分看好你！"这是因为他在面对父亲不给他留下遗产时表现出了坚定的支持。

对于"裸捐"一事，陈光标其实是做了决定后通知家人的。陈光标的夫人早就习惯了他的做事方式，并不因此感到意外。不过，她说，"裸捐"后她的压力突然大了，她必须努力把孩子培养成材。

陈光标已经无数次地公开表示，将来会找一家权威的公证处，对他的财产进行公证，以便让全社会来对他进行监督。"目前我自己年富力强，未来争取要创造更多的财富，从中国首善变成全国首富，而所有挣回来的钱，我死后都将一分不留，全部捐献给社会。"

顶着种种质疑高调行善

在中国人做好事不留名的传统影响下，很多人都怀疑，陈光标这样为自己捞取名声是否太过？他的高调，无疑给其他富豪施加了巨大的压力。宣布"裸捐"后，陈光标在接受媒体的采访时表示，对于不愿意接受"巴比宴"邀请的富豪，"是对人生价值观和财富观的认知还不够，还需要陈光标的榜样继续引领。"

陈光标迅速地成为了人们街谈巷议的话题，也开始被各种谣言困扰：陈光标在做废旧军火交易；陈光标通过政府官员才赚到大量的钱财；陈光标的企业偷税漏税……

当他不得不一次次地对采访他的媒体承诺，接受全社会的监督，接受政府的检查时，陈光标显得很无奈。

不过，他依然率性地认为，有压力是个好事，有压力才会思考人生价值观，活着要干什么？掌握了财富做什么最有意义？并坚持用他自己的理解去做事，不顾外界的各种议论。

当然，陈光标式的慈善，更多的是得到了赞扬。敦煌研究院海外联络人李培德在美国从事过近30年的慈善事业，他说："对于富豪们来说，给他们一点压力比较好。美国许多著名的慈善家也是因为感受到压力才从事慈善事业的。"

致公党主席、科技部部长万钢说："高调做慈善没有什么不好，慈善的声音大了，这个社会上善的声音多了，总比恶的声音多要好得多。如果说陈光标是做秀，那么我们希望社会上的有钱人都来做秀，这对穷人、对遇到灾难的人，该是多么大的帮助啊！"

据陈光标说，在2010年底，他个人累计的捐献已经达到14.13亿元人民币，但是他最满意的是他在这一年里作为引领者的成绩：

"'裸捐'的人一天比一天多起来了。很多企业家、公务员和老百姓甚至华人华侨都通过电子邮件、电话，更多的是来信，对我表示赞扬，并承诺以后也要裸捐。以前收到的大多是求助信件，现在一天比一天多的是裸捐信件。"陈光标在微博上说。

"让我真正看到了榜样的力量是无穷的！我每天都开心、快乐、幸福得不知道用什么形容词来形容——请网友告诉我形容词，谢谢！"

（《国际先驱导报》，2011年1月4日）

爱心和慈善是两岸人民共同的精神家园

2010年，还有一件事令陈光标最为难忘，在这一年年底，他来到了魂牵梦萦的祖国宝岛台湾。宝岛之行，他不仅看望了莫拉克台风受灾同胞，而且与台湾有关方面进行了慈善事业交流，低碳环保产业调研，并为春节期间率大陆爱心企业家赴台为当地特困户和困难户发红包作准备。在宝岛台湾，社会各界对他也给予了高度评价和热烈欢迎。当地舆论评价，陈光标来到台湾，传递了两岸人民血脉之情。在台湾，陈光标感受到两岸一家的深情厚谊。国民党荣誉主席吴伯雄与陈光标进行了亲切会谈，感谢他的台湾之行，并亲笔题词：光标先生是两岸人民的榜样。亲民党主席宋楚瑜为陈光标题词：光标先生是两岸人民不可缺失的功臣。台湾海基会董事长江丙坤与陈光标进行亲切交流，他题词：光标先生，中华两岸人民最优质的桥梁。国民党荣誉主席连战还以陈光标名字题词：光大黄埔精神，标新民族美德。新党主席郁慕明为陈光标题词：慈悲为怀，心田积善。国民党副主席关中为陈光标题词是：陈董事长光标，积德兴善，造福人群。国民党吴伯雄办公室还为陈光标颁发表扬状"两岸慈善第一人"，表扬状写道：陈光标先生多年来热心公益事业，关心两岸弱势群体，抛砖引玉深获肯定，特颁此状，以兹表扬。新民党秘书长秦金生题词：光标先生，两岸人民精神典范，中华儿女行善标杆。陈光标感言，中华民族是两岸人民共同的家，爱心和慈善是两岸人民共同的精神家园。

（《人民网》，2011年1月10日）

低调行善是美德，
陈光标高调行善也应获肯定

据台湾"今日新闻网"报道，大陆"首善"陈光标赴台"济贫"，他这种"高调"行善引发岛内议论，国民党"立委"邱毅27日表示，"低调行善"固然是传统美德，但是"高调行善"只要能落实都值得肯定。

针对陈光标赴台行善引发讨论，邱毅日前表示，人们习惯"为善不欲人知"，陈光标"行善广为传知"的高调引发争议，但有部分名嘴似乎也骂得过头了。邱毅强调，"实在无需攻击对方"。

邱毅表示，"低调行善"固然是传统美德，但是"高调行善"只要能落实都值得肯定。

（《中国新闻网》，2011年1月27日）

做慈善不应有坐标

　　做慈善有没有坐标？缘于"中国首善"陈光标携5亿现款去台湾做慈善激起不同反响引发。其实，这个问题应该这么问，做慈善要不要坐标？我以为大可不必。坐标者，乃标准的位置。做慈善乃出自一个人内心的善念，并不贪图什么，更无私欲，因此，将一生积累的财产捐助社会的富豪，和将一元钱捐助乞讨者的孩子；不论是大张旗鼓的捐助，如旧时善心的大户人家声势浩大地给灾民施粥，也有隐姓埋名不事张扬暗中给困难学生汇款，行善者完全可以用自己的方式行善。尽管方式各各不同，他们同样都有一颗金子般的爱心，一样值得社会肯定和人们尊敬。

　　我很敬佩陈光标。并非追慕他"中国首善"的光环，也不因他第一个回应比尔？盖茨、巴菲特，决定身后将全部财产捐赠社会的爱心义举，而确确实实被他的高尚道德情操和高度社会责任感感动。我感动于他极具超前意识的财富观、道德观。

　　他出生在穷苦的苏北农村。后来到南京摆地摊，睡马路，积攒起赚的每一分辛苦钱，是改革开放的好政策，使他致了富，发了财，生意越做越大，终于成了亿万富翁。有了钱，不忘本，他有一颗金子般慈悲为怀的善心，一心感恩社会，一意回报社会。他见不得象他小时候一样贫苦的穷孩子，看到就伸手帮一把。他不尚空谈，从善如流，不仅陆陆续续捐助灾区、贫困地区已达14个亿，更亲历亲为，汶川地震时，他第一时间带领60名职工，12台挖掘机，日夜兼程赶赴重灾第一线。他一个人就从余震不断的废墟中救出40个生命，受到在第一线指挥救灾的总理亲切接见。

一般的富人都能做到这一点的。尤其一些施卑劣手段暴发的富人，让他们感恩社会，回报社会，难。中国封建社会传承下来的财富观：人为财死，鸟为食亡。有了钱就能改变命运，有了钱就可拥有一切。富甲一方，光宗耀祖，造福子孙，鸡犬升天。于是有可能出现为富不仁，穷奢极欲，横行乡里，道德败坏，直接影响社会稳定。

陈光标的财富观颠覆了传统的财富观。他说，财富是水，是身外之物。如果有一杯水，可以一个人喝，有一桶水，可以存放在家里，要是有一条河，就该与大家分享。他是这么说的，也是这么做的。他捐助的钱财惠及千万人，没有留给儿女，他的决定得到全家人的支持。父母仍在农村种地，弟弟仍在给人家当保安，妹妹仍在替餐馆涮盘子。有人因此责难，亲情都不顾的人，谈何慈善社会？他回答，财富也能衡定一个人的价值，弟、妹的价值应该由他们自己去奋斗去获得，不劳而获的结果，只能培养惰性。对子女也一样，他认为，现在60%的富二代都是败家子，就是因为太习惯于坐享其成。最近他的儿子在报纸上发表一篇文章：《不做富二代》，明确表示，他要像父亲一样，做一个自食其力的人，凭自己的努力，将来赚更多的钱，也要像父亲一样回报社会，将慈善事业做得更大。

有人建议，陈光标去作社会活动家，专做富人阶层的慈善工作。我以为这个建议不妥，极为不妥。慈善事业是社会责任感的自觉行为，是一种情操高尚的心灵美，并不需要靠外力劝导或摊派，不然的话，就失去做慈善的意义。我疑问的是，为什么现在做慈善献爱心的，大都是过去出身十分贫苦，后来奋发图强富起来不忘本的人。而那些豪富的衙内呢？据陈光标说，现在还有能买下整个北京城的千亿豪富，没有为灾区捐过一分钱，他们隐形，不愿露富，自然有他们的想法。说的也是。政府不作为，可以苛责，公民慈善与否，不能苛求。

我倒是觉得，政府公务员完全应该将陈光标作为"情为民所系，权为民所用，利为民所谋"的榜样，官员必不可少身体力行的清廉执法，以提高富人整体的道德素质。在拜金猖獗、信仰缺失的今天，何妨将陈光标感恩社会、回报社会的道德观、财富观，作为现实的人生座标，来影响富人阶层，不，应该说影响所有的人。如果人人都具有了他这样的道德观、财富观，政府官员前腐后继的局面当彻底改观，惠民第一，GDP与为民谋福祉紧密相系，而不是热衷政绩形象工程；社会风气及人的精神面貌顿焕然一新，富人用黑心手段敛财和诈捐现象当不再会发生。因为，人人都懂得了财富是什么，财富从那儿来，最应该用到那里去。人心向善，感恩社会，慈善成了人们正常不过的社会责任，心里装进了整个社会，公心就会张扬，私欲就会祛除，人与人的关系将大大改善，社会才可能真正和谐快速发展。

陈光标不是首富，富豪榜100名都排不上他，但他是"首善"，无可置疑的道德楷模。他的影响力使中国的社会道德提升了一个层次。也因此，我质疑：政府最近开办了多种多样富二代培训班，宗旨是什么？如果仅仅教导他们如何勤俭，如何守业，不把重点放在感恩社会的道德教育，最好的结果也只能从败家子转升为守财奴；我更反对搞各种各类富豪榜，那只能刺激人们更进一步攀比敛财，乃至不惜黑心违法。如果改为社会慈善功德榜，至少也要比富豪榜有意义得多；再，我更不赞成富人裸捐，包括陈光标身后捐出全部财产50亿的声明，那样的一次性行为，实在不是对社会负责任的长久之计。社会更需要富人的财富传宗接代发扬光大，与社会同步，一代更比一代富有，同时，道德观、财富观也传宗接代，一代比一代更懂得感恩社会、回报社会，这样，缩小贫富差距，建设和谐社会，当指日可待。我曾想，如果以后提拔官员能够多重用这些真正具有爱心善念的人物，他们必定能全心全意造福一方。比用考试的方式招考公务员实在得多。

　　感谢陈光标，是他的闪光点引发如是反思。

（《齐鲁热线》，2011年2月8日）

挺一挺陈光标"高标向前"的"慈善观"

"如果说我默默无闻地把我的钱放在某个基金会里面，那中国的慈善可能要缓慢几十年。希望社会给我包容，有陈光标存在，中国的慈善事业进步了几十年。"他表示，慈善还要继续做下去，而且要做遍全球，今年要成为"世界首善"。3日下午，作为特邀嘉宾出席政协大会开幕会的"中国首善"陈光标出现在人民大会堂东门外，向团团包围的媒体记者宣讲起自己的"慈善蓝图"。（3月4日《南方都市报》）

陈光标认为做慈善不能默默无闻，要把慈善的影响力扩大。这样的观点，我是非常赞同的。

历来，我们中国的文化讲究的是"内敛"，不主张"高调"。做人是这样，做事是这样，做好事也要求这样。我们往往觉得陈光标太"高标"，只是因为我们戴了一顶传统、"仍然旧道德"的古老眼镜，而不自觉。做了好事，我们会内心特别快乐、温暖，仿佛是被施与者也回赠了我们什么。这样真挚的情感，为什么要像做了坏事一样掩盖、隐藏、压抑？相较而言，中国的慈善事业显然是很不发达的。为什么？正是因为我们不敢"高调"：害怕"人出名"、"猪壮了"；害怕别人的流言飞语。正是因为我们的"嫉妒"：担心别人"出名了"、"有好处"；凭什么他出名？他一定有企图！就这样，慈善的快乐，被我们的传统和旧道德阉割，像旧时代的闺阁一样被严加看管，不许出门！

慈善和商品有一样的流通及深入人心的规律，不常常宣扬，不广而告之，又怎能尽人皆知尽人会做呢？而且，你的慈善发出了，如果无声无息不明不白，保不定就明珠暗投被人私用。所以，隐藏的慈善注定裹足不前！——陈光标背着"标榜"的恶名，牺牲"我"一个，幸福千万家，并大大地荡涤了我们传统道德中的腐气，注入了时代的新鲜血液，这就是孔子对世道人心所期待和赞许的"大善"吧！陈光标，我支持你，非常非常"挺"你的"慈善观"！

（《公益时报》2011年3月7日，作者张渤宁）

"低调"的雷锋和"高调"的陈光标
"异曲同工"

陈光标做了善事之后，往往会带来一片质疑声。纵观这些质疑，没有人否认他做的是好事、善事，也没有人质疑他"吹牛"、弄虚作假。质疑的焦点在于他做慈善的行为方式不符合许多国人的"口味"，嫌他做好事"高调"或"暴力"。

其实，这些质疑都是没有必要的，只要一个人做了好事，别管他是默默无闻不声张，也别管他是敲锣打鼓地"高调"或"暴力"。只要是好事，就应该予以褒扬，否则，就是一种心胸狭隘、观念腐朽的表现。

雷锋一心一意做好事，做了好事后不留名，是一种美德，值得学习；同样，陈光标做了好事，希望让更多的人知道，也是一种美德。因为他们的核心是相同的，都做了好事，在客观上都起到了"助人"的作用。这是"异曲同工"。

雷锋生前虽然做了许多好事，可是，当时"外界"有几个人知道呢？又能影响几个人去以他为榜样呢？可是，后来就不一样了，自从媒体报道过雷锋的事迹、领袖题词"学习雷锋好榜样"之后，全国人民都知道了雷锋这个名字，并掀起一轮又一轮的学雷锋高潮。这就是"高调"带来的良好示范效应。陈光标通过"高调"做"好事"，高调宣传自己，不也是为了让更多的人知道，起到更好的示范效应吗？

雷锋与陈光标只不过一个做好事"低调"，一个做好事"高调"罢了，在宣传的必要和作用上，他们是"异曲同工"的。当一个社会"雷锋"少的时候，需要"高调"宣传；同样，当一个社会"陈光标"少的时候，为什么就不可以"高调"呢？"高调"有什么坏处呢？

有的富商倒不"高调"，可是也不见他低调"做好事"；有的富商还"偷偷摸摸"地做"恶事"，制造假冒伪劣商品、危害食品安全；还有的搞暴力拆迁、为富不仁；还有的在"道德血液"与陈光标比相形见绌的情况下对其进行讽刺和攻击……这些，才是应该遭到强烈质疑的！而一些人恰恰抓不住事件的本质，一味地在"善人"的行为方式上找碴挑刺、吹毛求疵。难怪陈光标无奈地说："我不知道我要怎样做大家才满意。"

可以想象，如果中国出现一个又一个"高调"的、"暴力慈善"的"陈光标"，中国的慈善事业一定会"高歌猛进"、蓬勃发展……

（《新京报》2011年3月21日，作者马金真）

这样的"暴力慈善"不妨再多一点

锦衣夜行的傻事少有人做，做了好事而得不到肯定和鼓励，恐怕也是"犯傻"。小孩子在实行鼓励教育法，慈善家为什么就不可以给予不吝的掌声呢？陈光标自己说：我带着6台大型机器，第一个到达灾区现场，舟曲的领导握着我的手说，你要是晚来几分钟，不知道损失有多大。之后，这6台机器就捐给舟曲了，我又捐了1000万现金、2000台电脑。结果舟曲表彰的时候，还把我给忘了。不知道是不是对这种政府"忘了"的刻骨记忆才使陈光标记取了教训要"高调行善"？即便不是"被忘了"，一捐达到数千万现金，又凭什么不让人家高调呢？

2010年8月2日《重庆晚报》报道：57岁的何大妈晨练时一头栽进了浙江省杭州市荷花池，82岁的孙老伯奋不顾身跳入池中救人。大妈心存感激，打算登门道谢，却被老伯要求找电视台报社宣传一下他的行为。而孙老伯"求表扬"的事件本意是弘扬正气，号召更多的年轻人加入到见义勇为的行列中来，一个见义勇为的老人"求表扬"，陈光标为什么就不可以"高调行善"呢？

所谓的"暴力慈善"，可能是说陈光标式慈善"高调"过了头，比方说"拿钱拍照"，其意就是宣扬自己，吹捧自己。如果非要说这种方式为"暴力"，笔者认为这样的"暴力慈善"不妨多一点再多一点，当所有的富人企业家都学陈光标这样行这种"暴力慈善"，整个社会也就多了一些和谐，穷人就多了一些关爱。为什么非要排斥这种过头的"高调慈善"呢？

当前慈善的问题不是"暴力慈善"与"非暴力慈善"的问

题，而是慈善本身并没有形成一种大气候的问题，为富不仁者多多，为富而仁者少少。陈光标这样的慈善家不过也是一种"求表扬"的"少少"者，绝大多数富人企业家，甚至连这种"暴力慈善"也没有尝试过。

（《京华时报》2011年3月21日，作者李振忠）

谁来树一个比陈光标更好的慈善标杆

日前，被冠以中国"首善"的陈光标赶到云南盈江地震灾区，向两个寨的群众发放了23万救灾款。他在派钱后与村民举钱合影的照片在网上引发争议。对于自己的慈善行为被定义为"暴力慈善"，陈光标回应说："当前中国慈善事业的大发展必须要用'大暴力'去推动。用暴力慈善才能推动慈善事业大幅度地进步。"

对陈光标另类的慈善之举，一直以来褒贬不一。去年陈光标募集募捐到4316万现金，堆成"钱山"向穷困户发放，曾引起舆论热议。今年他又拎着钱袋到台湾、日本等地散财，也曾引起争议甚至婉拒……慈善本来是一个两情相悦的事，捐赠者帮助了别人自己得到了快乐，受赠者受到了别人的帮助而度过了困境。在捐赠与受赠的互动中，体现了人类的互助精神。"慈善"本来是个美好的名词，"暴力"是个令人恐惧的字眼，这本来是两个风马牛不相及的东西，现在却结合在了一起，"暴力慈善"这一词汇的出笼，反映出了人们对陈光标的高调慈善之举复杂的感情。

平心而论，陈光标的这种慈善方式，确实有种让人难以言说的意味。网上流传的盈江派钱照片上，除了"首善"陈光标一脸灿烂的笑容外，而那些受助者的脸上没有一丝喜悦，人们的脸上写满了茫然。这样的场景，也许就是陈光标式慈善的一种缩影——体面的是陈光标一人，尴尬的是广大受助者。这也许正是被认为不可宽恕的地方——缺乏对受助者将心比心的考虑，让他们的人格尊严受到了伤害。

　　不过，细想来，未充足考虑受助者尊严的事情其实并不少见：比如电视上常见的对困难家庭或困难学生的捐赠仪式报道中，给受助者的特写镜头……是的，慈善能够润物细无声、做好事不留名，这确实是一种很高的境界，这也是我们所认可的传统美德。因为对于被资助者来说，贫困并不是一个多么光彩的事，并不值得大肆宣扬；受灾本来就是一个令人悲伤的事，也没有必要把伤口总是展示于人。因此考虑一下被捐赠者的感受，让人在受到捐助的同时，更得到精神上的慰藉，这当然是一种更高境界的慈善。这也许是陈光标式的慈善需要改进的地方。

　　在慈善尚不发达的当下，一些慈善机构运作不透明，效率低下，甚至出现贪污腐败，因而公信力受损；还有一些慈善机构受到方方面面的制约，难以大展拳脚……面对如此情况，陈光标的"暴力慈善"就是一个无奈的次优选择。因为，相对于颜面小小的受损，生存困境得到解决才是更现实的，嗟来之食也是"食"，至少能解决眼前的困难。陈光标的"暴力慈善"能够在争议声中大行其道，这才是我们应该反思的。

　　当下，我们的慈善事业还处在起步阶段，需要更多人参与，如果现在就用那些慈善事业高度发达国家的标准来衡量数量尚不多的参与者，标准未免有些严苛。尊重受赠人的感受和尊严，不是张张嘴就能实现，需要慈善事业的高度发达，需要更多的人身体力行。陈光标式的慈善确实不完美，但如果指责者能够像陈光标那样行动起来，树立一个更好的慈善标杆，相信我们离走出"暴力慈善"困局的那一天就不会太远了。

（《华商报》2011年3月22日，作者田德政）

当雷锋遇上陈光标

有这样一个人，他是中国大地上一颗渺小却坚韧的螺丝钉，以自己短暂却光荣的一生演绎了"为人民服务"的真谛。

有这样一个人，他是华夏平原上一面鲜艳而飘扬的旗帜，以自己有限却震撼的力量展现了"为人民服务"的品质。

他选择永不停息地，全心全意地为人民做好事。在火车上，在建筑工地里，在抗洪抢险的第一线，他总是默默地出现，默默地做事，再默默地离开。当别人问起他的姓名，他羞涩一笑："我的名字叫解放军。"

他选择把财富归还世界，让更多遭遇不幸和贫困的兄弟姐妹共享。汶川地震，玉树地震，云南地震，甚至日本地震，他一直走在抗灾的前线。他说："我就要高调做善事，如果你不服你来做，你来和我争"中国首善"这个称号。"

他是雷锋。

他是当代活雷锋——陈光标。

他们来自农村，体会过生活的疾苦；他们懂得感恩，回馈他人和社会的帮助；他们都是时代的领军人物，都代表了一种时代精神。

这些年来，对很多人来说，感兴趣的不是我们自己是否在学雷锋，而是外国人在学雷锋，感兴趣的不是我们的身边有多少雷锋，而是西点军校是否有雷锋塑像。但是，不管怎样，英雄是不应该被遗忘的，雷锋精神是不应该被遗忘的。

一个没有英雄的民族，是一个悲哀的民族；然而一个有英雄却不知尊重、不知珍惜的民族，则是一个可怜的民族。雷锋是我们这片古老的土地孕育的一位平民英雄。雷锋从来不会离开我们，而我们却曾经几度远离了雷锋。而陈光标则用实际行动证明了中国人不曾忘记英雄，不曾丢弃奉献精神，给国人敲响了警钟。

在生活中，我们需要雷锋精神，一个时刻只看到自己利益的人是很难体会到生活中的快乐的，真正的快乐只有一种，那就是为他人而付出。

同样，一个国家，一个政府，任何时候都不能缺少雷锋精神。几乎整个人类文明的发展都依赖于这种人的努力，他们时刻想的不是自己的利益，而是所有民众的利益。每一个国家都在寻找自己的"雷锋"，每一个民族都在寻找自己的"雷锋"。雷锋精神所能影响的远不止一个人，一个企业，一个国家。今日，雷锋精神已经成为全人类努力学习和实践的精神，每一个民族和国家都在寻找和培养更多的雷锋，因为我们整个人类文明的发展都将因为有更多这样的人而变得更加美好。

（《秋千网》，2011年3月31日）

"高调退贿"与"高调行善"
要顶！更要挺！

3月23日，网易上的一则消息《官员张翁飞网上公布退贿清单 质疑做秀（图）》很是抢眼，消息说江苏盐城副科级干部张翁飞在网上把自己因工作接受到的"礼金"9000元分笔如数退还给了礼金的原主人，并在网上"高调"贴出了自己退礼的汇款单收据和凭证。网友"顶"声一片，质疑也不断。看完消息笔者忽然想起了另外一个同样高调的人——陈光标。按说两个人风牛马不相及，但是因为一个词——"高调"我觉得放到一起讨论一下也未尝不可。

陈光标大家不陌生，中国首善，江苏黄埔再生资源利用有限公司董事长，因为倡导"裸捐"、"高调行善"备受争议，但争议非但没有妨碍他继续他的"善举"，反而"捐款"这一行为因为陈光标的出现而被推到了一个新的"境界"：他不学雷锋帮助别人不留名。他捐了款还要别人举着他的"善款"与他合影留念，并且毫不避讳自己的张扬，面对媒体侃侃而谈说他的初衷就是要号召更多人加入慈善行列，推动中国慈善发展。高调的做法让不少人出来批评说他的行为有些像给被助者"嗟来之食"，让被助者没有尊严。陈光标做得过了吗？个人觉得没有，因为在中国慈善事业依然贫弱的今天，陈光标的行为无疑是走在前面的一面旗帜，无论他怎样"折腾"，他敢于动"真刀真枪"的勇气和示范作用是不容小觑的，他的作为不但不应该被苛求，还要给予积极的肯定。

张翁飞，江苏盐城的一个副科级的"芝麻官"，他不是名人，但他"特立独行"向官场潜规则挑战，网晒"退贿清单"的做法却让人佩服。"官场潜规则"这个词有些隐晦——既然已成"规则"，自然也是由来已久，所以，一直以来凡是身处其中的人都对他讳莫如深。张翁飞身处官场自然也深谙其道，但是他没有选择默认，反而高调站出来拿自己"现身说法"向潜规则挑战。在大家都靠潜规则"接朋交友"并选择"心照不宣"的大环境下，张翁飞的做法显然就成了"另类"，然而反过来思考，张翁飞错了吗？没有，相反他的做法无疑还应该大力弘扬的，因为"反腐倡廉"一直是我们喊了多年的口号，"风清气正"也是我们追求的终极效果，张翁飞在身体力行，却受到质疑，这让我们这些吃着皇粮人的纪检人多少有些尴尬，到底该反省的是谁？

纵观两件事情，笔者认为两个人的做法有异曲同工之处，高调只是一种手段，你叫他"暴力慈善"也好，叫他"沽名钓誉"也罢，在相关"制度尚未跟上、机制尚未完善"的空挡里，在"道德滑坡、潜规则横行"的复杂社会背景下，他们的"摇旗呐喊"多少显得有些寂寞，也许他们的方式还有待商榷；也许他们的形式还有待改进，但不可否认，他们也确实起到了"唤醒大众认识、引起社会关注"的作用，其积极的一面是显而易见的，那么对于这样的"高调"，我们该持什么样的态度去对待呢？仅仅是"顶"吗？为什么不能是"挺"呢？

（《中国共产党新闻网》2011年3月24日，作者李放）

慈善不分高调低调，
只要是做好事就无可厚非

凤凰网财经讯 博鳌亚洲论坛2011年年会于4月14~16日在中国海南博鳌举行，凤凰网财经全程进行报道，远东控股集团有限公司董事局主席蒋锡培在与凤凰网的独家对话中表示，慈善不分高调低调，只要是做好事就无可厚非。以下为对话实录：

凤凰网：我看远东它在招聘员工的时候，跟其他的企业不太一样，它招聘了很多残障人士，您也获得了慈善企业家的很多称号，您做慈善的时候为什么会特别关注这些残障人士呢？

蒋锡培：其实我们开始做企业的时候，也没有想到太多太多，就是想把自己生活改善一点，能够建立一个美好的家庭，让家里面的兄弟姐妹亲朋好友能够过得开心一点，脸上也有光彩。后来这个企业规模不断地扩大，我感觉需要对得起我们这么多的同事们，还有这么多关心我们的人，我觉得我需要去担当，我需要去尽这样的社会责任和义务。特别是当我创造这个企业的时候，有两个残障人士是我父母和我的同学分别介绍的，我跟他们有了特殊的这样一种友情，也了解了他们的内心世界，也了解了这样一个群体，我觉得我做企业本身就是为了解决一些问题，为了能够自己的抱负、愿望、理想能够实现，我帮助这样的一些群体提供就业岗位，帮助他们培训有一技之长，改善他们的生活，让他们活得更开心、更幸福的话，我觉得我也是很欣慰的。因此我把这件事情作为长期的一件事情来做，也确实这20年来我们分别培训安置了2000多位残疾员工，另外现在还有1500多位的声障的员工，也是我们国内目前安置声障人士最多的，我觉得这个群体确实需要大家来帮助。光靠我一个人，光靠一个企业也解决不了8300万这样的一个群体，事实上我们一直在努力，我们做得还不够。

凤凰网：像您做慈善在我看来是比较低调的，因为做慈善总有高调低调之分，您是怎么看待高调慈善比如说像陈光标他那种高调的慈善行为？

蒋锡培：因为大家觉得我们这个企业家们，我们这个社会，慈善的氛围还不够，还需要大家去努力，还需要共同去尽这样的一份心，尽这样的一份责，光标能够有这样的一个境界，献出他好不容易挣出来的财富，贡献给需要帮助的人，帮助各种各样不同的群体，我觉得这个无可厚非。确实很多这种情况我都没有做到，他可以做到，他是希望用他的实际行动来促进更多的人去做更多的慈善事业。

尽管我们做企业把企业做好，就是最大的责任，就是最大的慈善，你尽法律的义务去做慈善，这个更是加分的，让大家更加认可的这种举措。确确实实，光标身上有很多值得我们熟悉的。

至于说有些人做了不太说，我这样说根本不去说，这也是每个人所取的态度，因为他觉得可能不需要说，或者说没有到说的时候。不管是高调也好、低调也好，只要他做好事，就无可厚非。

（《凤凰网》2011年4月16日，作者蒋锡培）

怎样看待"高调"的陈光标

对乐于行善的人，不妨多一份理解，不必在他高调时推波助澜，也不能一棒子打死，让后来者望而生畏。

对一个慈善家来说，"诈捐"的罪名足以终结一切。因此，中国"首善"陈光标捐赠"注水"的传闻，无论对媒体、公众还是陈光标本人，都攸关重大。往小了说，事关一个人的名誉；往大了说，关系到慈善事业的成长。

这两天，一些慈善机构已公开为陈光标证明"真捐"，不过，仍有媒体还在逐笔求证质疑。事实上，这两年，陈光标在慈善的道路上不断成为舆论焦点，其高调的行善方式，也曾引来一些争议，甚至被视为"暴力慈善"。但围绕一些争议，还是有几分疑惑。

疑惑一，行善者是否必须是道德完人？有人认为，作为公众人物，陈光标应该成为"楷模"。而民营企业家陈光标恐怕并非完人，特别是对传统上以低调、清高、做好事不留名为美德的中国人而言，"高调"、"好名"、"做秀"是一种非常惹眼、易招反感的"缺点"。那么，非楷模人物甚至是有明显缺点的人，行善就该一律否定吗？如果是这样，还有几人有资格行善？水至清则无鱼，在严苛的道德标准下，慈善的"池"中还能幸存几条"鱼"？

疑惑二，"高调行善"，是否比"低调不行善"更该受到质疑？在中国，靠税收来调节二次分配的制度一直在完善之中，一些富豪大款可以在全球奢侈品市场出手豪阔，可以把几乎所有财富留在手里、留给子孙，慈善的理念在这一人群中显未普及。相对那些吝拔一毛的富豪，"高调"捐款的陈光标，就该承受更多的批判和冷嘲热讽吗？当盖茨、巴菲特携手来华劝捐，陈光标大声回应死后裸捐，曾让不少退避三舍的中国企业家被动而尴尬。两者相比，谁更该受到质疑？

疑惑三，慈善事业的制度缺陷是否应该由个人"买单"？毫无疑问，中国慈善的收支制度、监管制度有诸多不够科学、不够透明之处。救灾时大张旗鼓募得大笔善款，捐后如何使用却一直鲜有公开。陈光标陷入"诈捐门"，一部分原因也是因为一些慈善机构对捐赠信息披露不够。我们在要求陈光标"自证清白"的同时，是否更应要求相关慈善机构对"诈捐"争议及时评判？

陈光标是一位民营企业家，他捐或不捐、捐多捐少，是否有以募捐换取广告效应，是否借此与政府搞好关系以争取项目……这种种被质疑的行为，如果一定要算作不足，那也是个人选择，只要其中不涉违法，他的捐款行为就应该和其他好心人一样，受到肯定。这和有的地方、专业慈善机构的"挪用"、"滥用"善款，性质判然有别。

作为一个立志用自己的"高调"推动中国慈善事业发展的企业家，陈光标的慈善方式确有可以改进之处。但于起步较晚、阻力很大的中国慈善事业而言，公众特别是企业，还远未形成乐捐善助的社会习惯。当此之际，在严格制度建设和监管机制的同时，对乐于行善的人，不妨多一份理解，不必在他高调时推波助澜，也不能一棒子打死，让后来者望而生畏……

（《人民日报》2011年4月27日，作者李泓冰）

像保护大熊猫一样保护慈善心

对"中国首善"陈光标高调慈善的质疑，舆论从来没有停止过，但没有哪一次的质疑，有这一次某媒体对陈光标的质疑更猛烈。这篇题为《中国首善陈光标之谜》的报道，曝光陈光标多起捐赠的问题，或是捐款没到位，或是捐款单位不对，或是将别人捐款划到自己的捐赠单上，等等，将这个"中国首富"简直描述成一个"中国首骗"、"中国首席伪慈善家"。媒体曝光后，陈光标一一回应了质疑，媒体又对陈光标的回应作了逐一回应。（综合近日媒体报道）

陈光标回应不一定都为真，但综观这家媒体的这组报道，我的判断是：记者的采访不够扎实，没有做到平衡，没有采访最重要的新闻当事人，缺少有说服力的证据。从该媒体对陈光标的回应来看，那条新闻做得很不专业——这还不是最重要的，最让人感到不舒服的是，在对待慈善这种脆弱的事务上，缺乏起码的节制和审慎，让人感觉不到尊重慈善、追求真相的善意，而充满了先入为主的偏见和"非要将这个中国首善拉下神坛"的曝光冲动。

陈光标做慈善，捐了那么多真金白银，可以不喜欢他高调的行事方式，反感他的"暴力慈善"，但出于公心和公共利益，还是应该对他真正帮了许多人、改变了许多人命运的慈善行为保持尊重的，有几个人像他那样捐过那么多钱，又有几个人像他那样给中国慈善带来那么大的助益。不是说陈光标做了善事，就可以免予被质疑；也不是说，别人没像陈光标那样行善，就没有质疑他的资格。而是说：第一，质疑，要拿出确凿可靠的证据，不能为了新闻轰动效应而信口开河，如果陈光标真是个"首骗"，揪出这沽名钓誉的首骗对中国慈善更有利，诚信比慈善更重要。第二，要审慎地去质疑慈善，因为慈善完全依赖人道义上的自觉和爱心，所以这种事业是很脆弱的，人的向善之心很容易因为一种苛责而退却和寒心。

行善纯粹是一种不求回报、出于道德自觉的奉献，这种无利益回报所支撑的无私奉献，本就非常脆弱，是易碎品，需要别人的鼓励，需要外在的呵护。一颗善心，需要身边人以善呵护，才能形成一种友好的慈善氛围。将心比心，如果你在行善，别人却用笔如刀，苛刻地质疑动机，带着放大镜看你的问题，你会是什么感觉？陈光标心态算很好的，对质疑一向很看得开，估计这一次回应质疑时也不会太受伤害，但作为一个公正的旁观者，看到一个乐善好施的人顶着骂名被逼拿出一张张票据证明清白，还是感觉很寒心的。中国慈善很不完善，爱心非常稀缺，这种情况下更须善待像陈光标这样的行善者，节制那种"在名人身上挖大新闻"、"把偶像拉下神坛"的职业冲动，防止伤害到爱心。

人总是有些虚荣的，身上总难免有一些缺点，无疑，陈光标肯定也有，而且从其高调慈善的作风来看，缺点估计还不少，他的慈善，多多少少会有些问题，但还是应该对这个"中国首善"以最大的宽容，他不是一个完人，但他却是一个乐善好施、并用他数亿元捐献帮了很多人的善人。中国的慈善发展严重不足，就拿2006年来说，当年政府筹到的慈善捐款不过30多亿元，加上慈善组织机构募捐和民间互助捐赠共约100亿元，这个数字，尚不到发达国家一位富豪的捐款。中国的慈善，还没有丰裕到可以这么糟蹋的地步，没有富足到可以这样用苛刻的道德洁癖去挑肥拣瘦。

所以我觉得，应该像保护大熊猫一样保护慈善心。从陈光标对媒体的倾诉来看，他是很不容易的，可以说是受着三层挤压。其一是一些官员并不喜欢他，他接受采访时说：由于高调，我得罪了部分企业家和官员。我做企业至今，从来没给官员送过一分钱。我父亲教我，坚持守法经营、诚信做企业，不要坑蒙拐骗，低调做人，高调行善，如果偷税漏税，我的高调早就把我送进监狱了——这话也许有夸张，但如果真不送钱给官员，肯定是不招他们喜欢的。其二是富人同行，因为陈光标的慷慨解囊照出了国内不少其他富人身上的"小"，陈光标每有高调捐赠，媒体必会借此批评其他富人吝啬，所以也招其他富人反感，陈曾经坦言"请富人们包容我陈光标的存在"。其三就是一些媒体对他的苛责苛评，戴着有色眼镜苛审他行善的动机。

网上关于陈光标的传言有很多，什么打压媒体报道，送官员豪车，作风上的问题等等，都是传言，没有看到过确凿的媒体报道——我不太关注这些，我只关注他的善行是不是真的，每一笔捐款是不是真的。10年来捐款捐物突破8亿多元，并宣布死后捐出50余亿元全部财产。

当然了，如果有确凿证据证明陈光标诈捐，陈光标做了再多善事，也无法掩饰这种污点。同时，我不质疑那些质疑陈光标的人自己是否有过慈善捐赠行为，只是希望这些质疑者，不妨多听听那些受过陈光标捐助的人对陈的看法，这样的话，也许会对陈光标有更客观和公正的评价。

（《中国青年报》2011年4月27日，作者曹林）

陈光标是中国企业家的佼佼者

中国江苏网4月29日讯 （记者 程远）今日下午3点30分，全国政协副主席、全国工商联主席黄孟复一行来到南京黄埔防灾减灾培训中心，看望民营企业家代表陈光标并参观了江苏黄埔再生资源利用有限公司环保产业建筑垃圾二次处理及救灾防灾设备。

针对近日有个别媒体对陈光标的质疑，黄孟复也在今天的会面中发表了自己的见解。他在会上表示，陈光标本人身上有两个闪光点最让人佩服。他说："陈光标做慈善事业身体力行，事必躬亲，每次国家有难时他都冲锋在前。他一个民营企业家，是中国企业家中的佼佼者，我们在汶川地震时都有目共睹，他一个民营企业家，第一时间赶往了地震灾区，并通过自己的最大能力驰援灾区，还冒着余震的危险深入废墟救人，这种行善的独特之处，献身精神，是值得我们中国企业家及行善者应学习的。"陈光标捐款数额的比例，是另一个令我钦佩的方面，他依靠环保产业的利润，来做善事，并捐出整个企业利润的五成，这都是比较罕见的。做慈善，不一定看捐出的数额多少，关键还是爱心，要体现在实际中。"黄孟复回忆说："我记得当时有个孩子，依靠捡破烂换取的几毛钱，捐给了红丝带基金会，虽然数额不大，但着实令人感动不已。我们社会上的人都应尽力而为去做好自己。"黄孟复也诚恳的对陈光标提出了一些建议，他表示："首善这个称呼没有什么实际的意义，在中国行善，首先要做到感染更多人，树立一个好的榜样。"针对个别媒体的质疑，他鼓励陈光标说："不要埋怨，也不要觉得委屈，要知道名人都是不好当的。应该放开心胸，勇于担当。人无完人，要不断改进自己，提高自己，努力做到最好。"同时，黄孟复也表示现阶段中国的媒体还不是很成熟，有些过于功利化，不能只因为吸引眼球就丧失道德准则，在这方面媒体应好好反思。"

黄孟复也在下午看望并鼓励了正在这里接受防灾减灾培训的学生。

（中国江苏网，2011年4月29日）

陈光标善念善举应予保护

近日，有某媒体经过"调查"，"高调"质疑一向"高调"进行慈善捐赠事业的江苏再生资源利用有限公司董事长陈光标先生，在社会上引起了巨大反响，此事不仅影响了陈光标在国内企业家中的最新慈善排名，而且有可能把陈光标从"首善"变为"伪善"，这对陈光标个人的善念善举而言很不公平。

看了报道，我认为有关记者虽然对陈光标的一些捐赠善款进行了"调查"，但是，这还不足以影响陈光标作为慈善明星的善念善举，说他"做秀"更是不厚道。为什么？最重要的是，在我们这个物欲横流、一些企业家赚了钱（就算都是"干净"的）后要么尽情挥霍、要么把钱转移到国外的时代，陈光标却多年来心系善举，他捐赠的钱物，累计可能已达10亿元左右（据2009年发布的有关资料，陈光标当时累捐为8.1亿元），还多次奔向贫困地区、奔向地震灾区去救灾赈灾，我觉得他非常不容易，在内地企业界中应该属于有良心、有爱心的大善人。

个别媒体披露陈光标的一些捐赠，有的未到位，有的数字上有夸大。后来陈光标在接受央视等媒体采访时，对捐赠中的些情况进行了反应，情绪是委屈和迷惘的。我在想，现在社会很需要慈善家的善念善举，我们的媒体从业者为什么不把精力用在揭露黑心企业和揭发为富不仁、极尽奢华方面，而要去对一位"明星首善"的善举"揭示真相"呢？

就算陈光标的善举有一定的"折扣"，但其中也是另有可以理解的"情况"的，例如关于陈光标宣布2010年春节在云、贵、川、新、藏发放春节慰问红包7100万元一事，"调查者"称，陈光标讲他在新疆发红包2100万元，而新疆青基会负责人费立刚说实际只发了600万元。这中间产生"差距"，我以为可能有多种因素，一是几万只红包，需巨大人力、时间，是很累的活，还要有关基层的配合，所以，这类吃力可能不讨好的活，打个折扣或半途而废是可能的；二是陈光标可能跳过了新疆青基会去自行直接发放了红包，青基会不全面掌握亦很正常；三是也可能是陈光标方面原因，或原先的承诺难以实现，或财务上有问题，或承诺时确有多报数字等等。总之，这2100万元红包的事，应该比较复杂，不应就此认定为陈光标是诈捐。而更重要的是，陈光标毕竟发出了600万元的红包。另一件事，新疆青基会披露陈光标承诺捐1000台电脑，说现在只收到500台。我总觉得，作为一家慈善机构，这样做显得很不道德，是伤人心的，因为人家承诺捐赠的钱物未完全到位，你就向社会公开，这就有"揭发"之嫌，不应该是慈善机构的所为。在陈光标善举中，也有些并不是陈光标本身问题而是政策问题造成善举梗阻的，如2010年5月那笔向江苏光彩事业促进会的1000万元捐款，陈光标已把钱打入了光彩事业促进会账户，后因他们开不出免税发票，才又转回陈光标企业账户，这就是政策上不配套问题，据说在国外，企业支持文化、慈善事业是可以相应地免税的，但我们国家至今尚未制定这方面的政策。

当然，陈光标不是完人，他在善捐中可能有些不妥之举，或由于种种原因在承捐数字上有扩大（或因故无法兑现）等，但中间原因也很复杂，例如"运动式当场认捐"造成举措疏忽失当、或政策法规不健全等原因，因而引来质疑，这很正常。但我们不要忘了，多年来陈光标的巨额捐赠是"硬道理"，在新疆发600万元红包、给青基会的500台电脑也是"硬道理"，还有许多善举也是"硬道理"，他的善念善举、尤其是他高调宣传自身的善念善举，带动了国内许多企业家的慈善事业，这应该是符合社会主旋律道德楷模的行动，不论其中有无个人做秀的成份，社会都应该表示欢迎和保护，如果把陈光标的善念善举否定了，那就不是陈光标个人的进退，而是社会道德的倒退，从此，会使许多有善念善举的人望而却步。所以，社会应欢迎、支持、鼓励一切大的或小的善念善举、欢迎和激励未完全到位的部分善念善举，勿以"善小"或"善疵"而摈弃任何方面的善念善举，这应该成为社会文明、慈善文明的道德准则。

在刚结束的2011年第八届中国慈善排行榜评选中，福耀玻瑞集团董事长曹德旺获"首善"，他的捐款已达10.28亿元多。2010年，全国个人慈善捐款已达74.28亿，企业善捐也达116.07亿元，这是很可喜的现象，社会应向这些慈善家、慈善企业表示敬意，敬奉他们为道德榜样。陈光标因捐物或直接向个人发放现金，未能进入慈善榜前列，但我们还是应该保护陈光标的善念善举，敬重他的善念善举，他仍然有资格获得社会足够的尊重，特别是他承诺将在身后向社会捐出企业约50亿元的全部财产，这在中国还是第一人！

当然，有关媒体也可以质疑陈光标的慈善行为，但希望背后不包含某种利益关系的有意策划。其实，就媒体而言，当前对陈光标及许许多多慈善家、尤其是"小善但尽了全力"的善举宣传得并不够，而对接受捐赠的慈善执行单位的监督及如何完善慈善法制宣传，则做得还很不够。

（《经理日报》2011年5月12日，作者陈云发）

曹德旺式慈善和陈光标式慈善都值得赞赏

中国经济网北京5月19日讯（记者 孔令雪）"曹德旺先生当'首善'也是当之无愧。"近日，现任北京师范大学壹基金公益研究院院长，曾任民政部基层政权建设司、救灾救济司、社会福利和慈善事业促进司副司长、司长的王振耀做客中国经济网《经济热点面对面》栏目时表示。

在谈到由民政部指导、中国社会工作协会主办的"慈善大典暨中国慈善排行榜"中陈光标落选、曹德旺当选时，王振耀表示，曹德旺先生当"首善"也是当之无愧，陈光标和曹德旺两人都有光彩夺目的一面。

王振耀表示，我不仅对陈光标有很多赞赏和支持，同时对曹德旺先生也有很多赞赏和支持。曹德旺和陈光标属于不同的类型。曹德旺先生做慈善的过程中，特别想推进制度建设，通过大额捐赠、股票捐赠，推动制度提升，打开中国慈善之门。他做原始基金，是希望使股票顺畅地进入慈善领域，让中国社会的贫困人口、需要救助的人口，或者很多慈善项目，能够从金融体系中提取资金。他的这些做法很大程度上推动了我国相关制度的建设，尽管遇到很多挑战，但中央各个部门给予了很多支持。

王振耀表示，陈光标先生想推动财富尽快向善，他认为中国有一个危机，公众普遍认为为富不仁，如果公众理念不变化，中国的富人就会生活在危机之中，总有不安全感，中国的富豪应该转变，做些善事，并身体力行。陈光标希望基本消除社会的仇富心态，这个消除不是压穷人，而是自己做出来的。陈光标身先士卒，亲自到灾区冒着生命危险参加地震的抗震救灾工作，他的团队中确实有人遇难，这是很危险的，但他一直在做。

王振耀建议社会要提倡多形式的捐赠行为，捐赠者可能不一定尽善尽美，但他们确实用心在做，就值得鼓励。

（《中国经济网》2011年5月19日，作者王振耀）

陈光标是真正的慈善家

据《新京报》载：昨天，民政部官方网站公示第六届中华慈善奖拟表彰的100个对象（包括个人和单位）。公示名单显示，善举频出，又陷入"裸捐"争议的企业家陈光标，这次被列入了"慈善楷模"之列。此前，陈光标已连续五届荣获中华慈善奖。

读了这则消息，笔者以为，陈光标先生是真正的慈善家。用温家宝总理的话说，陈光标先生是"有良知、有灵魂、有道德、有感情、心系灾区的企业家"。

首先，他有明确的慈善理念。陈光标先生说，"一个人活着如果能影响更多的人，并能使更多的人活得更好，这样的生命是有价值、有意义的生命，是值得骄傲和自豪的生命。"看看，这就是陈光标先生的人生观，也是他行善的思想基础。"一个企业要发展，离不开社会提供的优良环境和支持。另一方面，每个企业都有自己的社会责任，企业越强大，承担的社会责任就越多。让更多的人享受到企业发展的成果，应当成为企业家的价值观。"看看，这就是陈光标先生在思想方面的深度与高度，他还宣布："在我离开这个世界的时候，将向慈善机构捐出自己的全部财产。"能够作出这种决定的人，他还有什么私心吗！多年来，热心慈善环保公益事业的陈光标，每每捐赠都有一句必说的话"作为改革开放的受益者，有责任有义务替党和政府分担重任。"

更重要的是他高调行善、宣传慈善。我们都记得5月12日地震发生后两个小时，企业家陈光标分别从武汉和安徽调集60辆的工程车，连同120多人的救灾队伍合力向灾区进发。这支队伍日夜兼程，几乎与军队同时抵达了灾区，成为自发抗灾抵达地震灾区的首支民间队伍。在北川中学的废墟中，陈光标背出208名遇难者的遗体，并亲手救出3名幸存的孩子。2010年春节前，陈光标将3300万元善款堆成一堵墙，捐给云南、贵州、四川、新疆、西藏等地的贫困户。2011年1月27日，在新年贺岁歌声中，陈光标向台湾新竹困难同胞发出700万元……2011年3月11日，陈光标又以个人名义向云南盈江地震灾区两个寨子的民众发放每人200元救灾款，共捐献20万元人民币。2011年3月11日13时46分，日本东海岸附近海域发生里氏9.0级大地震。陈光标在飞赴日本前，自己向日本灾区汇款100万元人民币，以此报答国际社会过去对华救援之恩。至今，陈光标先生已向慈善事业捐款14亿多元！

陈光标先生为什么要高调行善，我们切莫以小人之心度君子之腹，他不是为了自己，而是为了带动更多的人投身慈善，他就是要让行善成为一种令人高兴的事，让人们在行善中实现自身的价值，谁说行善就只能低调呢？正是在陈光标先生的带动下，中国涌现出了一大批富有慈善心的企业家，他们一起为中国的慈善事业作出了重要贡献。

当然，陈光标先生的高调行善必然会引起某些不想行善者的不快，必然会招致这样那样的非议，欲加之罪，何患无词，何况在工作时任何人也难免会有一些小小的疏漏，我们不能因一些小的误会或疏漏就否定别人的巨大贡献。不管别人怎么样评价，陈光标先生依然不改其高调行善的做法，实在令人敬佩，笔者借荆楚网先给陈光标先生投一票！

（《荆楚网》2011年7月6日，作者庞青松）

以慈善之心看待慈善之人

从各类媒体的报道看，江苏黄浦再生资源公司董事长陈光标的4件事给我留下深刻印象。拣最新的说，今年6月20日《环球时报》上刊登了他《致大学毕业生的一封信》，他那拳拳报国心，以及对年轻人的关切之心跃然纸上。从这封信中，人们也了解到他小时候家境贫寒，以拾破烂、贩大米撑起一个贫困的家。二是前两年的春晚，别人上台，都把奖章挂在左胸前，唯他将奖章挂满全胸。三是他每次捐款前，喜欢将善款像一面墙一样，码在桌子上，他在"墙"后伸展双臂，向人们昭示，这些钱我就要直接送到受助人手里了。这样行事虽显张扬，从实际效果看却减少了许多中间环节，迅速便捷。四是他携家人到台湾搞捐助，蓝营绿营，出于种种原因都不待见，他泰然处之，该干什么就干什么。从以上几点我看到了陈光标的特立独行，看到了一颗敢于承担的责任心，我觉得他是在尽心尽力回报社会，是一个亲力亲为做善事的人。

每次在媒体上看到陈光标，我都不由得要思考如何看待民间慈善活动这个问题，渐渐地有了一些心得。实事求是、不带偏见地说，许多像陈光标一样的非公有制经济人士的善行善举，确实让一些受灾地区、贫困家庭、弱势群体得到了实实在在的救助，陈光标们的行为，为建造和谐社会添了砖加了瓦。如果有更多的陈光标能够认识到，自己的财富积累源于党的改革开放好政策、良好的社会环境，加上自己的辛勤劳作。面对财富，处理好自己享受、留给后代、回报社会三者的关系，积极参与到社会慈善公益活动中来，那么不仅收益群体的面会不断扩大，还能逐步改变人们对陈光标们的偏见，对形成一种良好的社会风气也有积极的促进作用。

集合社会的力量办慈善公益事业，本身就是一件利国利民的大好事，对点滴的善行善为，我们都应该积极支持精心呵护，这是一个关系到弘扬什么、倡导什么的大问题。但是有人不这样看，他们的眼里只有四个字，求全责备。最近有人指责陈光标"高调行善""涉嫌诈捐""利用慈善谋私利"。对此，我是这样看的，行善捐款，高调也罢，低调也罢，都是一种行事方式，只有受惠群体得到实在的帮助，才是最终目的。

再看所谓"涉嫌诈捐"。多年来，无论南方水灾、西南大旱，还是汶川地震，舟曲泥石流，陈光标总是在第一时间捐款捐物，甚至带领工程机械前往救助，这是有目共睹的。现在一说"诈捐"，就提出要"晒发票"，查收据。倒也不为过，但是陈光标大都是将财物直接送到受助人手里，问谁要发票要收据？再者，如果某一次他提出一个捐款数额而没有了解兑现，人们是不是也应该善意地提醒一下，请他说明情况。《建党大业》编导在谈到该剧制作原则时说"大事不虚，小事不拘"，这八个字用到捐款人士身上应该也是恰到好处的。

最后看"利用慈善谋私利"。我国任何一部法律均无捐款与申报项目指标挂钩的规定，一个企业拿到项目指标，靠的是资质和业绩，不具备这两个条件，你就是做再多的善事也无济于事。如是，利用慈善谋私利又如何谈起？

700多年前，苏小妹对其兄苏轼与和尚佛印相对坐禅那几句对话，下了一句精辟的评语：心中有佛，看人如佛；心中有粪，看人如粪。但愿我们大家都能以善良之心，看待从事慈善事业的人和事。末了，我也要给陈光标们送一句话："若能一切随他去，便是世间自在人。"只要你仰不愧于天，俯不怍于人，该咋做咋还是咋做吧，把自己的地种好，管他蛐蛐咕叫还是不叫。

（《西安日报》2011年7月11日，作者易家言）

陈光标在其微博上晒设备

华龙网7月19日11时50分讯（记者 黄军） 陈光标做慈善向来高调。在送现金发红包之后，陈光标决定改变做慈善的方式，从"授人以鱼"到"授人以渔"。于是，陈光标计划在慈善演唱会之后给贫困地区送去拖拉机、抽水机等农用设备和小猪。此举也得到了不少网友的支持。

授人以鱼还是授人以渔？

据悉，陈光标最近一直在向网友征求建议，以决定在举办慈善演唱会后给贫困地区农民送些什么。或许是之前送现金引起过多争议，陈光标开始思考改变做慈善的方式。

"昨夜，我一直在琢磨'授人以鱼，不如授人以渔'这句话。"陈光标希望给农民送一些最实用更有意义的东西。

在经过思考后，陈光标大致有了两个想法。一是给贫困地区农户送去拖拉机、抽水机等农用设备。二是送小猪，可以繁殖。不过对此，陈光标还是心有顾虑，因而向网友发出公开信，希望能得到网友的支持和可行的建议。

陈光标的这一想法得到了多数网友的拥护。有网友赞其做的事情"很实在"，也有网友给出建议，认为不能单是给农民送拖拉机等设备，应该给他们提供专业的农业知识和科学指导。还有网友直接指出，陈光标的高调慈善比某些慈善组织更让人信任。

（《华龙网》，2011年7月19日）

跪求陈光标强捐是一种道德绑架

近日，一对夫妻在陈光标公司大门口长跪不起，陈光标下来了解他们的情况，看了孩子的病历之后，马上吩咐公司的工作人员直接就给了他们7000块钱。可这对夫妇称这些钱远不够救孩子的，希望能多给点，把50万元的手术费一次性给解决。（8月26日《人民网》）

毋庸置疑，市民缺少医疗费，跪求中国首善陈光标强捐显然是跪错了对象，找错了人。道理很简单，陈光标虽然是中国首善，但是他及其他的公司不是公共慈善机构，只是一个热衷于慈善事业的普通公民和私营企业，没有义务向任何人提供捐助，从事慈善事业和给别人提供捐助只是他的权利和彰显高尚道德的行为，不提供捐助并不是不道德的表现。

当然不可否认，市民缺少医疗费，选择跪求陈光标强捐，一方面主要出于陈光标的中国首善的美名，另一方面也表明公众对以红十字组织为代表的公共慈善机构的不信任和寻求公共慈善机构帮助的难度比找企业家帮忙还要困难。从这个角度说，公众跪求陈光标强捐，最该感到可耻的是各类公共慈善机构，而不是拒绝7000元的索捐者。

不过，笔者认为市民的这种强制索捐行为，而且嫌弃陈光标捐助的资金太少的行为，实质上已经带有道德绑架的意味，是要让陈光标与中国首善这项道德头衔绑架在一起，逼迫陈光标捐款。从慈善事业发展角度说，这种道德绑架的强制索捐行为不利于慈善事业的可持续发展，可能导致一些热衷慈善事业的企业家降低参与慈善的热情，最终让有限的慈善资金没有用在最需要的人的身上。

众所周知，任何个人和企业热衷慈善事业，都不可能无条件、无限度的向他人提供援助，只能根据自身的经济实力而为，要量力而行，不能因为热衷慈善而荒废了企业的发展和自己的生活。然而，道德绑架的强捐，只会出现两种情况，一种情况是企业家拒绝捐款，可能经过放大效应后，被一些人误认为企业家是伪道德，过去热衷于慈善事业的行为都是虚假的，是为了赚取虚名，骗取公众的信任，让企业家背负沉重的道德负担和社会骂名。另一种情况则是，企业家来者不拒，对于强捐立刻就范，导致更多的公众要求强捐，最终超出企业家的能力范围，结果企业家和企业保住了道德美名，却荒废了企业发展，得不偿失，不利于企业可持续的参与慈善事业，这种慈善行为无疑是杀鸡取卵。

对于市民跪求中国首善强捐，笔者认为，一方面有关部门应当加快慈善事业的相关法律法规完善步伐，立法禁止公众向企业家索捐，保障企业家参与慈善事业的权利和权益，不能把企业家参与慈善事业当成劫富济贫行为。另一方面公共慈善机构，尤其是红十字会应当履行职责，积极主动介入此事，了解情况，如果属实，快速提供援助，帮助索捐者渡过难关，这实际上也是近期深受公众骂名的红十字会自我救赎和走出"塔西佗陷阱"的一次大好机会。

（《光明网》2011年8月29日，作者张立美）

为"神马"反对围剿陈光标？

最近，在录制东方卫视节目时，遇到了久违的高调慈善家陈光标。李敖的女儿站在他的对立面，很美国式地抨击他，还给他起了个外号"陈美美"。在被掌声和荣誉包围很多年后，陈光标今年以来突然陷入围剿。

先是做秀。比如连续发生的人民币墙事件、在台湾发红包、赴日本救火事件，每每以慈善的名义冲在新闻热点最前沿。他自己改名陈低碳不说，还让妻子改名张绿色、大儿子改名陈环境、小儿子改名叫陈环保。2011年7月28日，陈光标及时地向被媒体爆炒的、在街头卖艺的前大运冠军张尚武发出邀请，以"月薪过万"的优厚待遇聘用张尚武。

很多喜欢低调的同志可能对此不适应，但似乎不伤其慈善本体，况且陈低碳自己也声明高调只是为了激励更多的富人行善。但有些事却相当致命。一家慈善调查机构宣布，在整理2010年中国富豪慈善排行榜的时候，发现陈光标在外界宣称捐款3亿元，但他能提供的票据只显示捐了4000多万元，结合近期频发的名人诈捐事件，这给公众提供了丰富的想象空间。一家南方的周刊质疑陈光标——你是不是借着慈善之名，满足更多的经济利润和野心？曾光芒四射的"首善"有向欺世盗名的"首骗"滑落的趋势，但所有的质疑目前仅仅停留在道听途说和猜测层面。

结合目前中国慈善乱象，这样的质疑本身值得质疑，但却也表明公众对慈善透明度的热切期盼，足以提醒到处乱撒人民币的陈光标以后每次捐钱去进行现场直播并保留证据——这显然只会加剧其高调，相当黑色幽默。

至于动机论则显得不值一驳——目的这玩意可能只能上帝才知道，如果证明其靠慈善牟利只能拿出证据。在慈善观念、制度、监管滞后，公众监督缺位、各种黑幕层出不穷的背景下，一个尖利的现实摆在我们面前：行善的成本远远高于行骗的成本。因此，与其集中火力抨击陈光标，不如更多投以包容和理解的目光——捐钱有时比抢钱还难。毕竟，他这些年共向全社会捐助了数亿元，且声称愿意随时接受社会监督核查。

陈光标真正的问题有二：一是由于高调，给人带来不尊重捐助者人格和尊严的印象，但当俺问他：你对捐助者说过不跪下不鞠躬就不给钱的话吗？他说从来没有——俺信。现在他学乖了，对任何的捐助者都先鞠躬后捐钱。

这让俺悲从中来：一个封建社会过长的国民，不少是习惯了施舍的，膝盖本来就软，就别苛责别人不给你尊严了。

第二个问题是其行事方式距现代慈善的要求较远，到处撒钱既显得手段初级且效率低下。然而，想到郭美美的玛莎拉蒂，俺又觉得陈光标这样亲力亲为更多是由于某种环境的逼迫——你懂的。

（引自石述思新浪博客，2011年9月1日）

何必苛求慈善家

陈光标的高调行善方式，可以商榷，也有需要改进之处，或许，他的行善动机不那么"纯粹"，又或许，他宣布的捐款与后来的实际到款数额有些出入，但陈光标及其作为，总比那些为富不仁、奢侈浪费，面对灾难和需要救助的人和事无动于衷、一毛不拔的富豪大款们强吧！两者相比，谁更该受到质疑？相比那些在国外奢侈品商店出手豪阔，在车展上争抢天价豪车，整日花天酒地一掷千金的人，同样是"高调"，高调捐款的陈光标就该承受更多的批评吗？相比带着在中国赚到的财富争前恐后移民海外的诸多大款，陈光标到海外行善，就该受到冷嘲热讽吗？他像我们每个人一样，都有缺点和不足，何必苛责！

"行善积德、福荫子孙"是中国的传统文化观念，一般人捐资助困、修桥铺路，多少有着个人动机，这不足怪。我们不能要求行善者是完人、圣人，不掺杂"福荫子孙"、留名在世等所谓"私心杂念"；我们也不应该草率质疑陈光标的行善动机是否纯粹，而应当主要看他的所作所为的社会效果。只要陈光标在踏踏实实做慈善，没有损害社会和公众利益，没有利用慈善搞经济或政治交易，就不该求全责备。

当然，质疑是公民的权利，监督是媒体的职责。面对质疑，陈光标不必委屈和泄气，因为既然选择高调做慈善，就注定要成为公众人物，而公众人物注定要与口水相伴。一时遭到误解甚至恶意攻击，也属正常，公众人物与挑剔、质疑从来如影随形，这是开放社会的一种寻常生态。比尔盖茨、巴菲特等世界级慈善大家和他们的"裸捐"建议，得到的也并非都是叫好声，也有舆论包括学者的质疑，甚至坚决反对。

做慈善，选择低调还是高调行事，是陈光标们的自由选择。高调行善也是有意义的，高调才能为更多的人所知，才能带动更多人行善，正如陈光标所说，他这么做是为了带动更多的人一起做慈善，因为中国需要帮助的人还太多太多。在受到质疑后，陈光标表态"人在做、天在看"，可说是他的自我安慰和自我鼓励，同时也是对我们每个人良心和善心的发问。说到底，公道自在人心。我们必须想明白，善待慈善者就是善待人类扶弱济困的美德，就是善待我们自己。无论首善、大善还是小善，高调行善还是默默无闻地行善，我们都应该理解、支持和鼓励，并向他们学习。只有人人怀有善念、奉献善心，社会才会美好。

更重要的是，媒体报道和个人的网络发帖，一般来说总是批评性、揭露性的，它们并不能反映我国慈善发展状况的全貌，也并不承担这样的任务。于是，公众看到的多是个别慈善机构运作效率低下，个别工作人员花钱大手大脚甚至贪污腐败的恶例，就容易以偏概全。所以，尽快促成"透明慈善"意义重大：这是为了维护中国慈善事业的整体公信力，鼓励更多人投身公益和慈善。

（《学习时报》2011年9月5日，作者高峰）

陈光标精神给社会带来了什么

　　我是一个海外华人，多年来一直十分关注祖国的发展变化。最近几年一位非常了不起的企业家和慈善家陈光标引起了我的注意：刚刚43岁的光标先生不是中国首富，甚至连他所在的江苏南京首富都不是，却连续几年成了中国首善，并在海外有着良好的影响。

　　当他一笔笔巨款捐献给贫困地区时，当他冒着生命危险从地震废墟中救出一个个同胞时，当他高调宣布在离开这个世界的时候将"裸捐"时，我不禁为这个新时代企业家所感动，为中华民族有这么一位伟大的慈善家而自豪。

　　去年以来，光标先生的高调慈善行为似乎又引起一些争议，比如，你如此高调行善，是不是有个人私心？你动不动捐赠几百万、上千万，钱的来路是否合法？有没有虚报？甚至有人还追问是否每笔捐款都有发票？等等。

　　我听说今年9月25日晚，光标先生要在贵州毕节举行个人新慈善演唱会，他本人将在演唱会上演唱表达人间真情真爱的歌曲，听众大都是困难户、特困户。在演唱会现场，光标先生买来许多农用机械和猪、羊、牛，送给这些贫困家庭。我一方面为光标先生又一创新而鼓掌，另一方面又担心，会不会有人又要议论，陈光标是不是又是炒作？于是我忍不住拿起笔，谈谈自己对光标先生的理解，对光标精神会给我们这个社会带来什么？

　　首先，我们要看到，光标先生的乐善好施是中华民族在新时期亟待大力宣扬弘扬的传统美德。

爱心慈善、勇于创新是中华民族的优良传统，也是中华民族自立于世界民族之林的优良品质。但在发展社会主义市场经济的过程中，一些传统的优秀道德品质被拜金主义冲击，许多人把钱看得比什么都重，于是慈善又变成一种稀缺资源。有统计显示，目前中国人均捐款为25元，2009年我国慈善捐赠占GDP的比例仅为0.01%，而美国的比例为2.2%。在中国、美国、英国、巴西、印度五个国家中，我国捐赠占GDP比重最低。这种现象是不利于我国和谐社会建设，也不利于对外传播中华民族形象的。

光标先生就是在这种背景下，以其乐善好施、狂放的捐赠行为勇敢地站出来，感到了国人，提升了国人形象。

我认为，光标先生这种行为与他的一个现代企业家、慈善家的财富观，幸福观是紧紧联系在一起的，也是他能成为中国首善的深层次原因。

他认为，财富如水，如果你有一碗水，可以自己享用；如果你有一桶水，可以盛放在家中；如果你有一条河，就应该与他人分享。

他认为，每一个企业家的发展都离不开国家政策的支持，离不开稳定的社会环境，更离不开广大普通员工的辛勤劳动。所以，每个富人应该意识到：能够成为富人是幸运的，但你拥有的财富绝不可以仅仅属于自己个人，你要有公民意识，有责任为他人，为社会，想方设法多做一些事，更多地回报社会。

他认为，当我们即将离开这个世界的时候，能够把财富归还世界，是一种高尚和伟大。相反，如果在巨富中死去则是可耻的。

其次，我们要看到，光标先生的高调慈善，高调宣传，有利于带动更多的人行善，能够向世界传播中华民族的大善大爱。

我在海外经常听到人们说起中国有个大善人陈光标，他们提起这件事都竖起大拇指。这让我感到作为炎黄子孙的骄傲和自豪。

我觉得，做慈善有两种境界，一种是默默无声的慈善，即做善事不留名；第二种是大爱有声的慈善，即做善事就宣传出来，而呼吁更多的人一起行动。光标先生就是第二种。

我们为无声慈善者的境界所感动，为他们在无声中闪耀的道德和爱的光芒投去敬意，我们同样应当对光标先生那种呐喊式慈善给予掌声和喝彩，因为他的呐喊有爱心和行动做后盾，这种呐喊就是刺破慈善沉寂的一种带动，一种榜样，一种行动的发令枪。

中国传统文化似乎更偏重做好事不留名，类似雷锋精神。所以，当光标先生的慈善发令枪响起来时，有人跟着行动了，有人却很不舒服：凭什么你来动员我们捐款，甚至有人不仅自己不捐款，反而要质疑你高调做慈善是不是有什么不良目的，你有没有虚报？于是，一种不正常的现象出现了：没有捐赠者反而站在道德的高地，对做慈善者进行道德指责，仿佛，卑鄙真的可以成为卑鄙者的通行证，高尚真的成为高尚者墓志铭。这无疑是善恶评判的颠倒，是对捐赠者的不公平，更是我们慈善文化的悲哀。

据介绍，光标先生获得中共中央、国务院、中央军委表彰前，江苏省13个厅局对其进行政审，看他到底有没有问题，最后国税、地税、检察院、公安、银行、劳动部门、纪委、统战部、工商联等等反复调查后，总共给他盖了13个章，没有任何问题。

事实上，高调慈善在我国也是由来已久的。流传久远的中国古代慈善故事和美德，都是因为有了传播才得以流传和弘扬的；中国民间善人在家门口支锅施粥，也是高调做好事的；还有一年国家发生灾害，香港同胞踊跃捐赠，你50万，我100万，你500万，我1000万。这时一位富翁说：你们比着先捐吧，最后捐赠数字最多的是多少，我比他多一倍！这不更是一种高调吗，然而，我认为正是这种高低推动了我们慈善事业的发展，展示了一种爱的无私和伟大。

最后，我们要看到，光标先生的亲力亲为做慈善、做环保，不断创新形式做慈善，也是对当前我国慈善事业中存在问题的反思，有利于推动慈善制度建设。

光标先生做慈善的特点非常鲜明，一是高调捐赠；二是亲力亲为，他往往不通过慈善机构，而是直接将钱交给困难户手中；三是将捐款与救援行动结合起来，他带着自己的专业救灾团队冒险冲锋在前。

当前，我国慈善机构的确存在善款使用不够公开透明，运作过程中也出现过这样那样问题，比如前一段时间网上热炒的上海红十字会高额餐费事件，与慈善机构名声联系在一起的郭美美、卢美美事件。这反过来让人感觉到，像光标先生直接给困难户发钱，来得更直接，更痛快，也更透明。

光标先生成为我们这个时代慈善的标志性人物，这不是偶然的，这是我国进入小康的今天，社会呼吁一部分先富起来的人，主动站出来帮助贫困的人和地区，走上共同富裕的道路；这是我国构建和谐社会的今天，社会呼吁各界有爱心有能力的人，主动行动起来帮助困难群体，共同促进社会的和谐。光标先生正是出现在这样的历史阶段，他的行动促进了国人慈善意识的觉醒，促进了我国慈善体制的转型，所以他的道德精神和楷模行动必将带动更多有爱心的企业家的集体行动，从而让整个社会受益。当然，改变那种对光标先生那种做好事被"鸡蛋里挑骨头"的社会舆论环境，也是我们民族、我们的媒体走向理性、走向成熟，走向包容的标志，因为我们的国家、我们的社会需要更多像陈光标这样的人。

（《中国经济网》2011年9月15日，作者刘录斌）

为陈光标砸奔驰车叫好

为了响应9·22中国城市无车日的活动，16日，江苏黄埔再生资源有限公司的董事长陈光标在他的公司内举办了一场活动，他不仅亲手砸掉了他的一辆大排量奔驰车，而且还为集团的员工购买了200多辆自行车，提倡大家骑车上班。为了鼓励员工低碳绿色出行，陈光标当天还现场宣布，只要是自己的员工骑自行车上班，路程在5公里之内的，每月补贴300元，10公里之内的每月补贴600元。（9月17日新华报业网）

陈光标最近一段时间频频高调出现在公众的视野里，不仅他热衷慈善事业，而且对环保也情有独钟。他亲手砸掉了自己的一辆大排量奔驰车，某种程度上讲是一种行为艺术，但作为一个知名企业家来讲，此举无疑具有很强的现实意义。

曾获得诺贝尔经济学奖的米尔顿·弗里德曼曾大胆地宣布："没有什么潮流能够像公司的管理层接受社会责任而不是尽可能的给股东赚取更多的金钱那样，能够彻底的摧毁我们自由社会的基础。"

企业的社会责任之一是合理利用自然资源，勇于承担保护自然资源和生态环境的责任，实现人与自然、经济与生态的和谐与平衡，在尊重自然的前提下实现企业的经济与社会目标，推动社会健康、协调、持续发展。可是，我国不少企业，别说自觉承担社会责任，就是企业自身的责任也不承担，高能耗高污染，严重浪费能源、破坏环境。据原国家环保局统计，我国污染物的排放80%以上都来自企业，特别是煤炭、化工、冶金、建材、造纸、印染、纺织等行业。

记得万科企业股份有限公司董事会主席王石在接受记者采访时说，"中国作出了碳减排的国际承诺，我们将用企业的行动来支持国家承诺的履行，企业家也应当增强环保意识和国际责任意识，作出我们的贡献。"

诚哉斯言！企业家作为党的改革开放政策的受益者，作为社会先富裕起来的群体，应该积极报效国家、服务社会、回馈人民，自觉承担社会责任，积极投身到全面建设小康社会、构建社会主义和谐社会中来。可是，我国不少企业家的社会责任感不强，"饮水"不"思源"，致使社会仇富心理相当严重。企业家不是违法乱纪的代表，不是奢靡铺张的象征，不是张狂冷血的动物，应该以良好的形象展示自己，以切实的行动引领社会。

陈光标不是中国最富有的企业家，但他是最有责任担当的优秀企业家之一，如果众多的企业家都能像他这样，何谈社会不和谐？我们期待更多的陈光标高调出现。

（《光明网》2011年9月18日，作者钱桂林）

中国需要陈光标"高调"的勇气

　　我在网上看到一条消息，说是为了响应9·22中国城市无车日活动，江苏黄埔再生资源有限公司董事长陈光标在他的公司内举办了一场活动，并亲手砸了自己的一辆大排量奔驰车，这辆车还有3年才到报废期。而且他还给集团的员工购买了200多辆自行车，旨在提倡大家骑车上班。消息传出后，有支持声，也有骂声，还有好多人说他做事太高调了。

　　小爱需要勇气，大爱也需要勇气，高调同样更需要勇气。如果一个人所做的事情对国家、对人民有益，高调又有什么不好呢？

　　陈光标"砸奔"或许使一些人感到愕然，或是大为不解——那么贵重的大奔，竟然说砸就砸了，真是败家，假如把它卖了，捐给谁不好？这种想法看似顺理成章，好像砸车是一种奢侈浪费。仔细想来，陈先生的钱也并非大风刮来的，事前他肯定也会做一番思想斗争，这是人之常情。但是，请试想一下，如果他把车卖出去了，那么，他带头倡导无车日活动、以及他的绿色环保理念还有什么意义呢？

　　尽管随时都会有某位明星站出来，做某个城市乃至中国的形象大使，他们也不断地在宣传环保，可"灰尘照例不会跑掉"，不是吗？尽管随时会有人提倡停电一分钟，可一分钟的黑暗稍纵即逝，霓虹通宵，华灯达旦，不还是依旧吗？"我们的水资源是有限的"多好的公益广告，几乎每天我们都能听到这个耳熟能详的声音，可胡乱开采地下水资源、我们珍贵的水"只会上"却

"不会下"的事例还少吗？如此说来，陈光标的高调有什么不好呢？中国需要陈光标高调的勇气。

现实生活中，总要有人唱这种高调、"耍"这种高调，而且我们也需要这样的高调。这样的高调总比趾高气昂、高调地"拼爹"好得多吧？它起码是我们这个时代所需要的，这种高调是一种精神，一种忧国忧民的精神。中国需要陈光标这种高调的勇气。

如果林则徐没有高调烧鸦片的勇气，也许我们的国家早已不打自亡了。"砸奔"与火烧鸦片虽然不是一样的概念，但它们都是利国、利民的义举。今天，热爱地球、保护人们赖以生存的家园，就需要这样的勇气，高调毁车是一种勇气，如果此举能够带动、提高一大批人爱护环境意识的话，那这种高调有什么不好？

战争年代，如果没有董存瑞挺身而出的高调，怎能换得人民取得胜利的欢呼之声？和平年代如果没有焦裕禄、孔繁森等人民公仆为人民的"高调"，我们的党、我们的人民怎会记住他们不朽的伟绩？他们的名字又怎会植根于人民心中？如今，陈光标的高调不是太多了，而是太少了，中国需要陈光标高调的勇气。

陈先生销毁"大奔"，也许会招致唾骂声，也许会有比唾骂还不堪入耳的声音，这是正常的。因为世界本来就是五彩缤纷的，大凡有人的地方，发出的声音肯定会是不同的。不过，只要是为子孙着想的，我以为那种声音就一定是悦耳的，也一定是动听的！

陈光标的高调砸车，不是在炫富，因为富人榜的大名，恐怕陈光标还不是首位吧？可是，他的周身涌动着爱国、爱民的热血，他的血时刻都为这个世界沸腾着，只不过那是他达到了一种崇高的境界，那是一般人做不到的，所以他挨骂。如果这样的人多了，骂声自然也就销声匿迹了。

他的种种善举，不是口头上的，他的高调，总比那些"只会打雷，从不会下雨"的口头高调好得多吧？他的高调"裸捐"难道不比其些人冠冕堂皇的"诈捐"光彩吗？

"裸捐"是这个新时代产生的新字眼，它让大家认识了一个不一样的陈光标，一个勇敢地走自己的路，让别人去说吧，独具特色的陈光标，一个随时都令人吃惊的陈光标，一个永远奔跑在社会公益前沿的陈光标，一个不以高调为耻，反以高调为荣的陈光标，一个言必信、行必果的陈光标。

死后捐出全部财，"砸奔"让我们又一次认识了陈光标。在这个透明的年代，说这句话本身就需要勇气，中国恐怕比陈先生身价高出一截甚至几截的人不少吧，可哪一个或哪几个有这种勇气坦言，要捐自己的身后事、又有几人敢于用行动践行自己的诺言呢？

对陈光标的高调麻木也好，震惊也罢，总之，这个"标杆"的高度很难有人去跨越它、去超越它，倘若有一天，大家都跨越了过去，我们的社会将更加美好，这不正是我们需要、希望的么？记得陈光标说过这样一句话："百姓幸福感指数的提高比GDP更有意义"。所以，中国需要陈光标高调的勇气。

（《青年导报网》，2011年9月19日）

陈光标砸车，砸的是环保的低姿态

近日来，有关陈光标砸奔驰车事件，成为媒体竞相争论的焦点。一时间，很多人开始对其此次的举动表示极大的争议，有关人士的观点也都不尽相同。

拥有中国首善之称的陈光标终于在沉寂了一段时间后再次的火了。在9月22日到来的世界无车日，陈光标给自己的公司员工算是提前过节了。亲自砸毁了自己的奔驰车，同时给员工发自行车，同时发骑车补贴。

这样的行为，自然会有很多人认可赞同的。很多网友评论，陈光标砸车砸得好，这符合他一贯高调做事的风格。进入新世纪，倡议绿色出行的行为艺术形形色色，其中要数"裸骑"的影响最大。而作为世界重大污染源的汽车排气问题，始终得不到解决。这一点对于任何一个公民来说，是足以忧心忧虑的。

在认可的同时，同时又拥有很多人持的反对票。标哥砸的是还有三年就要报废的奔驰，也就是说，他只是让奔驰提前报废了；

至于该奔驰油费、维修费是否高于卖车款，咱不得而知，反正标哥砸的是辆旧车，他能买辆新车砸吗?或者他能把中国所有大排量的车都买来砸了吗?

这里就出现了一个问题，旧车就不是车了吗?陈光标砸车只不过是为达一种宣传的目的而做出的一个方法而已。事件的本身是和砸这辆即将报废的车无关的。重要的是，陈光标所要表达的一种观念，一种低碳环保的观念。如果说，这只是一种行为艺术，那么这样的艺术代价似乎太高了。

作为中国的一个有钱人，砸一辆车不算什么。但是砸此车所要表决的决心是认可的。就像当初陈光标给全家人改名字一样，这算是地地道道的身体力行了。不知道为什么那么多人关注的只是砸车，却忽略了，陈光标给公司的预员工送自行车。以表率的作用来看，这样的行为在公民的心理一定是能够起到良好的开头的。

对环境来说，可以说少一辆车，环境就会提高一点。而陈光标的行为，一定意义上，并不是像媒体说的，你砸车就不会坐车了吗?自然不是这样的，其实所要表述的是一种节制性的开车行为。简单的来说，就是，能骑车就不要开车了。

环境问题，一直以来是国家发展的一个大问题。以前广东发生了一件奇怪的事情，亚运会期间，广东竟然能看见蓝天白云，亚运会过后就消失了。经过研究调差，环境气象等学家最后的认定是，因为在亚运会期间，汽车出门的限制等因素造车了此现象的原因。这件事很显然说明了，汽车对环境的危害是多么大的。

环境差，一定程度上已经是难以挽回的一个局面了。似乎公民也没有奢求过这一点，但是有一点我们必须要注意的。环境问题是公民健康安全的第一保障，越来越多的呼吸道感染疾病的出现对公民人生安全带来了一大隐患。或许我们没办法杜绝这样的事情出现，但是我们何尝不能像陈光标那样，存在一种这样的意识，然后做到自己的足够呢。

（《安徽健康网》2011年9月21日，作者子目）

陈光标和脑白金

不知何故，陈光标的名字总是让我想起脑白金，脑白金的广告虽然做得有点悲催，但还真是记住了。如今这个光怪陆离的社会，让人记住你的名字和你做的事，真不容易，就算是裸奔，人家也不知道你是谁？要干吗？

但是陈光标做到了，他的高调慈善，到台湾撒钱，砸大奔提倡环保等等，无一不成为热门话题。据《央广新闻》报道，本月25日晚上，陈光标还在贵州毕节开了个人演唱会，取名为"一路慈善一路歌"，不仅免门票，听完全场的困难群众还能免费得到猪羊（后来没有现场发放，而是交由政府发放）。据说当地群众冲着猪羊显得情绪十分热情高涨，基本都是死守派。

有关陈光标行为的争议应该说由来已久，但是现在大部分人还是能够理解他的——那就是不管怎么说，按照结果论，人家积德行善做的毕竟是好事，就不要过分挑剔形式，他也有权力选择他自己喜欢的形式行善。也对，这已经不是一个做了好事不留名的年代，而是一个在大街上扶老太太要看《指南》的年代，无论用什么理由苛求陈光标都是不妥的，因为在中国，慈善不是用什么方式做的问题，而是压根没有形成潮流和气候，慈善之路还真是任重道远。像我等这种捐款不多的人，老实说都没有资格指责人家。

还有，陈光标的做法虽然有违常规，但是架不住有关慈善话题的参照标准是郭美美，那么无论陈光标怎么做，大伙也觉得无伤大雅，甚至高声叫好。

当然，话又说回来了，慈善事业本身也成全了陈光标，特点之一是他自己首先"hai"了，并且神奇地调动了自身的聪明才智，个性创意连绵不断。估计年轻的时候也是个文艺青年，现在终于凭借慈善得到才艺表演的机会，据说当天晚上，他就是最大的腕儿，既不邀请袁立小姐做平面广告，也不劳驾明星大腕登台受累，自己不仅唱歌，还有原创的诗朗诵，更要带着儿子一同上台亮相，让儿子跟房祖名一样八面威风。这一把钱花得挺值，不仅造福当地群众，自己也实现了春秋大梦。最清醒的是，陈光标知道他在做什么，要当地群众听完全场才能得到他们想要的。陈光标知道自己不是阎维文，就算他的声线不是搅死猫，听完全场也是个活儿，人民群众也就跟陈光标一样了，容易吗？

（《广州日报》2011年9月28日，作者张看）

陈光标式的高调慈善还能演绎多久?

近几年来，慈善家陈光标的事迹频频被媒体报道，之所以如此醒目，是由于他的高调慈善。现如今，高调慈善已经成为陈光标的代名词。而以往"做好事不留名"的精神，在他看来，已经成为了历史。陈光标在接受媒体采访时曾说过："我不怕被指'做秀'，我就是要把这个'秀'做大，希望更多的人跟我学'做秀'，带动更多的爱心人士加入其中，回报社会。"

最近一次，陈光标在贵州毕节举办了一场慈善演唱会，并现场向观众派发3000头猪羊。此举再次引发了众人的议论，对于将慈善与做秀联系在一起的行为，大家有许多不同的声音。反对者认为，陈光标的"高调慈善"是"暴力慈善"，为了吸引注意，不顾及受捐者的个人感受；当然，也有许多支持者认为，"高调慈善"也是一种慈善行为，最终的结果是进行慈善活动，帮助了需要帮助的人群。究竟是假慈善还是真慈善，众说纷纭。

俗话说，"人怕出名猪怕壮"，在互联网如此发达的时代，陈光标的高调慈善能够做到今天实属不易，每一次的慈善行为都会引来高度关注，有赞赏，有指责。就拿这次的慈善演唱会来说，首先，门票免费，这说明演唱会是完全是公益的活动；其次，能够"坚持"听完全场的困难群众，可以现场牵走一头羊或猪，为此陈光标准备了3000头猪和羊，还有多台农用拖拉机。由此看来，这场演唱会实际上就是一场高调的慈善行为。

不得不说，陈光标这次又成功地吸引了大家的眼球，不怎么样的唱功，以及现场送猪送羊的独特做法，成为最近几天的关注焦点。并且，人们不再满足只关注事件发生时的过程，更包括后续的情况。距离陈光标举办慈善演唱会已经过去了4天，而大家还在关注此事，有后续报道称陈光标所捐赠的猪羊纷纷感冒，并死亡20多头。这让更多的人们不认同高调慈善的行动，许多人认为，想捐赠猪羊，直接交到困难群众手中不就行了，何苦如此折腾一番呢？

随着质疑声音的愈加强烈，这种高调慈善还能演绎多久？高调慈善的行为从无到有，是个人行为还是未来趋势？假如没有陈光标，会不会有"张光标"、"李光标"来前仆后继？慈善事业要怎样做才能最大限度的发挥作用？这些问题都值得我们去思考。但不管怎样，慈善行为应该是得到肯定的，只要是真行善，为需要帮助的人群贡献自己的力量，我们都应给予支持。

（高原）

（《中国经济网》2011年9月29日，作者高原）

谁说陈光标高调慈善就不可以

陈光标的毕节慈善演唱会又一次引起公众争议，这很正常；不过，争议愈来愈有向两个方向发展的趋势——以网民为主的草根群体，大都赞同陈的高调行为，至少是不反对；而一些慈善人士、学者以及部分媒体人士，则基本持否定态度，将陈的高调行为冠以"暴力慈善"的标签。

批评陈"高调慈善"者，理由无非是：一、陈的"高调慈善"为的是吸引人们注意，慈善不过是陈表演的"道具"；二、陈的高调慈善不重结果，被捐赠者并没有享受到相应好处；三、陈的"高调慈善"不顾及受捐者的个人感受，对他们的尊严是一种压迫。结论是，陈的"高调慈善"有害于慈善的发展。

虽然前一阶段有媒体指称，陈光标很多慈善捐赠没有到位，或夸大其事（对此陈光标进行了反驳），但至少在他几次被一些人诟病的"高调慈善"里，人们在现场看到的是真金白银。从媒体披露的现有情况来看，多数人还无法得出陈光标光说不练"假慈善"的印象。

至于说陈的慈善行为的实际效果很差，这不能由陈本人完全负责。陈的主业是办企业，尽管现在慈善家的光芒已经盖过了他企业家的身份。他和他的团队当然有义务监督其慈善的落实，倘若有受捐者没有享受到其许诺的捐赠，陈是要负部分责任的。但如果认为这是其高调行为引起的，则把两个不同行为混淆在一起了，除非陈是诈捐，否则，最多只能批评他办事不严谨，后续事宜没做好。

　　无论从外国还是国内经验来看，良性的慈善运作需要一套严格的程序和制度，需要一支专业的慈善团队去打理，一般企业和企业家也就是把钱物捐给官方或民间慈善团体。我国这些年来也开始有官方和民间人士专门做这项工作，然而由于制度不完善，很多慈善最后到受赠者那里，也被大打折扣或干脆没有。这是一个全社会的问题，并不仅仅存在于陈光标身上。

　　在对陈光标的批评中，一个貌似更有力的理由是其不顾受捐赠者的尊严，这也是为何陈的慈善被冠以"暴力"之名。但如果当事人在大庭广众下接受陈光标的捐赠没感到受了污辱，旁人又何必操这个心？当然，知识分子比起农民或其他贫穷者来，似乎更在乎面子之类。

　　慈善的确不能像陈光标似的一味"高调"，一味"暴力"，作为一项善举，需要扎扎实实推进，需要照顾受捐者的感受和尊严，需要很多人无私奉献，但在中国目前的环境下，陈氏"高调"似乎也并非一无是处，起码他的做法唤醒了公众对慈善的关注，也使得一些企业家和慈善人士感受到压力。

　　更进一步说，高调与否是个人的行善风格问题。只要是真行善，即使在行善方式上如陈光标一样出一点格，也应该得到宽容。何况，我们都批评中国人缺少个性，循规蹈矩，不敢表现，现在有一个人挺身而出，以自己的风格，高调行善，这又有什么不好？不管这个人叫陈光标，还是李光标；也不管这个人是企业家，还是慈善家或别的什么家，慈善本来就该多种形式，社会本来就该丰富多彩。

（《中国青年报》2011年9月29日，作者邓聿文）

陈光标式慈善遭非议，公益慈善陷信任危机

带着2000头猪、1000只羊和113台农用机具，有着"中国首善"之称的陈光标在贵州毕节市开了一场另类的个唱会。陈光标在慈善事业上屡有惊人之举，已被公众所熟知，赞赏和批评者各执一词。支持者认为陈光标捐出真金白银，无论形式如何干的是"实在事"。而反对者则对陈光标嗤之以鼻，指其做秀，有伤社会风气，甚至质疑其借慈善之名经商敛财。

和陈光标个人慈善形成鲜明对比的是有的公益慈善机构在一系列丑闻后面临的信任危机和民间慈善机构举步维艰的生存境地。业内人士认为，去行政化、法制化和规范化应该是慈善机构今后发展遵循的原则，也将是民间慈善事业最终的发展方向。

陈光标式高调慈善越挫越勇

9月25日晚，贵州省毕节市政府门前广场，一身白衣体型偏胖的中年男子在舞台上深情款款地演唱着《我的中国心》，台下是近万名前来捧场的当地群众，演唱者不是香港歌手张明敏，而是有着"中国首善"之称的陈光标。舞台背景上"一路慈善一路歌——陈光标走进毕节新慈善联欢会"的字样表明了此次演出的目的。

当天晚上，陈光标宣布捐赠给毕节老百姓2000头猪、1000只羊和113台农用机具，这些物资全部到达了演唱会现场，并戴上了红色的丝带。对为何到毕节进行捐赠，陈光标表示，两年前因捐赠500台教学电脑和两部商务车，成为毕节市的荣誉市民。但两年间感觉没有为毕节做太多的贡献，于是，就在8月初作出了

"在毕节办慈善个唱"的决定。

"人类已经无法阻止陈光标了！"有网友这样调侃陈光标此次开个唱捐猪、羊和农用机具的行为。而之前陈光标曾因给灾民发放现金引起争议，这次他的解释是，授人以鱼，不如授人以渔，一对公猪母猪现在值2000多元，农民朋友领回家养上10个月，生了小猪就能收入几万块，他希望能帮农民朋友脱贫致富。

作为"中国首善"，陈光标生于江苏省宿迁市泗洪县天岗湖乡，一个贫困之地。儿时，他的一个哥哥和一个姐姐先后因家庭贫困死于饥饿，饥饿给陈光标留下了恐惧的记忆，也激发了他改变命运，脱贫致富的想法。和中国第一代成功企业家一样，陈光标在市场经济中几经成败历练，风雨波折，最终打造了属于自己的事业和财富。

如今，作为江苏黄埔再生能源有限公司掌舵人的陈光标，因热心慈善已成为明星企业家和媒体关注的焦点。记者发现，在江苏黄埔再生资源利用有限公司官网底部的友情链接中，中国红十字会、中华慈善总会、中国光彩基金会、中国爱心公益网、江苏省红十字会赫然在列，这是其它企业网站所罕见的。

在慈善事业上，陈光标一路走来，荣誉随捐赠额度一同增加。"2008中国慈善排行榜"，陈光标因在2007年全年共捐出1.81亿人民币居首，获得"中国首善"的称号；"5.12"汶川大地震发生后，陈光标率领其公司组织的救援队伍积极参与救灾，累计向灾区捐赠款物合计2130万元；时间相隔不到两年的2010年4月14日，青海省玉树藏族自治州玉树县发生7.1级地震，陈光标在西宁购得21台吊机、推土机及挖掘机等救援设备后，第一时间抵达玉树县开展救援行动。

陈光标的行善半径已延伸至台湾地区甚至邻国日本。今年1月27日，陈光标到台湾捐献5亿元新台币（约合人民币1.134亿元）救济台湾低收入家庭及弱势族群；3月11日，日本发生里氏

9.0级大地震，陈光标在得知日本地震的消息后，当晚乘飞机转道香港飞赴日本，参与相关救灾工作。求援和行善途中，陈光标不但给当地居民发放口罩等救灾物资，还从废墟中救出了一名妇女。

在陈光标高调行善时，他也曾表示，很多企业家在做慈善时有"三怕"：一怕捐款之后税务部门查账；二怕当地政府部门"化缘"；三怕各种各样的上门求助者。

热心慈善的壮举为陈光标带来了称赞和掌声，"中国首善"的荣誉光环更是让这位企业家成为舆论的焦点和媒体追逐的对象。在网上，有人戏称陈光标为"民间民政部长"。

但同时，陈光标高调行善的方式却遭到了很多的批评和质疑。2010年1月，陈光标因为西部贫困地区募集善款，将3300万元人民币砌成一道钱墙引起争议；在台湾派发5亿新台币红包，引来受助者下跪致谢被指责；在日本救援时带摄影团队拍照被指做秀。近日，更是因为带头倡导低碳绿色出行亲手砸掉一辆大排量奔驰车引发网友围观，不少人指其做秀、沽名钓誉。更有甚者，一位网友得知陈光标的弟弟在当保安，妹妹在饭店洗碗时，引用苏洵《辩奸论》中"凡事之不近人情者，鲜不为大奸慝"向陈光标发难。而陈光标式的高调慈善被相关人士称为暴力慈善，伤害个体尊严和权利，与慈善本质相违背。

对于公众的质疑和指责，陈光标同样高调地予以回应"面对国家突发灾难，我在做什么？指责我的朋友，你又在做什么？我真的希望大家能够扪心自问。"陈光标曾以形象的语言描述他的财富观：财富如水。如果你有一杯水，你可以独自享用；如果你有一桶水，可以存放家中；但如果你有一条河，就要学会与他人分享。更有官方媒体称，对陈光标这样的行善之人，不妨多份理解，"高调行善"不应该比"低调不行善"更受到质疑，慈善事业的制度缺陷不应该由个人"买单"。

一样的慈善 不一样方式和效果

美国人卡耐基曾有言，在巨富中死去是一种耻辱。2010年6月，比尔·盖茨和巴菲特发起了一项名为"捐款誓言"的认捐倡议，并得到美国40个超级富豪家庭的支持，并承诺在有生之年或身后把至少一半的财富捐献给慈善事业以回报社会。其中，签名者包括洛克菲勒家族掌门人大卫·洛克菲勒、花旗集团前董事长桑迪·韦尔、酒店业巨头希尔顿等人。但此项承诺并不具备法律效应，即便承诺方届时反悔，或因其他原因未能履行承诺，也不需承担法律责任。

随后，两人前往中国，于当年9月29日在北京昌平拉斐特城堡庄园举办了一场慈善晚宴，至少邀请了50位中国富豪参加。由于担心被劝捐，尽管请柬上已经写明嘉宾无需做出捐款承诺、且不会有媒体参与报道，仍有少数人拒绝了出席晚宴的邀请。

作为受邀嘉宾之一，陈光标则用一份"厚礼"回应了盖茨和巴菲特的这次中国慈善之旅。他在致盖茨和巴菲特的一封公开信中称"将做第一个响应并支持你们行动的中国企业家。在我离开这个世界的时候，将不是捐出一半财富，而是'裸捐'——向慈善机构捐出自己的全部财产。这也是我给你们两位先生中国之行的见面礼。"

对于中国富豪慈善积极性不高的原因，陈光标曾表示，一是许多富豪是第一代创业者，刚刚从贫困中走出来，还没有形成很强的做慈善的自觉意识。二是对慈善事业的宣传和传播不够，有不少人做了大量慈善工作，但社会上未必知道；三是也有一些富豪捐了款后，不愿意宣传，害怕带来更多的麻烦，比如税务检查、被要求捐款等。

而此次陈光标高调宣布"裸捐"又触动民众敏感神经，再次被推倒舆论的风口浪尖，招致很多人的质疑和谩骂。有人称其"别有用心"。原民政部社会福利和慈善事业促进司司长、北京师范大学壹基金公益研究院院长王振耀在接受媒体采访时表示不解，"我们对得起陈光标吗？我们对得起陈发树吗？每当有人站出来捐献，媒体和民间总是充满了对这个人道德质疑的声音。只有善意的压力才会促进慈善，这种恶意的揣测只会打压慈善心。"

尽管从事慈善的最终目标相同，但陈光标和盖茨、巴菲特的行善方式却大不相同。巴菲特通过捐赠盖茨成立的盖茨基金会这一非政府公益组织，为相关公益慈善项目提供资金支持，与政府无关，与微软公司无关，公益性彰显。同时，盖茨基金会由专业工作人员运行，并由会计事务所毕马威审计的财务报表和年度活动报告，运行规范并接受社会和媒体的监督。盖茨基金会得以良好运行的原因除完善的法律法规和制度规范外，成熟的社会慈善文化也是重要原因。

比较而言，陈光标从事慈善主要是通过动用公司的财力和人力直接向被捐助对象捐赠现金或实物，捐助对象具有随意性且捐赠财物数量难以统计。同时，由于其慈善行为和政商联系紧密，成为遭受外界诟病的理由之一。曾有媒体质疑其"诈捐"和借慈善名目经商敛财。

当陈光标的高调慈善行为刺激公众眼球的同时，一个叫做"郭美美"的女孩让中国红十字会美不起来。今年6月20日，新浪微博上一个名叫"郭美美Baby"的网友颇受关注，因为这个自称"住大别墅，开玛莎拉蒂"的20岁女孩，其认证身份居然是"中国红十字会商业总经理"，中国红十字会自此陷入舆论的风口浪尖，批评和质疑迅速涌来。

尽管中国红十字会总会随后发表公开声明表示"郭美美"与红十字会无关，但其中复杂的人物关系和利益纠葛造成的负面影响使中国红十字会的正面形象遭到巨大削弱。无独有偶，其后接连发生的慈善总会"尚德诈捐门"、青基会"中非希望工程"等事件更是透支着公益慈善机构的权威性和公信力以及民众对其的信任。对于慈善机构爆发的一连串丑闻，公众不禁要问，他们的捐款是变成灾民手中的面包，还是郭美美的玛莎拉蒂？对此，有分析人士称，陈光标高调直接捐赠现金和实物的方式正是对于有关公益慈善机构的不信任。

民政部中民慈善捐助信息中心全国捐赠数据监测显示，3～5月，慈善组织接受捐赠总额62.6亿元，而6～8月总额降为8.4亿元，降幅86.6%。地产大鳄潘石屹在微博中感慨：中国的慈善基金会遇到了前所未有的信任危机，如果有大灾大难发生，这样的信任危机，受苦的就是灾区的人们了。国家要痛下决心，马上进行慈善体制的改革，再不能等了。

（《经济参考报》2011年9月30日，作者赵东东、刘振冬，节录）

"标哥"，做慈善就得"高调"

做慈善不容易，"标哥"更不容易。其中的道理，想毕不用多说。在这样的语境之下，我也是标哥的粉丝。"真财实料"拿出来的，确实比坐而论道的强许多。

当陈光标的慈善演唱会还梗在大家的胃里难以消化之时，难免就有人站出来批评其是一个"高调慈善"者，从而得出"高调慈善"有害于慈善的发展。当然，标哥这样做，在我们这样一个传统的文化环境之下，是需要很大的勇气。"经邦济世"在成为公众顶礼膜拜的"天条"之前，是需要一些"高调"与"执著"的。难怪有一位网友也留言说，高调与否是个人的行善风格问题。只要是真行善，即使在行善方式上如标哥一样出一点格，也应该得到宽容。

其实，凭心而论，任何对慈善的质疑总让人心疼不已，道理有二。一，对于需要救助者而言，生存发展权是第一位的，"子非鱼"，岂知"鱼"之苦、之求？二者，人们希望慈善是纯粹的，而不裹着"出格"。对于标哥，尽管方式上有些所谓的"出格"，但还是做到了"授人以渔"，非"授人以鱼"。当然，更多的声音，还是对标哥慈善"一往情深"的支持。

当今，社会一直都在倡导，做慈善的形式并不重要，重要的是扎扎实实的内容，从这一层面，标哥"唱"出了花样，给受助者带来了雨露。毕竟，在这个循规蹈矩的"传统"社会里，不管是标哥还是其他的"善哥",多一个"哥"做慈善,多一个人挺身而出,也并不是什么坏事。慈善的形式也才会多种多样,社会也才会越来越丰富多彩。

（《光明网》2011年10月2日，作者刘国琪）

陈光标与谁"叫号"

今天上午，我在浏览网络新闻时，看到了一则消息，说是有个台胞企业家用陈光标的名字注册了猪肉产品的商标。

虽然本人曾写过多篇关于陈光标的文章，但当时看过这篇报道并没有十分放在心上。

但在下午上网时，我在陈光标的人民网微博上却看到了他对此的答复：一些朋友非常生气，认为侵犯了我的名誉权。我在这里真诚表示，无论你是尊重我，还是想侮辱我，都不要紧，谢谢你能看得起"陈光标"这个品牌，我希望你能在这个春节捐赠3000户贫困家庭的年货，与我一同帮助这些贫困人口。这也算与陈光标有缘，与慈善有缘吧！等待你的爱心，等待你的行动。

同时陈光标也表示，计划在今年的春节前在云、贵、川这三个省选出几个国家级贫困县，再从每个县选1000户特困家庭，与他们一起共度春节。此外，陈光标还将给这3000户家庭送上一些猪肉、油、米等，让他们过个幸福的春节。

我十分支持陈光标的此番举动，无论网友如何说其做秀，但他毕竟是付出了，为中国的慈善事业付出了血汗。

陈光标真的很大度，有人将其姓名注册成了猪肉产品的商标，其不但不恼，而且还能处处以慈善当先，与对方"叫号"，让对方一同搞慈善事业，替社会上的贫穷弱势群体说话，号召人们共同走慈善事业。

我们的社会缺少的是陈光标式的慈善家，陈光标为了中国的慈善事业可以不计较自己的名誉与得失，真是让人无比敬佩。

做秀也好，"叫号"也罢，我永远是陈光标的粉丝，毕竟他所付出的都是"白花花的银子"，是在用自己的实际行动去诠释公民的职责，服务于我们的社会，真诚地帮助我们社会的困难群体。期待陈光标式的慈善家越来越多。

（引自环球网冯文杰博客，2011年10月7日）

陈光标树大招风

有着"中国首善"之称的陈光标，是因为高调从事慈善活动而为公众所熟识和铭记的，这些慈善活动都是陈光标主动而为，并屡屡成为吸引公众眼球的新闻事件。不过陈光标终于有机会"被高调"了，只是不知道陈光标是否喜欢这种方式。

由台湾女企业家龙新婷创立的江苏××化妆品有限公司将"陈光标"申请注册成猪肉商标，包括猪肉罐头、猪肉包子等。而巧合的是，日前陈光标在贵州毕节开个人慈善演唱会，并宣布捐赠给参加观众每人一头猪。这是否海峡两岸的企业家要联手卖猪肉，把"陈光标"打造成中国最知名的猪肉名牌和驰名商标令人关注。尽管媒体的报道已有数日，尚不见陈光标本人对此有什么回应，这也就给陈光标成为猪商标的新闻更多了些扑朔迷离。

尽管陈光标从事慈善的方式争议不断，或者说见仁见智、莫衷一是，但无可否认，陈光标确实是花费了大量的精力和财力，在尽心地做慈善的，这本身就远比空头理论实在；而且客观上需要帮助的人，也实实在在地得到了帮助，这应该是最重要的。因此，不管陈光标是想为自己和企业扬名还是有什么其他私心，客观上都助推了慈善事业。而针对陈光标的某些议论，难免有些求全责备的成分。

但是，龙新婷把"陈光标"申请成猪商标，多少都有点让人感觉太过错愕离奇。这道理就不用多说，毕竟陈光标这般大名鼎鼎的人物，与猪这么一种寻常动物的形象相联系的话，实在太过悬殊，是无法相提并论的，甚至还给人产生故意揶揄的想法。除非陈光标与龙新婷事先达成默契，要享受成名的快感，或者是大肚能容，否则心里难免不是滋味。而就龙新婷申请和注册商标的认真劲来说，显然不是为着调侃一下陈光标的，那么揶揄的意味就明显增加了。如果是这样的话，怕是陈光标树大招风的可能性更大了。

陈光标长期致力于慈善，而且时不时会以惊世骇俗的方式宣传慈善，甚至在常人看来简直就是不可思议的举动，始终有着独占鳌头的优势，牢牢地把媒体吸引在自己的身上。这样的形势和局面，多少都使其他企业家相形见绌，陈光标因此遭妒的可能性是存在的，这不难理解。问题是龙新婷以这样的方式与陈光标较劲，总显得不够地道。企业家当然希望有一个响亮的名号，给自己的产品造势，甚至收获一炮打响的效应，赚得盆满钵满。但如果通过贬抑他人抬高自己的方式来达到目的，收到的也未必就是正效应，反而会把自己置于众矢之的的尴尬境地的。由是观之，龙新婷的举措显然是不可理喻的。

不管怎么说，陈光标这次不用自己掏腰包，算是免费被宣传和高调了一次，而且可能还有长期的后续效应产生。至于这种方式是否为陈光标所喜欢，或者就是两位企业家的"合谋"，尚有待观察。从一个局外人的眼光看，不希望是因为陈光标树大招风的缘故。

（《四川新闻网》2011年10月8日，作者逗号）

陈光标的境界

陈光标的境界

做慈善希望得到回报，陈光标和梁武帝在同一个层次，但不应该完全否定他。

2011年9月25日，陈光标在贵州毕节政府广场举办了主题为"一路慈善一路歌"的慈善演唱会，并给当地赠送猪、羊等牲畜和农机具。这位因"高调行善"而饱受争议的人物，又一次成为话题中心。

如何看待陈光标？这让人想起梁武帝与达摩祖师的故事。

达摩从印度到中国的第二年，被虔诚信佛的梁武帝迎请到宫中。梁武帝问达摩，"我自从当了皇帝后，大造佛寺，写佛经，培养发展僧人，不可胜计，敢问有何功德？"按照世俗看法，应该是有大功德的。普通信众哪怕在佛寺功德箱内投下一文钱，都认为有功德，何况梁武帝投入那么多钱财呢！出乎常人意料的是达摩竟说："这些并没有什么功德"。梁武帝大惑不解，于是质问道："何以没有功德？"达摩解释说：这些只是世间的福德。为了表面的虚荣或回报而行善，是福德。这样，行善之人往往因自己的善行而自大。功德则不同，行善布施的目的不是为了一己之私，而是在帮助别人的同时，去除自己的执著心，提升自我，方能远离苦恼。后来梁武帝与达摩话不投机，达摩才一苇渡江，离开梁国。

慈善不是数字

兰溪：现在很多人做慈善的目的并不单纯，陈光标被称为

"高调行善"，因为其动机受到怀疑。

净因法师：如果他只捐了一点，可以说是高调，但连续几年他在慈善排行榜上，都是首善。也有人纠缠具体数字的落实情况，但他的动机不用怀疑，不应该彻底否定陈光标。事实上，他可能被排行榜绑架了，因为要排名，所以不知不觉地要不断表现我捐了多少，这非常不幸。行善不需要攀比，是自己的事情，是帮助别人，不是争胜。应该是看到有人需要帮助就去捐，而不是瞄准多少数字，并且去公布这些数字，这是思维上的差距。

兰溪：去年玉树地震后，有一场声势浩大的慈善晚会，很多企业在台上向全国人民展示捐出的数额。这场晚会虽然收获颇丰，但观感并不好。这种形式会引起攀比，捐少了会觉得没有面子，超出自己数额预期，内心又会生出嗔恨。

净因法师：有一点是可以肯定的，地震后捐助是源于恻隐之心，恻隐之心背后有攀比的现象，是操作的过程有点误导。中国人现在的思维，一切为了经济，连行善都为了经济数字，很奇怪的现象。

兰溪：有的企业捐款少，网民们就开骂了，这种心态也很奇怪。

净因法师：捐款是自愿的，捐多捐少，都应该受到尊重。不捐款的骂捐款的，这是心态问题。中国慈善事业还刚刚起步，一点点的爱心，都应该受到保护和鼓励，而不是求全责备。现在这个社会需要良性的思维。捐款了，反而惹来麻烦，不利于善心的培养。我们不是要骂捐得少的人，而是激发社会行善的社会风尚。捐款本身是方法，不是目的，现在我们错把它当成目的，摊派、勉强，反而会扼杀善心，因为捐出去的是钱，得到的应该是欢喜和满足，如果得到的反而是烦恼，这种慈善难以持续。

兰溪：慈善不是数字，现在做志愿者很流行，这可以称得上慈善吗？

净因法师：慈善反映的是人心，行善，有钱的出钱，有力的出力，或者给人微笑和言语上的鼓励，都可以，不管你用什么方式，只要帮助到他人，没有差别。都应该受到鼓励，因为现代人有点冷酷、自私，缺乏怜悯心。

慈善有没有保障

兰溪：但人们的爱心却受到伤害，郭美美事件引起那么大的反应，并不是偶然。

净因法师：中国人过去穷怕了，改革开放以后，光想着改善物质条件。发展、实力甚至尊严都用经济来衡量，传统的诚信体系已经崩坏。红十字会是一个建立在信任基础上的慈善组织，出现诚信问题对社会的打击会非常大。这与其说是红十字会的问题，不如说整个社会诚信危机。

兰溪：按照无相布施的理解，钱捐出去了，爱心就有了，何必问用在了哪里呢？

净因法师：这是对无相布施的歪曲理解。布施的目的不是为了把钱捐出去，而是把钱用在应该用的地方，能帮到那些需要帮助的人，落脚点是化解别人的苦难。而不是被挪作他用。

兰溪：现在几乎每过一段时间，就被曝光一个"诈捐门"，你觉得这种报道会损害人们的善心吗？

净因法师：诈捐被揭发，本身就受到惩罚了，像章子怡，已经流了眼泪，补了钱。媒体报道应该适可而止，对社会还是要建设性的导向，而不是毁灭性的，媒体也要有社会责任。传媒的境界也要提高，客观，回归理性。传媒的力量大，但不能滥用。

兰溪：去年，美国最大的两位富豪，比尔·盖茨和巴菲特，先后捐出自己所有财产，之后他们到中国举行慈善晚餐，中国富豪竟很多不敢赴宴，你怎么看？

净因法师：有统计表明美国和香港人均捐款数额都很高，因为社会为慈善铺平了道路，政策上是鼓励的，也可以说那里的公民对人生的领悟到了更高的境界。比尔·盖茨和巴菲特捐出几乎全部的财产，对社会的震撼是非常大的。而中国人习惯把财产一代代传下去，他们两个到中国来，也足以影响中国人民，让人们思考，怎么对待自己的财富？应该来自社会回馈社会。

中国富豪没有多大响应，并不代表他们没有爱心。中国人刚刚积累了一点财富，慈善还处于起步阶段，慈善的环境、土壤还不成熟，行善的管道，步骤和方法不太完善。裸捐，捐给谁？达到慈善目的有没有保障？操作性还不够，慎重也是有道理的。

自私不是中国人的专利

兰溪：读书的时候，一个外国同学希望加入中国国籍，但老师却劝他不要加入，记得老师说了这样一句话："（我们）这是个很坏的民族。"这句话让我难过了很多年，我为自己的民族感到自卑。但经历汶川地震，改变了我的看法，当时有来自全国各地的志愿者自发加入了救助的队伍，数量虽然难以统计，爱心却彰显无遗，中国人并不缺乏爱心，这个民族有他的伟大之处。

净因法师：自私是人的本能，但不是中国人的专利。汶川地震对我的触动也非常大，中国人第一次完全自发的，不讲条件的，贡献自己的爱心。

兰溪：陈光标被质疑也是有道理的，梁武帝的故事说明，行善有更高的境界。

净因法师："有相布施"，就是让人知道我捐了钱，不能捐到黑处，期待回报，有我。梁武帝做善事希望得到回报，捐钱为了来世再做皇帝；现在企业家捐钱希望宣传企业，或者得到社会的认同，这和梁武帝是同一个层次。

慈善的最高境界是"无相布施"，布施者自己、被布施者，和布施的财物，都不执著。帮助别人不是要让别人感恩，而是对方需要帮助，不执著于"我"在帮助别人，不执著于帮了"谁"，也不执著于布施的数字，"三轮体空"。布施出去的是财物，也是执著，得到的是欢喜和自在。"无相布施"的要求太高了，大多数人都在"有相布施"的层面，我们不应该否定他们，布施总比不布施好，不必太纠缠，太刻薄。

兰溪：为什么佛家这么强调布施呢？

净因法师：修行的方法有千万种，布施是修行的开始。人人行善，为社会做点什么，这句话听起来简单，但是很重。像现在这样人人想从社会拿点什么，这个社会能好吗？

（《瞭望东方周刊》2011年10月10日，作者兰溪）

慈善透明化，请从高调慈善开始

9月25日，陈光标在贵州毕节的慈善演唱会，向毕节困难户捐赠2000头猪、1000只羊和113台农用机具，委托政府发放。这一高调举动，再次掀起舆论界的口诛笔伐，不少媒体质质疑其"做秀"，欲深挖其"企图"。

窃以为，做慈善并非做小偷，无需忍气吞声；行善事亦非鸡鸣狗盗，无需缄口讳言。高调慈善，可大揽观众眼球，可寓善于乐，加速感化身边群体；可引发集体监督，将善款善物去向高度清晰呈现。故建言，慈善透明化，请从高调慈善开始。

求全责备，是不少媒体人士的天性。陈光标演唱会高调慈善刚开始，就有不少媒体人员称其"做秀"，大搞暴力慈善。其措辞也激昂，其评论也义愤填膺，甚称"怒斥"。殊不知，这样挫伤的是国内企业慈善家的热情，伤害的是捐赠者们的良心。

对慈善家们的宽容，是一个社会群体进步和开化的重要表现。不管是裸捐诈捐，无论自捐募捐，真正"捐了"就是好慈善家。你笑他捐得少如万科王石的100万，你叹他陈光标送猪尽情做秀，图谋企业利润——窃以为，这都是狭隘的自私观念在作祟，试问那些质疑者，你以自己个人的经济能力，你捐出者又有几？你能否像陈光标一样承诺，身后将全部财产献给慈善事业？

高通货膨胀下，企业的生存面临系列困难。我相信，陈光标的企业或许也会面临一些经营难题。企业家在做善事时，哪怕是为自身企业争取一定经济利益，这本无可厚非，恰恰是一个社会慈善事业良性循环的必要前提。

在合法的框架下，相关政府机关，应该对这样的企业家采取一定的偏向政策，扶持他们做强做大，让他们实力健全，更好地"取之于民，用之于民"。难道这样的高调慈善家，比那些"闷声发大财，巨款转国外"的企业家们更值得招来非议？

一言蔽之，对一个慈善企业的宽容，也是对我们自己良心的宽容。

质疑陈光标假慈善的人很多。窃为以，无论做秀也好，沽名钓誉也罢，回观陈光标所做的慈善事业，抛开捐赠多寡不谈，至今为止，其辛苦付出是货真价实的。

谎话说一千遍能变成真理，假如陈光标最初的慈善梦想，只是一时冲动时发出的一句誓言，但其能够践行至终，我们就根本无需求全责备。如果陈光标能将慈善事业坚持到底——在公司不破产的前提下，那就是个真的慈善家。我们不妨篡改一下伟人的名言：不管真慈善假慈善，真正付出了就是好慈善。

我们无需去深究陈光标的动机，要说到动机，每个人都很可怕——孟德斯鸠曾经说过：每一个人，都可能是潜在的杀人犯，如果我们没有真正去动手，就是一个好人。如果陈光标没有贪赃枉法，没有以权谋私，仅仅是利用个人影响力，为企业争取更好的收益，将慈善支撑到底，又何罪之有？

无需讳言，陈光标给我们带了个好头：建立了一种众目睽睽之下的慈善事业。相比因"郭美美"事件被热炒的红十字会那些让人疑惑的众多幕后情节，陈光标慈善事业的透明度无疑倍增。

感谢我们的舆论，无论是骂声和赞声，都让陈光标有理由坚持下去。骂声让他坚持使自己不被网友"言中"，而赞声带给他坚持的勇气。

让我们关注陈光标的慈善事业，支持他的创新善举。

中国古训，"做好事不留名，做好事不求任何回报"的陈旧观念，亦可以休矣！

（《南方网》，2011年10月10日）

乔布斯和陈光标，谁更值得我们中国人赞美

这几天，关于陈光标暴力慈善和乔布斯去世的博文充斥了网络。对于陈光标批判的比表扬的多，说陈光标捐钱都是做秀，中国不需要这样的慈善家。关于乔布斯赞美的比贬低的多，说乔布斯是世界天才，中国就出不了乔布斯。我就不明白了，同样都是企业家，一个只有几十亿资产的陈光标给国人捐了十几亿却出力不讨好任人嘲讽。一个美国资本家从中国血汗工厂赚了上百亿一毛不拔国人竟感激流涕。这到底是为什么？他们究竟谁更值得赞美？

我记得小时候母亲给我讲一个故事。一个小孩嫌自己的父亲又穷又丑而离家出走。这一天他看到一家富户正在举办葬礼。原来富翁死了。她的妻子儿女们哭的那个痛啊，把小孩感动得情不能自已。心想这一定是位伟大的父亲，也不禁跪地嚎啕大哭。没想到一群家丁过来，把他打得皮开肉绽扔到了水坑里。当他醒来的时候发现自己已经躺在家里，眼前坐着自己的父亲和一位年轻的妇人。那妇人很面熟，对，好像在富翁的葬礼上见过。原来那妇人是小孩的亲生母亲，小孩一岁时就被富户抢去做了小妾。富翁死后就被他的正房赶了出来，怕分她的财产。小孩被打也是因为富翁正房怕小孩是富翁的私生子分财产而让家丁狠下毒手。

其实现实生活中也是这样，我们总是崇拜洋人、名人、明星、攀附权贵，而无视了生我们养我们的父母和帮助过我们的恩人，甚至恩将仇报认贼作父。实际上都是虚荣心自私心在作祟，或者是不问青红皂白一味跟风的结果。愚以为，判断一个人是不是值得赞美，最主要的是要看他给人类带来了哪些有益的影响，

他为我们的幸福生活做了多少贡献，而不是他多有钱、多有才、多有名、多有权。

就拿当下最热的陈光标和乔布斯举个例子吧。

如果中国人都是陈光标或是乔布斯看看会是什么结果：

一、如果中国富人都像陈光标一样高调慈善，中国将消除贫富差距，走向共同富裕，幸福和谐的共产主义社会不再是梦想。如果中国富人都是乔布斯，只顾挣钱一毛不拔，中国的贫富差距将会是世界超第一。邓小平同志说允许一部分人先富起来是要先富带后富最后达到共同富裕，说明共同富裕是我国发展的最终目标。可现在一部分人先富起来了，却没有带后富。据中国权威媒体报道，中国最富裕的百万人口拥有中国近半的资产大概有50万亿美元，而这些人口已经或正在向外国移民要帮助洋人进行共同富裕。如果这些富人都像陈光标捐出其中的1/5也就是10万亿美元，全国4亿家庭每个家庭可获得2.5万美金也就是15万元的资助，这些钱可能对大城市的人不算什么，对广大农村和小城镇来说无异于雪中送炭。有这些钱做保障或做投资，老太太可以不捡垃圾，少年少女可以不背井离乡打工自己在家创业。还解决住房就医上学等一大堆民生问题。如果富人都是慈善家和穷人的关系就拉近了，社会上没有了仇富心理，社会不和谐才怪！而乔布斯有83亿身价，却从没听说捐过一分钱，这在以慈善为荣的西方是极其罕见的。而且苹果公司敛财也是出了名的，一部成本不到2000的苹果可以卖5000以上。中国人有好多刚吃饱肚子，哪有那么多钱卖一部没有照样过的烂苹果？为了买苹果有人卖淫有人杀人，让人哀叹！如果中国企业都是乔布斯，中国贫富差距将在世界倒数的基础上稳拿世界超第一。贫富差别过大是国家不稳定因素的根源。这就是国家千方百计照顾农民低收入者的根本原因。

二、如果中国人都像陈光标一样做慈善，中国人将不知道什么叫走投无路。如果中国人都是乔布斯中国将会回到旧社会。

美国人有句话说，美国人不知道什么叫走投无路。因为他们社会福利工资特别高。慈善事业更是完善，美国人70%都是像比尔·盖茨一样的慈善家，乔布斯一样的铁公鸡实属少见。汶川地震中陈光标亲自率救灾队伍奔赴灾区，自己亲手救上百条生命。如果中国人特别是大企业家都是这样，如果遇到灾难还用温总理亲自督阵吗?还用军队上阵吗? 如果全国人民都是陈光标，哪里有困难哪里就有陈光标，还会出现街头老人被饿死，医院没钱被疼死，上学没钱去卖淫,一岁孩童在奶奶尸体旁待七天，走投无路去跳楼的惨剧吗?而乔布斯不仅自己不搞慈善还撤了公司的慈善部。如果中国人都学乔布斯，中国满地黄世仁，杨白劳还有活头吗？

三、如果全国人民都像陈光标一样砸掉汽车骑自行车，可以根治大型城市的交通拥堵问题，也可为国家节约上万亿的城市地铁和高架桥建设资金。如果中国老板都是乔布斯，中国还要建无数个停车场和飞机场，环境的污染将无法控制，更要浪费大量的资金。记得今年端午节和妻子一起去北京怀柔拜访美籍科学家许钟灵教授夫妇。为不耽误高考监考任务，提前买好了返程火车票。没想到上午9点从怀柔出发到市里，短短几十公里里程跑了6个小时才到车站。此时火车已经发车两个小时，两张几百块钱的车票作废。心疼的妻子半天不说一句话。我只好装模作样地接了个电话，谎称有北京的朋友帮忙要回票钱才没让她再心疼下去。北京只是中国大城市病的缩影，全国个大省会城市无不如此。我们到郑州郊区两个小时，可从郊区到市区要三个甚至更长的时间。国庆节前夕从郑州回家，下午4点买票，晚上10点坐上汽车，凌晨1点到家。归根结底都是汽车惹的祸。如果控制汽车增长，我估计没几年全国都得成"首堵"。如果都能像陈光标一样身体力行，将彻底解决大城市拥堵问题。中国可节约上万亿美金的道路建设费用，这些钱如果用到民生上，中国人的生活水平可以超英赶美了！陈光标一般骑自行车上班，汽车也是4万元的低排量汽车。乔布斯不仅有价值百万的奔驰还要价值4亿美金的私人飞机。如果中国人都学乔布斯，中国可能要多投入上万亿的自己建道路停车场和机场。中国的空气污染将更严重。

四、陈光标不仅不常坐汽车，而且提倡全家环保。陈光标的企业是环保企业是专门变废为宝处理垃圾污染的，如果全国的企业都重视环保，我国的大江大河和空气也不会糟蹋成如此地步。而乔布斯的企业专门生产有辐射性有毒的电子产品。德国专家发现，一个人每天使用电脑手机半个小时，时间超过十年就有得脑瘤的可能。苹果的电子产品都是在我国富士康生产的，富士康员工在生产苹果时因中毒治病曾经致信乔布斯，而乔无动于衷。如果全国企业都学苹果，中国后果不堪设想！

陈光标家人的名字也与环保有关，他本人外号陈低碳，妻子张绿色，孩子陈环境、陈环保。他家不仅很少坐轿车就是坐也只坐省油的低端轿车。很少吃肉爱吃绿色食品。实践证明大肉是现代人得富贵病的罪魁祸首，绿色食品富含维生素，特别是香菇红薯花菜番茄黄豆还有抗癌之功效。妻子很少化妆不带金银首饰穿名贵服饰。这些都是很有益健康的。经常化妆的人，一卸妆你会发现她惨不忍睹，比如某些大牌明星。

五、如果中国人都像陈光标一样重视亲情，以身作则教育孩子。中国的孩子哪会被打上富二代官二代的标签？而乔布斯六亲不认是出了名的。陈光标发家后没有忘记孝顺父母，没有拿着钱包养超过三位数的情妇，孩子没有动手打人提刀杀人。也没有听说，哪个孩子高喊我爸是陈光标。尽管陈光标的名气比李刚大得多！乔布斯80岁的父亲经常给他发电子邮件他从没有回复过，他也从没有见过他的父亲。他的亲妹妹好像也只见过一次。更有甚者拒不承认自己的亲生孩子。有一个幸福和谐的家庭是社会稳定和谐的根源，这方面我们还是要学陈光标！

总之一句话，乔布斯可以纪念可以赞美，但凡事要有个度，不要过度美化。一个敲诈人民币的美国副总统吃了一碗炸酱面你就感动不已，毛主席想当年吃草根不更值得感动，为什么9月9日鸦雀无声？一个维护美国最高利益的美国驻华的大使背个旅行包你就认为他简朴，温总理那么大岁数，自己冒雨撑伞穿梭在随时有余震危险的灾区又该作何评价？我记得美国飓风，布什总统好像没那么积极，还在家乡安然度假！陈光标不是完人，也可能太张扬，但他毕竟送给老百姓的是真金白银，救的是鲜活的生命，是在实实在在地为老百姓做事！在中国，像陈光标这样，甚至比陈光标更伟大的人物比比皆是，毛泽东、周恩来、邓小平、鲁迅、焦裕禄、雷锋、钱学森、史来贺、孔繁森、沈战东……他们都是为人民的幸福出生入死。我们没有必要去无休止地赞美与我们毫无关系的人！

（引自环球网华志城博客，2011年10月11日）

有啥理由将陈光标高调慈善一棒子打死

从毕节市开完演唱会回江苏南京后，一个慈善计划在陈光标脑海里慢慢成形：请山里的贫困人家吃一顿大鱼大肉的年夜饭，还要为他们送去年货，"请客"的对象除了贵州以外还扩大至云南、四川、甘肃、新疆，每个省找一个经济落后的乡镇，请最困难的1000户人家。（10月12日人民网）

就在上个月，陈光标在贵州省毕节市开了"一路慈善一路歌"个人演唱会，为那里的贫困人家送去3000头猪羊。一时间，陈光标又成了站在风口浪尖被人们热议的"靶子"。公众热议无非呈现两面：以网友们为主体的草根群体，极力支持陈做慈善；以专家学者和部分媒体为代表的"精英们"，则持否定态度并给陈光标扣上"暴力慈善"的大帽。我们不禁想问，凭啥将高调慈善一棒子打死呢？

首先，高调慈善似乎和传统的"低调做人"法则有所突破，那些否定陈光标的人，一方面指责陈光标将受帮助的群众当成了表演"道具"，另一方面陈光标的捐助有"暴力"、"强迫"的味道，属于不尊重受捐者的尊严，高调慈善有害慈善事业发展。我倒认为，陈光标高调做慈善，不怕枪打出头鸟，不怕流言和蜚语，与其说他这个"中国普通公民"在做秀，不如说他在用实际行动让那些"为富不仁"的富豪们闭嘴。那些站着说话不腰疼质疑陈光标做秀的人，一定是被"中国首善"胆大"嚣张"的行为震住后，而发出了呐喊。只要将钱真的给了困难人群，真的将"裸捐"的50亿兑现，只要有真金白银在，是做秀又何妨？高调又如何？

其次，在中国，一个不容忽视的事实是，中国从来不缺富豪们的身影，但他们中有多少在真正行大善？纵然，中国和美国等发达国家有着不同的国家制度和慈善模式，但太多富豪们深谙中国慈善事业中的丁丑寅卯。但，行善的真金白银不会撒谎。和那些"抠门"的富豪们比，陈光标示范了一个难以超越的标杆，对于这种高调慈善，我认为捐了就比不捐好，能捐多就捐多一定比"抠门"好。陈光标捐赠就算有做秀嫌疑，也比那些光耍嘴皮不掏钱的富豪们高尚得多，因为，受赠者得到实实在在的帮助，才是体现慈善家爱心和价值所在。要知道，在财富、价值和慈善观念拷问下，中国更多富豪扮演的是做"观察员"角色，在无硬性指标的召唤下，他们宁愿做守财奴，也不当出头鸟，他们认为在当前中国的慈善模式下，这样才会明哲保身，才算更"低调"。如此对比，就很容易理解陈光标为何被当成"另类"，被认为在做秀了。

再者，在批评陈光标的声音中，将其高调慈善定义为"暴力慈善"的一个重要理由是——陈光标不在乎别人的尊严。关于这点，我认为，首先非受捐者请不要站着说话不腰疼，应多讨论的是自己和陈光标比，自己做了多少慈善；其次饮水思源、冷暖自知，只有受捐者个人谈尊严才有资格，如果说他们在大庭广众下很高兴地接受捐助，其他人何必操心？的确，慈善最好别全是陈光标式的"高调"行事，但不可否认的一个事实是：陈光标的高调慈善，唤醒了公众对慈善的关注，也使得一些企业家富豪感到了压力，爆炸效果不亚于郭美美引发的"红十字会危机"。慈善，捐了一定比不捐好，一毛不拔的伪慈善者根本没资格去评点别人。

（《四川在线》2011年10月12日，作者姜春康）

"陈光标式" 行善为何受质疑

陈光标是一个特立独行做慈善的企业家，最新的惊人之举是在贵州毕节的个人演唱会，不卖门票，坚持听完全场的群众，可牵走一头羊或猪。

对于陈光标的高调行善，有人指责是 "暴力慈善"，有人说他利用做慈善谋私利、揽项目，有人说他做秀，有人质疑他诈捐。凡此种种，不一而足。

民营企业家做慈善的不少，而陈光标为什么屡受质疑？

其一，观念上的冲突。中国人的性格历来内敛含蓄，所谓君子之风、仁者情怀，不仅内心要 "真、善、美"，还要行事稳重，温文尔雅，不事张扬。行善的最高境界是 "做好事不留名"。而陈光标高调行善，一会儿让受助者举起百元大钞摆 "造型"，一会儿把一捆捆人民币堆积成墙拍影像，一会儿独出心裁开个人演唱会，将自己的个性展示得淋漓尽致。虽然人们认可他的善心，但他的做事方式绝对不是人们心目中最理想的。人们觉得其行善方式不靠谱，与传统观念形成鲜明冲突。

其二，体制上的冲突。在中国做慈善，应该通过有关专业机构来完成，比如慈善基金会、红十字会，比如各地的工青妇组织、希望工程、侨爱工程，比如政府的民政部门。如果捐助者直接与受助者对接，而且这种捐助规模比较大、受助面比较宽、社会关注度比较高，往往会被认为另有所图。陈光标却不管这一套，亲临现场发钞票、发实物，在大小媒体频频亮相，丝毫不顾及 "有关方面" 的面子。这与现有体制形成冲突。

其三，利益上的冲突。陈光标是个民营企业家，办企业的要赚钱，没有钱，他的慈善事业也难以为继。所以，他一手赚钱，一手撒钱。把自己口袋里的钞票掏出来往外撒，更容易赢得人气。日久天长，人脉广泛，人家也愿意把一些项目交给他做，如此一来，"陈光标式"的慈善形成了良性循环：用赚来的钱行善，用行善积累的人脉来赚钱。与同行相比，他的竞争优势非常明显，这难免形成利益上的冲突。

"陈光标式"的行善屡遭质疑，折射出中国的慈善事业还处于"初级阶段"。

从观念上看，大众尚缺乏包容心态。大千世界，每个人都有自己的个性，我们不能苛求每个有善心的企业家都是完人、圣人，在一个开放多元的社会里，民众应该虚怀若谷，应该有这样的态度：虽然我不欣赏你的做事方式，但我要为你的善举鼓掌。

从体制上看，我们还没有完善的机制来保护、鼓励、促进更多的人们热爱公益、捐赠慈善。许多人不了解一些慈善组织、单位的善款去向；一些慈善组织也未及时将相关信息及时披露。因此，不少慈善行为的自发性、随意性、零散性还很难一下子过渡到慈善机构的专业运作上。

从市场竞争的格局看，虽然市场经济已经搞了20年，但在一些地方，权力、关系仍然是决定企业命运的重要砝码。陈光标的竞争对手仍然习惯于从"关系学"的角度解读他的行善之举，研究他行善的动机，得出了"做慈善是为了揽工程"的结论。其实，做慈善和揽项目，哪个是手段、哪个是目的，很难区分。看一个人的善心，必须看两点：他的钱是怎么来的？他的钱是怎么用的？陈光标的钱是合法经营所得，又用于慈善事业，这有何不妥？

我国现在的收入分配体制，确有分配不公等不完善的现象。一些人也由此而对"先富起来的一部分人"存在着"仇富"心理。在缺乏确凿证据情况下，任意猜测"先富起来人"的慈善行为，而且不少是良莠不分地一棍子打死。

对陈光标的行为，"慈善"是否带有"暴力"、是否"做秀"，应该由受助者说了算。况且，如果能让陈光标和"陈光标式"的慈善行为成为一种社会风尚，摆脱人们对于一些富人"为富不仁"的负面观，即便是慈善秀，我们也应该理解、包容和支持。一个人只要做善事，无论什么时候都应该受到尊重，这是一个公民社会应持有的基本准则。唯有坚持这一准则，我们才能跨越慈善的"初级阶段"，向更高的层次迈进。

（《解放日报》2011年10月13日，作者屠海鸣）

慈善不能是陈光标"独唱"

中国首善陈光标，计划请山里的贫困人家吃一顿大鱼大肉的年夜饭，还要给他们送年货，对象是贵州、云南、四川、甘肃、新疆，各省区找一个经济落后的乡镇，请最困难的1000户人家，办5000人的年夜饭。

陈光标的这个想法，缘于在贵州省毕节市开了"一路慈善一路歌"个人演唱会，耳闻目睹当地贫困人家的生活后产生的，因为"晚餐唯一的菜里面，除了辣味吃不出油盐味"。这样的情景，确实会让人鼻子酸楚得不好受，难以忘怀的。平心而论，陈光标的"中国首善"称谓，含金量是相当高的，是用自己的心血和"真金白银"打造出来的。不要说那累计投入的巨额资金，光就东奔西走的精力而言，在许多人看来也是不堪想象的。而陈光标的每一次慈善活动，差不多都给人耳目一新的感觉，总是给社会造成"震撼"的效应。虽然这种高调慈善的作为，在社会上始终不乏质疑之声，但陈光标依然义无反顾地向前走，没有因为质疑而动摇自己的初衷。这份执著和热忱，也是令人感动的。

时代在前进，社会在发展，高调慈善是否可行，其实也见仁见智。有人愿意高调着做，更有人确实有现实的需要，这两厢情愿的事情，其实还真不好轻易地说"不"。对于面临着各种现实困难的人群来说，面包远比空谈的慈善要实在得多；而对于慈善事业而言，起而行之也远比坐而论道要进步得快。从这样的角度想想，陈光标真的无愧于"中国首善"的称号，因为陈光标不仅在倡导慈善事业，更重要的是自己在践行慈善事业。虽然陈光标有着近乎独行者般的"孤独"，但丝毫不影响其作为慈善事业引领者的形象。

但是，慈善事业毕竟不是哪个人的事业，因为个人的力量和能力是有限的。慈善事业的光大和发展，需要有更多的人跟进和参与。诚然，从事慈善的方式可以不同，有人愿意张扬，有人喜欢低调，这都是无可厚非的。而且没有"响动"的人，也未必就没做慈善，"善欲人见，不是真善"的观念也长期来影响着国人的慈善方式，慈善不宜强求模式，当以有利于社会和大众为宗旨。但是，陈光标高调慈善还有个目的，就是希望慈善事业更阳光。因为从媒体曝光的诸多问题看，从事慈善的机构因为工作的透明度不足，已经严重地伤害了慈善的公信力，使公众参与慈善的积极性受到影响。慈善是最不应该缺乏诚信的内核的，慈善的诚信如果受到伤害，且经不起质疑，危害的后果将是不堪承受的。

在经济生活日益富裕的前提下，慈善事业已经进入新的发展阶段，面临着难得的发展机遇，民间慈善文化也更需要着力培养和发展。在这个过程中，陈光标确实名如其人，是位标杆式的人物。但是，就慈善事业而言，陈光标可以"领唱"，但不能总是"独唱"，而应该形成"大合唱"的局面。而如何形成这样的局面，正是政府需要思考和着力的。

（《四川新闻网》2011年10月13日，作者逗号）

标哥的烦恼

国庆节前，"中国首善"陈光标在贵州毕节举办了一场慈善演唱会，并现场向观众派发3000头猪羊。一时间，陈光标又被推上了社会舆论的风口浪尖。其实，对于这种惟恐天下不知的高调慈善行为，陈光标一直很推崇，他还表示，"我做好事你叫我不说，我心真的难过，我做好事就要说出来。"

高调的慈善给陈光标带来了数不清的荣誉，据陈光标自己整理的一份十多年来慈善证明记录显示，十多年来，他共捐款14多亿元。仅在今年就捐款13次，目前款项金额累计已过亿元。其获得的荣誉数以千计，"我的荣誉证书有2300多本，垒起来超过5米高，锦旗3000多面，少数民族的哈达近16000条。"

但是，这众多的荣誉却也掩盖不住他的烦恼。

"人在做，天在看。"

"我10岁之前没吃过肉。"当对饥饿的恐惧在富起来后却仍然无法从大脑中消除时，陈光标，这位出身农民、骨子流淌着好胜血脉的汉子从来没有掩饰富起来后做好事的冲动："财富如水，应该学会分享。"

说这话时，他在"做好事"的路上已经走了三十余年，从1978年10岁时首次以1.8元帮助他人，到30年后的今天，这个数字翻了近8亿倍。他想在这条路上走得更远，但这条路上却布满了质疑和嘲笑的荆棘。

如果要问他现在在慈善之路上最痛苦的是什么，不是缺钱，也不是缺人，而是很多人的质疑和不解，人们认为他的高调捐赠是"伪慈善"，是在"做秀"。更有甚者，一位网友得知陈光标的弟弟在当保安，妹妹在饭店洗碗时，引用苏洵《辩奸论》中"凡事之不近人情者，鲜不为大奸慝"向陈光标发难。

还有人指责陈光标的慈善是"暴力慈善"，伤害个体尊严和权利。陈光标对此很不认同，"我的慈善是当今和谐社会需要的慈善，我拿着我的血汗钱去帮助需要帮助的人，怎么叫暴力慈善呢？"他说。

今年4月，有媒体质疑其财产来源。陈光标感到很是无奈和不解，"中国真的容不得高调慈善吗？中国不需要陈光标这种慈善吗？我高调慈善是为了带动更多的人一起做慈善，因为中国需要帮助的人还太多太多，然而如果是这种舆论氛围，许多善良和爱会被扼杀的。""人在做，天在看，真实的我，会将慈善进行到底！"……

之后，标哥我行我素，依然做着他认为应该做的事情：8月16日，向井冈山、泰州黄桥革命老区捐赠3100万元款物；9月16日，在南京砸毁自己的奔驰车，倡导环保；9月25日，在毕节举行个唱，现场发放猪羊。

毕节演唱会后，在9月27日的微访谈中，还是有很多网友对陈光标的行为感到不解，有的甚至放言："你搞高调捐赠，为的不就是出名吗，最终会给你企业带来太多好东西。说实话，鄙视你。"

对此，陈光标往往会感到很无奈，"都说我高调慈善能拿到很多政府项目，所以我讲可能很多人都不相信。因为我高调了，反而我的生意上难做多了。拿的二手、三手的业务做得很累、很辛苦，但是没办法，还是要做。"其实，这也是最令陈光标难过的，"至少到目前为止，在中国没有任何高层和富翁在我企业上支持过我、帮助过我，我也不知道为什么，我很委屈。"他说。

"我今年43岁了，再来个40年也就进火葬场了，所以我每天都把我的时间用到最大化的极限。每天早晨6:30起床，正常都是一两点钟睡觉，有时候经常累得都想哭，谁能理解我？"

陈光标在慈善之路上深切地体会着"木秀于林，风必催之"这句古语。

"高调"有错吗？

"我没有认为我是高调捐赠，我也不是为了出名，高调慈善光说不做叫高调，如果中国能有上百上千的陈光标高调捐赠，有多少人受到帮助啊。"面对网友的质问，陈光标表示，"我也不认为我在做秀，就算是做秀，我也是在用真金白银在做秀啊。"

卢德之博士，华民慈善基金会会长。他不止一次在演讲中表示，"标哥的慈善热情是绝对应该得到掌声的，标哥是唱了很多真调的，他真拿出不少钱来了，这个钱又不是纸钱。""不管是高调还是低调，只要唱的是真调就是好调，真正应该去掉的是那些假调，不靠谱的大调。"

"我觉得陈光标这个做法还真不能够说就是做秀，因为他确实想要在中国当前的社会背景下，建立一个透明、公开的到底地标。"中国社科院社会政策研究中心副主任杨团对陈光标的高调慈善表示理解，她同时表示，"这个事情从两面说，一方面他想要建立透明、公开的标准、社会的道德标准，对于慈善应该怎么去做；另一方面，我也感觉到他实际上是代表了一种社会风潮，这种社会风潮就是不相信慈善机构可以把慈善做好。"

对此，上海慈善事业发展研究中心主任卢汉龙在接受《华夏时报》记者采访时表示，"这还是跟当下我们慈善事业的运作机制不成熟有关。他如果不是用这种方式直接把钱交给受助人，他就只能把这些钱捐给基金会，或者自己成立基金会。但是，捐给前者，会涉及到基金会方面要收取管理成本、操作效率不符合要求等种种问题；成立后者，则是包括陈在内的许多富人没有足够精力和能力去应付的。"

卢德之博士也认为："如果慈善组织的公信力、透明度能更好一些的话，陈光标先生可能也不会这样做了。既然中国特色的现代慈善还处于初级阶段，那么我们首先鼓励更多的富人把钱自觉拿出来，服务社会，而不能一开始就要求富人做得尽善尽美。"

标哥的名字和事迹是在2008年汶川大地震后广为人知的。其实，从那时起，标哥就从未放弃过自己的慈善梦想。"不管多少次把我推向风口浪尖，都不会影响我一如既往地做慈善和做环保，做我该做的事。我就本着一条：只要不伤害国家利益和他人利益，不触犯法律，还是要坚持去做，实现我人生的价值和意义。"他说。

近日，从毕节回到南京后，标哥又有了新的想法，他拟请5省5000贫困户吃一顿大鱼大肉的年夜饭。"我对受助的老乡们唯一的要求就是大家合唱一首红歌《唱支山歌给党听》。"陈光标说。

显然，"标哥"的慈善之路还会一直"高调"走下去的。

（《华夏时报》2011年10月15日，作者马广志）

看不准猜不着的陈光标

被评为"中国首善"的企业家陈光标，以特立独行的方式行善，不管别人怎样的质疑和议论，至今仍我行我素。2010年陈光标入选中宣部推出的"中国好人榜"，获得一本"好人"证书。他拿到后立即用毛笔在"好人"上加了一个"大"字。"因为我觉得自己已超越了他们，我做的好事比别人大得多。"由此可见一斑。

"笑骂由他笑骂，好事我自为之"，陈光标一直坚持这样的理念。有评论为他冠名"陈美美"，他说："我们是两个性质，郭美美是在做秀、炫富，她是为自己；我炫的是慈善富，是为全国贫困老百姓。"高，实在是高；有人认为，在舟曲泥石流灾害发生后，他亲自去给受害百姓派发红包是"做秀"，他回答："难道我的钱是偷来的吗？我赚的钱爱捐给谁，是我的权利。"好，当仁不让；今年3月日本发生海啸，陈光标亲赴日本救灾，有媒体问"这样做是刻意靠近'世界首善'的目标？"他的回答直截了当："我说过自己的慈善目标是成为'世界首善'，首富在美国，首善在中国"，妙，妙不可言；今年9月25日他又突发奇想在贵州毕节举办一场个人慈善演唱会，并将3000头猪羊牵到现场捐了出去。这回标叔招来了更多的板砖，有媒体说他唱得难听，还有指待捐的猪羊患病。陈光标对此却津津乐道："我又不是阎维文、刘德华，当然不好听。好听不好听不重要，我是要通过这种方式让大家注意到我的慈善。"中，言为心声……

陈光标的行善方式与众大大的不同，让人看不准猜不着，可他捐出的是真金白银，从1998年至今的13年中，款物加起来有15亿元，这就足够让那些"拔一毛利天下而不为"的人、那些在慈善捐款会上羞羞答答的富豪，那些偶尔捐一次款便大吹大擂的大腕们噤声，让不少质疑或讥讽陈光标的人闭嘴。

广州人有句俗语：一样米吃出百样人。人由于出身、受教育程度、后天的觉悟不同，也由于性格、脾性、爱好等等的迥异，要求所有人的行事方式一统或大同小异，是既可笑又不现实的，若要人似我，个个都是我。现在是个多元化社会，人也是多元化的，只要他做的事于国于人有利无害，他愿意怎么做是他阁下的事，我们有什么理由对他不予包容甚至说三道四横加指责呢？

（《新快报》2011年10月18日，作者周文韶）

顽童"首善"陈光标

该怎样认识曾被誉为"首善"的陈光标，这是个问题。很少有做慈善的名人能像他那样，既被很多人爱得奉若神明，同时也被很多人骂得体无完肤。更少有人像他这样在漩涡中依然故我，甚至还有点渴望用争议来实现一些构想。

只是我们发现，大多数外界的声音对于陈光标都是远距离炮击，很少有抵近观察。这一次，蒙陈光标特别允许，我们的记者贴近得特别紧，甚至以"贴身秘书"的身份在陈光标身边待了几天。我们担心她可能被陈光标所具有的领袖气质影响，丧失客观性。但现在看来，我们的记者所展示的陈光标，确实与以往的外界评价有些许不同。

人本来就是复杂的。这个经常被批，却丝毫不为之怵惧的陈光标，依靠的不只是内心强大，还有未泯的顽童气质。他可以很孩子气地说明，让外人看不清、道不明，是因为看清了就没人采访他了。也可以很孩子气地因为噪音而要剪断某人的电线。

但是陈光标绝对不傻。他知道该得罪谁，不该得罪谁。他在投身慈善的企业家当中绝对算财富不多的，但能充分地在政府、社会、媒体和受众之间寻找平衡点，成功地按自己的方式做事，目前为止他游刃有余，但这么做也确实有点累。他内心对这样的"游转"也有腹诽，但不会公示。

陈光标与这个时代一些成功人士有着相同的体验。他草根出身，深受他所经历的时代影响，有着强烈的英雄崇拜，崇拜毛泽东，崇拜军人，崇拜雷锋式的奉献，自命对穷苦人背负天人的责任，或者说他渴望成为救世主。

这些条件，已经足够让陈光标做出很多人不能接受的行为。

所以，陈光标应了那句话:性格决定命运。这当然与他是否从善并无关系。

关于他的那些争议，愿意争议的还可以争议下去，不妨碍陈光标继续如此。他就是这样。

（《昆明信息港》2011年10月24日，作者梁坚文，
题目作了改动）

对陈光标卖房不能苛求

昨天，记者等到下午4点多钟，发现陈光标发了一条题为"关于响应国家房产调控及删微博原因"的微博。在微博中，陈光标称：我说的情况是属实的，我说到做到，做不到等于放屁。（聊城新闻网11月25日消息）

此前，陈光标在微博称：为响应国家的号召，欲将自己5年前在南京等地投资的多处房产，按照当时购置价格的9折进行出售。微博发出后又被删除，部分民众开始指责陈光标，但仔细想来，对陈光标卖房也不能过于苛求。

陈光标卖房的初衷不应该被怀疑。国家有号召，每个公民都可以去响应，也可以不响应，毕竟号召不是法律。陈光标作为一个负责人的商人，率先给政府回应，并提出将5年前在南京等地购买的房产，还按照当时购置价格的9折进行出售。无论怎么说，这都是一个姿态，是一个有益的表率行为。

陈光标是个名人，但也是一个普通人，卖不卖房纯粹是自己的事情。自己用血汗钱购买房产，除了使用之外，也无非想升值。不想要了，卖掉变现也是商家常用的方式。至于感觉不合适，在没成交前不想卖了，也没什么不对的。过分强求别人卖房，有强买强卖的嫌疑，也不符合道德和法律的要求。

卖房遭质疑还是因为房子太优惠。按5年前购置时的价位再九折的价格，出售在北上广等地投资的房产，即便是按原价也能让人抢破头。而此次居然引来数万名网友报名，如果不删除，估计还有人继续报名，最终还是僧多粥少。在房子没有最终出手之前，一些人怀疑也属正常。

事实上，民众对陈光标关注大于质问。与其说对陈光标卖房问题有质疑，倒不如说是对"中国首善"的关注。10年来向慈善事业捐款捐物累计突破8.1亿，被媒体称为"中国首善"。2010年9月，他宣布死后捐出全部财产（50余亿人民币）。2011年3月，日本发生9级大地震，陈光标自己组织12人的慈善团队赴日救灾。陈光标一直被民众看好，但盛名之下，民众的要求也有所提高。

说得好不如做得好。陈光标关注慈善，一路走来，有诺必践，我们应该相信他。此次既然陈光标说了，就一定能做好。中国富人需要榜样，陈光标就是。

（《荆楚网》2011年11月25日，作者张洪泉）

陈光标卖房示范大于现实意义

今天，陈光标在其微博上宣布低价卖房流拍，将近期这一引人关注的事件画上句号。

本来是响应国家号召，想把房子贱卖，但因为符合条件的少、房子大等多种原因，最终陈光标的房子没卖掉，但这并不影响陈光标卖房的示范意义。

陈光标卖房子示范意义大于现实意义。前段时间，国家楼市调控，发个信号本来是给房地产商人的。商人还没动静，不料陈光标率先响应，并在全国引起反响。我曾经说过："陈光标作为一个负责任的商人，率先给政府回应，并提出将5年前在南京等地购买的房产，还按照当时购置价格的九折进行出售。无论怎么说，这都是一个姿态，是一个有益的表率行为"。

同是商人，本来该房产商表现承担社会责任的时候，却让陈光标给抢了风头。尽管陈光标不是房地产商人，但此举也让一些地产商或多或少感觉没面子。陈光标卖房，民间叫好的较多，但从一些为利益集团的"御用"专家教授抱团对陈光标的质疑和指责来看，此次卖房确实触及一些房地产商人的痛处。

11月30日，一条《潘石屹任志强组团网上卖房称房价要由购房者定》在网络上疯转，一向在房地产市场存在意见"分歧"的潘石屹和任志强终于组成了联盟。SOHO中国董事长潘石屹和华远地产董事长任志强，联合其他18家房地产开发商共同发起了国内首个房地产电子商务联盟，准备将"定价权"交给购房者。此举看似是救市，但多少也有响应国家号召的影子。

国家代表民意的号召，就需要有人出来积极响应。尽管陈光怀不是房地产商人，能站出来带个好头，也非常难能可贵，毕竟贱卖自己的房产也是从心头割肉。虽然是没有卖掉，一旦真卖了，大家也是真得到实惠了。

（《荆楚网》2011年12月2日，作者张洪泉）

陈光标就是"时代徽商"的形象代言人

中国首善、著名徽商、最具争议人物陈光标昨日来到杭州参加"首届时代徽商高峰论坛"。陈光标在接受品牌新闻网采访时，他透露自己今年已捐2.33亿，累计捐款达16亿，同时谈了自己的"创新慈善观"。品牌新闻网的叶征潮还注意到陈光标的名片上列了很醒目的两行字："中国首善，中国低碳环保第一人"。

品牌新闻网的叶征潮发现了一细节，无任是"首届时代徽商高峰论坛"和"全球徽商之夜文艺晚会"两大主题活动，主流媒体的报道内容都一边倒地关注著名徽商陈光标发言；及陈光标在"全球徽商之夜文艺晚会"上的激情演绎《爱的奉献》，尽管陈光标有些"五音不全"，但主流媒体记者的笔墨都放在了陈光标身上，并没有把笔墨放在大牌蔡依林、尚马龙、刘惜君、刘嘉亮、管彤、慕容晓晓等当红明星的身上。也在品牌新闻网记者的意料之中，因为，著名徽商陈光标就是"时代徽商"的最佳形象代言人。

陈光标在与品牌新闻网的叶征潮交谈时强调，企业家的社会责任有三个层次，第一个层次是生产安全、可靠的产品。第二个层次就是解决就业、多交税。第三个高层次的责任，就是自愿把企业的净利润拿出来扶危济困，帮助需要帮助的人。他还倡导徽商企业家们过年时多去慰问困难人群。品牌新闻网的记者曾记得，2007年，陈光标在合肥参加第三届中国国际徽商大会·徽商论坛时，曾向家乡人民如此诠释他的财富理念，"财富如水，如果你有一杯水，你可以独自享用；如果你有一桶水，你可以存放家中；但如果你有一条河，你就要学会与他人分享。"

品牌新闻网的叶征潮还了解到，在该次论坛上，14位安徽商会会长一同主持了安徽会长回乡投资倡议仪式，并发表倡议词，表达了希望回报故乡、造福故乡的心愿。另悉，现有30多万浙商在安徽投资创业，总投资达1000多亿元。有20多万徽商在浙江经商、创业，总共有600多亿投资。浙商与徽商，为两省的合作交流发挥了重要作用。

（《中国日报网》2011年12月19日，作者叶征潮）

慈善不是一个贵族或富翁行为

中广网北京12月24日消息 据经济之声《天下公司》报道，这一年，"中国首善"陈光标频频高调亮相，誓言要将陈氏慈善进行到底。梳理他这一年的行程，他的行程之密，已经是堪比娱乐明星。

陈光标：如果行善低调 就像"哑巴吃黄连"

这一年，他去台湾发过红包，去日本参加过抗震救灾，去云南请过贫困人民吃年夜饭，去贵州开过演唱会……他甚至还砸过自己的奔驰车。在这动作频频、行色匆匆的一年里，他收获的不仅有鲜花和掌声，同样还有批评和质疑。

今年1月份，标哥飞跃台湾海峡，把他的"陈氏慈善"推广到了台湾同胞中间。在去之前，标哥就先秀了一把，他公开宣称此行要捐款5亿元新台币，约合8700万人民币。并且在他的家乡南京，他还举办了一个捐赠仪式，并且用8700万人民币砌了一个"钱墙"，那可是用一叠一叠的百元大钞垒起来的一堵墙啊，从视觉上，相当的有冲击力。

到了在台湾，他的行为引起了广泛的争议。因为他慈善的方式一如既往：发现金，当面发。对于他的当面发放现金的做法，台湾一些地方露出了为难之色，希望他能够低调一点儿。对此，陈光标毫不在意，大大方方的回应说："大陆企业家亲自把善款交给台湾困难群众，亲自传递给他们善款，能让台湾民众的内心有个更好的接受。"

对他的做法，台湾形成了截然不同的反应。有人说，陈光标带着大批媒体，民众在这么多媒体的镜头下接受捐赠，其他台湾富豪心里是何滋味？这可能引发尊严问题。岛内许多企业很有爱心，每年都会参加慈善捐助，但他们从不要求高调发钱。

甚至有人大叫，应该把陈光标驱逐出去。但是也有人对陈光标表示理解。知名媒体人兰萱就认为，陈光标其实非常可爱：

兰萱：坦白讲我觉得他蛮可爱的，就是说他是一个感觉起来大拉拉的人，先前要来做慈善捐款的时候，他也就是大剌剌地告诉说我要捐款，就堆一个钱墙就这样发钱就很豪爽很海派的样子。但是当他发现可能事情在台湾他的方式不是这样子，他说转也就马上转过来了，然后大剌剌直接在胸章上面写着一个"低调之旅"，我是没有亲眼看到这个标章我觉得很可爱啊，你这么高调写着低调之旅也是一种很特别的方式告诉大家说，我知道了台湾的民情是这样子，我很愿意来调整我的方式，所以我觉得还蛮好的啊。

面对质疑，陈光标认为，如果行善低调，就像"哑巴吃黄连"，而且他的行为能引起带头作用，未来也希望能高调行善、敲锣发红包。不过面对台湾民众，标哥还是调整了自己的行善方式，他这次不直接发钱了，而是把钱装在红包里。"中国首善"陈光标上午从下榻的台北圆山饭店出门时，遇到一名贫妇拦路诉苦，他一口气给了她三个红包，总计7万元台币。面对着环绕着她的媒体，妇人热泪盈眶，很激动的说，她从没有一次拿过这么多钱。

要知道，这对于标哥来说是以一个很大的转变，他之前不仅是直接给钱，还要求接受他馈赠的人高举着人民币和他合影。

据观看演唱会的网友说，演唱会门口停满了装着猪羊的车。农机具的车也有上百辆，人山人海的样子。为在演唱会上有好的表现，据陈光标专门请了声乐老师，每天学唱两三个小时的歌，把嗓子都唱坏了，所以在演唱会开始前的几天一直在输液、针灸。

在慈善领域，标哥可不仅仅是直接发钱那么简单，他的才华，在慈善这个舞台上展现的是淋漓尽致。在贵州他专门举办了一场个人慈善演唱会。同他一起来的，还有2000头猪和1000只羊。他本来打算现场把这些猪羊捐赠给在场的老乡，但是后来还是委托当地政府来完成此事。陈光标是绝对的主角，陈光标演唱了《爱的奉献》、《我的中国心》、《好人一生平安》等8首歌曲，并朗诵自己写的散文诗《我是谁？为了谁？依靠谁？》，其中，《我是你的光标》这首歌是粉丝专为陈光标写的：

演唱会上，小儿子陈环保也登台亮相，弹着钢琴和父亲一起演唱了一首歌曲——《但愿人长久》。

陈环保：大家好，我是叫陈环保今年8岁了很高兴和爸爸来到毕节。

主持人：环保我问问你啊，爸爸到处做慈善这件事情你支持他吗？

陈环保：支持我爸爸做慈善是为了帮助更多需要帮助的人，做环保是为了保护我们的地球家园。

主持人：噢，说的真好。

陈环保：我为爸爸伴奏合唱一首《但愿人长久》。

说到他儿子陈环保的名字也非常有意思，为了倡导环保他给大儿子起名叫做陈环境，小儿子起名叫做陈环保，陈光标甚至还给自己和媳妇也起了另外两个名字，自己叫陈低碳，媳妇叫张绿色。

为环保砸掉自己的奔驰

如果认为标哥只做慈善，那可就打错特错了，他大部分时间是个乐善好施的慈善人士，偶尔也客串一下环保人士，只不过，客串的代价是一辆奔驰车。9月份，在陈光标自己的工厂里，他亲自遥控着一台机械手，把自己的奔驰车连戳再砸的，给弄了个稀巴烂。对于为什么砸奔驰，标哥有自己的解释：

陈光标：我砸奔驰的目的就是为了唤醒我们整个开大排量车的企业家朋友们，能不能不买大排量车，买了能不能少开。因为大家都看到了，因为地底下的资源一天天变少，再过几十年地底下的石油可能就没有了，那我们的后代用什么？这不是对我们的后代不负责任吗？我砸奔驰车的目的第一个是提醒整个社会来保护我们的环境，第二个目的是让更多的人记住每个月的22日是无车日。

那么在慈善领域如鱼得水的标哥，为什么跨界要做环保呢？那么他为什么由"中国首善"变身为"环保斗士"呢？

陈光标：因为我陈光标这么十来年，一直做企业，唯一的企业就是环保产业，尽自己的所能来将环保产业怎么样做好，我不管人家怎么说，我认为能获取社会的一种对环境保护的意识，我认为环境保护人人有责每个人都有责任义务来保护环境。

此前，陈光标的"高调行善"一直争议不断。这次"高调环保"又是争议颇多，有人称陈光标已经完全成为一个"行为艺术家"。但是，面对质疑，标哥依旧无怨无悔，他表示，他的内心很强大：

陈光标：因为就像我这么多年做慈善，这一生一直没有少过，我只要认为对社会做有益的事情，我一直都没有把这个质疑声说好与坏把它看成一回事，只要我想去做我就去做，只要我不做坏事，我认为我砸这个奔驰车，这是我陈光标自己的车不是别人的车，我砸这个车给社会带了效益，我认为有效益，现在好多企业家早上现在给我打电话，说标哥你这样把大排量汽车一砸我们下次都不好意思坐了，我说为什么？我们坐的话老百姓要骂我了，你看你陈光标都把大排量车砸了，我们坐大排量车当然非常不好意思了对吧，我认为还是起到一定的示范效应，所以今年砸的是奔驰，明年还有宝马也要即将两三年报废，我都把它砸掉。

标哥想办的事儿，没有办不成的。不过，偶尔也会有小例外。在10月份的时候，标哥曾经豪情万丈的表示：我要请5个省的5000户贫困老乡吃年夜饭，不仅吃年夜饭，还要给送年货。他要给老乡们准备10菜一汤，整鸡、整鱼、整鸭，全都网上端，吃完了再送他们米、肉、食用油和电视机，甚至，可以连桌椅都可以一起搬走。不过在最后，他还有个小小的要求，大家要一起唱一首红歌——《唱支山歌给党听》。

不过，后来标哥承认，这个计划泡汤了。这让他很沮丧，因为这是他的慈善生涯中首次因客观原因，而导致计划流产。他为此还特意写了篇《关于取消五省贫困县千人年夜饭活动的说明》，陈光标解释的原因有三个：

一是12月份正值各地政府对全年工作总结之时，工作繁忙，压力较大；

二是每个贫困县安排100桌宴席，没有室内场地可供选择，只能在室外广场进行，但是12月中下旬很多地方气温太低还伴有雨雪，很难操作；

三是时值春节前，举办上千人聚会，要确保食品安全和人员安全的万无一失，对贫困地区也是很大的考验。

看来，标哥也遇到了执行力上的困难。不过，标哥就是标哥，他当即表示将换种新颖的方式，用操办年夜饭及派送年货的善款，继续做慈善："这笔费用大概在400至500万元，具体什么样的方式我现在还在思考之中，想法成熟后一定会给大家一个答案。"

对于陈光标种种离经叛道的慈善行为，并不是所有人都表示理解，李敖的长女李文，就对陈光标的行为进行了残酷的批判，甚至把陈光标与郭美美归为一类，她称陈光标为"陈美美"。

李文：慈善呢，很多都是不公开、不透明的，就变成郭美美，现在变成陈光标，这是我觉得"陈美美"了。那陈光标我觉得他的精神不太正常，我觉得陈光标他是很卑鄙的一个人，因为他是用人脉的关系，是欺诈资产。

看来陈光标的质疑还是很多的，但是陈光标认为自己的慈善不是高调，而是中国慈善事业的需要。

陈光标：我认为在指责和批评陈光标的人，那是他的权利。每个人的观点都不一样，但是我建议呢，在指责批评做慈善的人，首先问自己有没有做，大家都说陈光标慈善是一种高调，我从来认为我慈善方式不是高调这就是当前中国慈善事业的一种需要，需要什么？就需要有更多像陈光标的人来引领、带动更多的人参与慈善，人人奉献爱心。

当然了也不是所有人都对陈光标持否定态度，标哥还是有自己的支持者的，北京大学中文系教授孔庆东就态度鲜明的表示支持陈光标的善意炒作，并且对网络上和媒体上对于标哥的质疑声音表达了强烈的不满：

孔庆东：陈光标的炒作再一次证明了孔老师的观点，炒作分好的和坏的，好的炒作就应该支持，人家是牺牲了自己的利用来炒作，如果你觉得这是不好的话，这是骗人的话，你试试，你把你们家房按五年新价格卖你干不干。我觉得陈光标他不管怎么说，他获得名也好，获得利也好，人家能够把名和利拿出来为大众服务。所以我觉得我们现在媒体上网络上的风气特别坏特别恶劣，当然不是说这些人都是坏人，有些是不懂事的人，不懂事的人还要反思自己，你为啥不懂事，为什么如此没有教养。最根本的就是一条没有爱心，太容易，太习惯于一张口就去伤害别人，不去想一想你自己受到伤害你是一个什么样的滋味。

2011年即将过去，陈光标同志东奔西走，为了慈善事业不辞辛苦。对于他来说，真正纠结的不是是否能够得到大家的认同，而是如何将慈善进行到底。

陈光标：不但永远将慈善高调进行到底，还永远地将环保产业宣传进行到底。

王朝阳：慈善不是一个贵族行为 也不是一个富翁行为

主持人：对于2011年，陈光标的慈善行为用一句话去点评，你会用哪句话。

王朝阳：一路慈善一路歌，确实是这一年非常有特色的一个人，而且确确实实拿出了真金白银，关键是这真金白银让我们看见了，落在那儿了，一落一落的印象非常深刻，刺激非常强烈。

主持人：您觉得在中国这样的环境当中，我们需要像陈光标这样很高调的慈善吗？

王朝阳：我觉得现在中国的这个慈善环境，尤其在今年遭到了破坏，遭到了这个郭美美的破坏，当然不是直接的，或者她的出发点不是这样的，但是客观上产生这样一个印象。其实陈光标我是支持他做这个事情，我觉得也是一个好事，但是我也像其他人一样有一些自己的看法，对于这个拿钱一层层垒起的台阶站到这个道德制高点上的人，我多多少少有一点点，也是会有一点觉得过于另类了。

其实我觉得陈光标他自己认为他是做了一个好事情，做一个榜样，呼吁大家把钱拿出来，包括他自己承诺在死后把所有的财产捐出去，这是一个非常难得的事情。但是其实我觉得这个社会，可能在这个对于慈善的引领上，还需要另外一种榜样，就是说我做慈善的过程当中，我是透明的、真诚的，确确实实是真正的忘我的来做这件事情，而且从中得到快乐，我觉得大家可能更希望看到这样一种情况。

所以如果让我给陈光标提一个建议，我说你既然已经捐了这么多钱，你已经做了这么多事情，但是社会上还是充满了对于你是不是诈捐是不是没有做到位，是不是同时你一边捐钱，一边利用你的名声来赚钱，有这么多质疑，实际上你每做一件事情，每吸引眼球一次，你既做了好事，某种程度上也做了坏事，你可能某种程度上还会伤害慈善。那么我建议你既然你这么做了，所幸你每次在做的时候，你就公布一个我的慈善流程，我哪天怎么做，我做了以后我每次可以固定请一个公证处，或者是请国外的审计师，毕马威也好谁也好，让他全程公证我的透明真实性，那么每次我请一个人来公证，

第一我不需要做任何的解释工作了，因为他已经公证了，甚至于我的钱可以委托监督，这是第一个。第二你可以请政府的公证处做这件事情，这样的话一个最大的好处就是我是真诚的，我是有实力的，第三这些钱是它受到监督的，能够真正到达我想让它到达，需要温暖资金的地方，我觉得这个意义可能更超过了他自我宣传的意义。

主持人：朝阳我们也看到，陈光标一直以来都是一个用我行我素的方式在做慈善的人。他也一直在探讨，刚才我们也听到这个录音的最后，他说在考虑如何将慈善高调进行到底，这是不是也预示着从另外一个层面来说，他的这种行为我们可以做另外一种解读，他在期待外界对于他这种慈善方式的认可。

王朝阳：我非常赞同他一个观点就是说，一个人小的时候，对他长成年人以后的行为绝对是有影响的，他自己也说他有小红花心结，他10岁的时候得了一朵小红花，因为他自己卖水挣了钱替同学交了学费之后，老师给他一朵纸做的小红花，他贴在脸上觉得非常幸福非常有自豪感，这是一件好事情。但是我想这个里面可能他的自我的满足感觉在他看来是非常重要的，因为他觉得他有力量来做一件他认为应该做的事情，我觉得这是一个很好的事情。

但是现在你已经成为一个社会行为，甚至于你有意识走到媒体前面来想要做出一些引导行为的时候，你应该考虑更周全一些，而不完全是一个我想怎么做就怎么做的情况，实际上如果从个人心灵上的这种平静和满足上来讲，也有人从佛教观点上来

说，不要过于着像，要破于执着性，这样更能让人感觉到做慈善行为心灵的纯净和温暖。

主持人：中国的慈善，其实陈光标也给我们敲了一个警钟和一个思考，留了一个思考，我们该如何做慈善？

王朝阳：我记得有一个故事，但是我忘了是哪一位人的故事了，就是说他走在路上遇到一个乞丐，这个乞丐向他伸出了手，这个人摸了摸身上发现没有钱，就上去握住他的手说，他说对不起兄弟，我确实没有钱，我只能给你一个握手。

这个故事让我印象非常深刻，实际上我们每个人都有能量帮助别人，我可能从精神上帮助你，但是现阶段可能物质上的帮助更直接一些，所以我想慈善不是一个贵族行为，也不是一个富翁行为，它是每个人都能做的事情。但是现在我觉得从政府尤其是企业家，因为他有实力有能力做这件事情，每一个有能力参与这个事情的人，大家应该共同营造一个透明的，让人诚信透明的，可以监督的这样一个环境，这个比什么都重要，所以就像为什么说郭美美把红十字的品牌带来了一个影响，最后关键还是在于整体的营造和维护。

（《北京广播网》2011年12月24日，作者王朝阳）

对陈光标"反思"的再反思

据《新安晚报》报道，一向高调行善的陈光标要低调了。日前，新年第一天上班的陈光标向记者透露，龙年将是"低调之年、反思之年、休息之年"，做慈善将不再高调。陈光标还表示，将在未来两到三年的时间里，减少八成媒体曝光率。

既然要反思，顾名思义，就是做了不对、不妥、不当的事情，然后就是总结和改正。但对于高举慈善大旗的"中国首善"陈光标来说，他到底有什么地方需要反思呢？难道高调行善也是一种错吗？所以，在笔者看到这则新闻的时候，反而觉得陈光标的反思，更加值得我们"再反思"。

在公众的眼里，高调慈善几乎成为陈光标的一个身份标签，这样的慈善行为确实有些另类，因为我们从小接受的就是做好事不留名，帮助别人也不留名的教育，而陈光标的行为，显然和我们的传统认知格格不入。

正因如此，高调行善的陈光标在被鲜花和掌声围绕的同时，也一直被争议和质疑追随。有人说他高调是为了炒作自己，有人说他行善的背后有商业目的，说身处慈善事业风口浪尖的陈光标没有压力，没有困惑与烦恼，那是不可能的。这样问题就来了，如果陈光标现在的低调和反思，正是源于外界的压力和困扰，是社会慈善事业的幸还是不幸？答案无疑是后者，因为他的低调，只是一种"被低调"，反思也只是一种"被反思"。

笔者以为，慈善不仅仅只有一种颜色，也不仅仅只有一种面孔。至于到底是高调慈善，还是低调慈善，完全取决于行善者的意愿，只要他们的慈善行为没有背离慈善的宗旨，确确实实帮助了别人，温暖了社会，那么我们就应该秉持宽容和理解的心态来看待他们行为本身的高调或者低调。如果因为我们基于旧有认识的误读，而迫使陈光标们"被反思"被低调"，则我们就是在伤害慈善，伤害那些有志慈善的人。

起码截止到目前为止，高调行善的陈光标，没有做伤害慈善事业的事情，他的诸多慈善行为和慈善活动，在帮助了很多人的同时，也让慈善的概念更加深入人心，更加为世人所知。所以，面对陈光标的反思，需要进行"再反思"的，恰恰是你，是我，是我们这个社会。

（《经济参考报》2012年2月2日，作者苑广阔）

陈光标在《人民日报》撰诗怀念雷锋用意何在

说道陈光标，我们都知道他是一位全国知名的慈善家，同时也是一位备受争议的慈善家，他之所以备受质疑和争论，皆因在行善的过程中喜欢自我宣传，甚至用常人所不能接受的方式来标榜自己，显示自己。在人们的印象中，陈光标不但在行善的过程中喜欢标新立异，哪怕在工作和生活中也是一个不按牌理出牌的人，人们的传统思维都会在他不拘一格的言行中彻底被颠覆。对于这样一位慈善家，人们往往预料不到他的下一张牌会如何打出来，因此无论是传统纸媒还是网络媒体始终都保持着对他的关注度。

这一次，陈光标又一次吸引了人们关注的目光，但是与以往不同，这次不是因为他做个什么标新立异的慈善，而是以一位诗人的面目出现在最具官方权威的报纸——《人民日报》"文化专版"上。而这次《人民日报》也一改以往只在副刊发表诗歌作品的传统，在一个专门发表文化新闻的版面上破例为陈光标刊登了一首追忆雷锋的诗歌《怀念雷锋》。在这首怀念雷锋的诗歌中，陈光标着重表达了一个观点即"雷锋精神已经成为民族精神的一部分，我们的时代，需要雷锋精神！"其实就文采来说，这首诗并没有太出众的地方，陈光标只是罗列了以往人们熟知的一些关于雷锋的主要事迹，所要表达观点也是人们所熟知的，更是以往媒体大力弘扬的。那么，在3月5日"雷锋日"即将来临之际，陈光标这个时候撰写怀念雷锋的诗歌，并且被最权威的报纸以特别方式刊登在"文化专版"上，人们不禁猜想，陈光标想要表达什么，此时《人民日报》在文化版发表陈光标的诗歌又是想弘扬什么？

雷锋是中国以往扶贫济困的一个符号，陈光标应该算是新时代的一个扶贫济困的符号，这两个具有特定意义的"符号"相互"碰撞"出的火花能否照亮现实社会，能否换回社会公众的道德和良知，我想这也是陈光标最想表达的主题，同时更是《人民日报》倡导"雷锋文化"的真实用意。

（转摘自新华网发展论坛，2012年2月17日载话八仙文）

陈光标写诗怀念雷锋具有代表意义

全国道德模范陈光标在人民日报上写诗怀念雷锋。有人认为能在人民日报刊发的诗作，应该具有高度的"意境"，多为名家笔下的精心之作，并可以给天下读者以美好的熏陶。陈光标先生把雷锋生平事迹的简单罗列，也算诗歌作品？

首先，质疑陈光标写诗怀念雷锋，是出于对雷锋、陈光标和人民日报的尊重，这一点值得肯定。但有一点需要商榷，陈光标写诗怀念雷锋，其价值不在于文字之内，更具有较大的代表意义。

从1963年毛泽东同志题词"向雷锋同志学习"，49年来，雷锋精神得到了几代国人的传承，迄今仍经久不衰，让人效法，催人奋进。事实求是地讲，受一些不好的社会风气的影响，尤其是以"彭宇案"为拐点，对社会道德该如何传承，引发了人们的争论和反思，见义勇为、助人为乐暂时受到影响。社会急需有一种形式来推动和弘扬中国传统美德，让见义勇为、助人为乐回归，而学雷锋恰是符合这个要求。

既然学雷锋是弘扬见义勇为、助人为乐等主流道德的应有之义，就需要通过一定的形式、一定的人来呼吁开展，带头示范。媒体有义务来搞一些策划宣传，在全国营造一种人人学雷锋的良好氛围，这也是媒体的社会责任。而寻找一些在实践雷锋精神方面做得好的单位、个人，在媒体上进行宣传，或者由这些单位和个人进行宣传，也是媒体惯用的手法。

对于陈光标，是中国公认的首善，8亿多的捐赠已经证实他行动的巨人。根据以往他的行动来看，积极响应政府号召，多行公益之举是他的显著特点。一般是在高调宣传后，陈光标都会有大的行动，给社会和民众一个惊喜。推想人民日报正是看到陈光标这一点，才会在学雷锋这个事情上，发表了陈光标的诗，树一个标杆。

陈光标写学雷锋诗，彰显以他为代表的新一代企业家对雷锋精神的呼唤，完全符合主流价值观。这必将在神州大地唤起学习雷锋精神的春风，能引起更多优秀企业家深入学雷锋，进而促使社会更和谐。榜样的力量是无穷的，我们期待优秀企业家们的身影出现在学雷锋的行列中。

（《齐鲁网》2012年2月20日，作者张洪泉）

方式需改进不是拒绝颁奖的理由

日前，慈善领域政府最高奖"第七届中华慈善奖"拟表彰名单公示结束，此前已连续六次获得该奖项的知名慈善家陈光标很可能首次"出局"。（3月31日《钱江晚报》）

对于连续六次获得中华慈善奖的陈光标来说，这次可能要面临着滑铁卢的局面。第七届中华慈善奖评委、中民慈善捐助信息中心副主任刘佑平向记者表示，对于陈光标的慈善爱心，他个人一直很敬佩，但陈光标的一些慈善方式，确实有需要改进的地方。

刘佑平个人的表态，真是让人一头雾水摸不着头脑。对于陈光标这次不能获奖，到底是什么原因导致的。而且陈光标连续六次获得中华慈善奖，这次为什么功亏一篑。难道是有关部门的评选规则有变。就是有关部门的评选规则有变，也应该及时公开地告知全社会。在不告知全社会慈善奖评选规则有变的情况下，就用新的评选标准替代原来的评选标准，就有暗箱操作的嫌疑。

陈光标有需要改进的地方，有关人员却又不明确指出来，陈光标到底在什么地方需要改进。这样的有需要改进的地方，确实让人很难揣测其背后的动机和目的。网友jnmc100在跟帖中表示，很明显吗，陈光标的行为使那些人捞不到好处，无法资助那些富人，当然无法当选了！"评委称其方式需改进"，评委啊，你能再直白一些不！

网友jnmc100的表态，未必就是有关部门拒绝为陈光标颁奖的真正理由。然而从有关部门闪烁其辞的表态来看，也确实有某些不可告人的难言之隐。陈光标的个人慈善行为,直接针对需要帮扶的困难群体,也就省却了一些慈善部门不必要的麻烦。对于那些雁过拔毛的慈善部门来说,省却的不仅仅是一些麻烦,同时省却的也包括某些对慈善拔毛的环节。

然而慈善不管通过什么方式来表达,慈善不管通过什么管道来流通,都是一种对于社会的无私的奉献。某些政府组织不能因为自己的好恶,更不能因为牵扯到本部门的利益,而用扭曲的慈善标准来衡量慈善。而且某些政府组织在规则不透明情况下,就以确实有需要改进的地方来扼杀慈善,更是远离慈善的本意和要求。

(《中国江西网》2012年4月2日,作者季建民)

放大慈善效应需要陈光标的"高调秀"

今天上午，我国慈善领域政府最高奖第七届"中华慈善奖"获奖名单正式公布，记者仔细查阅了民政部最终确定的第七届"中华慈善奖"获奖者名单，确认此前已经连续6次获得该奖项的知名慈善家陈光标最终"出局"。（4月9日法制晚报）

陈光标无论获不获"中华慈善奖"，都不影响公众对他的看法；慈善事业看的是效果，不管是高调还是低调，高调的巨额捐赠要比低调的不捐赠或者少捐赠要强得多，这个社会需要慈善，慈善需要光标秀。

低调做人是中国人的传统立世修身之道，历来为为一些人效法。毫无疑问，低调在生活中是一种韬光养晦的策略，而且具有攻守兼备、收发自如的优势，往往更容易给人一种谦虚的感觉，进而获取别人的帮助和支持，使低调之人左右逢源。做人的心态、姿态、行为、言辞等方面高调，往往会让人感觉不成熟。而陈光标多年高调慈善，恰好与中国几千年来的"低调风"相左，所以容易被误解为张扬、做秀，让一些人感觉不舒服。

慈善是一个社会性的公益活动，需要有更多的人来参与、奉献、支持。做好事不留名固然值得为人称道，但是往往不利于楷模的树立，和好风尚的弘扬彰显，无法吸引更多的人参与到慈善事业中来。陈光标高调慈善，颇具有示范作用，让更多的有钱人知道，有人拿出如此多的金钱和精力进行慈善，我们为什么不能做呢？

作为"中华慈善奖"，是一种奖励，更是对慈善家的一种鼓励。而像陈光标这样捐赠10多个亿的慈善家，肯定不是看着这个荣誉来搞慈善的；10多亿来买一个奖励，也有点太贵了。如果以为没给陈光标给发"慈善奖"，会影响他行善，那可就大错特错了，事实上，陈光标也不需要"中华慈善奖"，连续六年获此奖励，再获得已经没有实际意义。

其实，慈善的高调和低调只是一个人的性格使然，没有好坏之分。陈光标多年来一直持续不断做慈善，帮助他人，喜欢亲力亲为，冲在第一线高调做慈善。当然，作为人之常情，作为一个慈善家，陈光标也"希望自己的慈善行为得到社会的赞誉和肯定"，这本无可厚非。在一个不图钱的人面前，给人家个荣誉又有什么不可以的呢？

现实慈善中，很多人没有把心思放到如何把慈善事业管理好、引导好，使慈善发扬光大上，而是去琢磨陈光标慈善的高调和低调，这是一个很危险的信号。决定"中华慈善奖"的应该是捐款具体的数字，而不是高调或者低调，这是一个舆论导向问题。

（《西部网》2012年4月11日，作者张洪泉）

陈光标式的"打假慈善"给我们哪些触动

看中央电视台体育频道，经常被观摩体彩摇奖。因为不舍下边的节目，所以不得不看那几个欢快的小彩球。至于那些数字，对本人不具有丝毫的魅力。然而，一个朋友对这个节目的关注却让我对这几个小彩球的印象产生了质的飞跃。只见他双手合十，念念有词，单等某个彩球即将出现时忽然大声叫喊，双脚离地，然后是一声极为失望的叹息。旁边的妻子不屑地说，彩票快让他疯了。每当奖池中出现千万、上亿元的大奖，他都哀叹自己那么多投入为何只偶尔得一些虾米小鱼似的"安慰奖"。笔者用数学概率开导了他一番，看上去不见效果。

此后，彩民朋友的疯狂连同那几个小彩球一直在眼前萦绕。尤其是看到市场上某些企业不规范的行为明知眼露地大行其道时，笔者就在想，他们的违规内幕为何就不能被揭发呢？是揭发他们的成本太高，还是利润太低？或者是保护他们的成本太低，利润太高？国家是否可引入彩票那样的奖励机制，让关注并揭发市场上的违规行为也可以产生一夜暴富的机会。

然而，市场经济的常识告诉本人，只有成本与利益考量才是鼓励公民参与市场规范的最基本的路径。因为，市场就是利益场，不会融入宗教意识。所以，也就不大可能有公益和慈善的行为成为市场规范的手段。

但是，中国首善陈光标的打假义举改变了笔者的观点。

央视曝光"问题胶囊"事件后，江苏黄埔再生资源利用有限公司董事长陈光标在个人微博上设立了举报邮箱。他说："我设立了'人民至上'邮箱，凡是向我们举报黑心产品的，我们将给予重奖，奖励从1万元至百万元不等，已经曝光的不算，钱由公司出。奖励程度根据举报事件的危害性而定。如果网友愿意公开接受奖励，那最好，如果不愿意，我们也可以私下给。"

陈光标说："看到（问题胶囊）电视节目后，心里非常难过，所以就想到设举报邮箱。"对于奖励额度问题，要根据举报线索的社会危害性而定，社会危害性越大的事件，举报奖励越高，甚至可以达到百万元。

陈光标设举报邮箱，是因看到"问题胶囊"新闻后受触动。但是，看到"标哥"的义举，受触动的又该是谁呢？

陈光标的行为仍然没有脱离慈善的轨道。只不过，这次他要资助的是违法行为的"告密者"，而不是社会底层的贫困者。其中差别是，在扶贫的捐助中，他要尽量摊薄慈善的饼，以保证更多的人得到周济；在打假奖励中，他要加大奖励砝码，以保证对社会危害巨大的事件被举报。从不会有被周济的人瞬间富裕，但是，举报得奖却可以一夜暴富。对比之中，也让我们对"标哥"的慈善之举产生新的认识。

在以往的慈善活动上，"标哥"的高调与不加遮拦很是迥于国情下行事的人们，以至于这些活动中最能表现"标哥"之灿烂的部分，往往被用来揶揄和嘲笑。在人人都知道慈善比冷漠好的国度里，陈光标的慈善却不被认可，以首善之举，却徘徊于主流慈善之外。当我们善意地建议"标哥"适当调整慈善方式之时，也不免为我们的文化中缺少的部分留一声叹息。

然而，"标哥"此次以打假的方式慈善并非低调，却引来一片叫好之声。究其原因，是造假之害已成公共祸患，设立打假奖金无疑是"标哥"自费为社会扫除公害。其实，在扶贫的慈善中，"标哥"何尝不是在扫除公害。但是，贫困作为社会公害其表现是长期和隐秘的，而类似食品造假这样的公害已经危及每一个人当下的生存。因此，"标哥"的义举立刻得到掌声。

面对陈光标最高百万元，甚至还可以奖励一部豪车的举措，我们不能不翻检一下各地区政府部门的相关奖励政策。据说，有的地方已经把最高奖励金额调到20万元。但是，支撑奖励金额的计算方式却基本是罚款额度。在政府可以获得一大笔处罚的前提下，奖金却要设定上限，这被许多专家所批评的办法至今不见改变。

陈光标把奖金与社会危害度挂钩，那么，政府奖励举报是否可以不仅仅与处罚金额挂钩，或者，既然与处罚金额挂钩，是否可以不设上限，以切实形成"重赏之下必有勇夫"的态势。陈光标自掏腰包，可以最高奖励举报人百万，一下子举报者蜂拥而至，让他有即将破产之慨。政府部门不用自掏腰包，只需把处罚被举报者的违法所得拿出一部分奖励举报，那么，取消上限，鼓励举报，何乐而不为呢？

（《中国质量报》2012年4月25日，作者杨荣坚）

2011年中国企业家网络声誉榜单

★2011年中国企业家网络舆论关注度排行榜★

排名	人物	身份	热点事件	关注度
1	陈光标	黄埔再生资源利用董事长	捐款支援云南盈江、日本地震灾区、台湾慈善感恩之旅、"无车日"提倡绿色出行、贵州毕节慈善演唱会	98.5
	马　云	阿里巴巴董事局主席	阿里巴巴"欺诈门"、支付宝股权转移风波、淘宝商城提高年费遭卖家抗议、为员工提供30亿置业无息贷款	98.5
3	任志强	华远地产董事长	卸任华远集团董事长	95.4
4	潘石屹	SOHO中国董事长	遭宋丹丹微博炮轰、"潘币"、PM2.5	95.0
5	宗庆后	娃哈哈集团董事长兼总经理	两会建议房屋产权满70年无偿续期	94.8
6	雷　军	小米科技董事长兼CEO	小米手机上市热销	91.6
7	马化腾	腾讯董事局主席兼CEO	为员工提供10亿置业无息贷款	90.8
8	李彦宏	百度董事长兼CEO	2011福布斯大陆首富、百度文库版权纠纷	90.7
9	任正非	华为董事长	华为实行轮值CEO制	90.5
10	刘强东	京东商城董事局主席兼CEO	京东商城拟赴美上市融资、关闭个人微博	89.0
11	史玉柱	巨人网络董事长兼CEO	斥巨资增持民生银行、"史上最贵微博"	84.4
12	李国庆	当当网CEO	微博炮轰投行	83.9

排名	人物	身份	热点事件	关注度
13	丁 磊	网易CEO	投资养猪、卖红酒	83.6
14	柳传志	联想控股董事长	卸任联想集团董事局主席	83.4
15	张朝阳	搜狐董事局主席兼CEO	微博直播大S婚礼引发纠纷	82.2
16	陈天桥	盛大董事长兼CEO	盛大退市私有化、酷六网裁员风波	81.5
17	王功权	鼎晖创业投资基金合伙人	微博宣布"私奔"	79.2
18	梁稳根	三一集团董事长	2011胡润中国首富	72.3
19	张大中	国美电器董事长	担任国美电器董事长	70.6
20	王 微	土豆网创始人	土豆网在美上市	68.5

说明：①关注度=0.4×新闻指数+0.2×论坛指数+0.2×博客指数+0.2×微博指数，新闻、论坛、博客、微博指数均为功能指数。②数据监测的网站范围：新闻报道：包括网络媒体、报刊电子版；论坛：以天涯论坛、凯迪社区、人民网论坛、凤凰网论坛、新浪论坛、腾讯社区为主；博客：以新浪博客、网易博客、搜狐博客、百度空间为主；微博：以新浪微博、腾讯微博为主。③数据监测的时间范围：2011.1.1—2011.12.31。④数据来源于人民网舆情监测室。

◆**重量级排行榜等榜单引舆论热议**。在关注度排行榜榜单里，陈光标作为"中国首善"、李彦宏作为"2011福布斯大陆首富"、梁稳根作为"2011胡润中国首富"分别都引发了大量的关注。福布斯富豪榜、胡润富豪榜引发舆论对企业家个人财富及创业经历的热议。

◆**舆论高度重视企业家社会责任**。通过上榜企业家2011年的热点事件可以看出，慈善捐款、关爱员工、建言民生等企业家践行社会责任之举，备受舆论关注，如陈光标支援云南盈江及日本地震灾区、马云为员工提供30亿置业无息贷款、马化腾为员工提供10亿置业无息贷款、宗庆后两会建议房屋产权满70年无偿续期等。

★2011年中国企业家网络舆论美誉度排行榜★

排名	人物	正面舆情事件	舆情点评	美誉度
1	陈光标	云南盈江、日本地震灾捐款、台湾慈善感恩之旅、"无车日"提倡绿色出行、贵州毕节慈善演唱会	高调慈善获多数网友力挺	90.0
2	曹德旺	史上最苛刻捐款	开启中国慈善问责先河	88.7
3	张近东	两会建言家电惠民政策	人大代表关注民生获舆论肯定	84.1
4	宗庆后	两会建议房屋产权满70年无偿续期	"为民请愿"广受网友赞誉	84.0
5	柳传志	卸任联想集团董事局主席	二次隐退获舆论高度评价	83.9
6	任正非	华为实行轮值CEO制	制度创新获舆论肯定	83.8
7	张瑞敏	人单合一商业模式创新	创新精神受舆论推崇	83.5
8	雷军	小米手机上市热销	本土手机网络营销成功案例	83.2
9	黄怒波	1亿美元投资冰岛开发旅游项目	舆论聚焦"诗人"企业家创业史	83.1
10	张勇	诚恳回应海底捞骨汤"勾兑门"	危机应对正面教材	83.0

说明：①美誉度是指特定的正面舆情事件给企业家网络声誉带来的改善与提升程度，其分值越高，企业网络声誉越好。②美誉度=正面舆情事件关注度指数+正面舆论评价度指数。其中，关注度指数=权重×log（事件关注度分值）；评价度指数=100×正面评价占比。

◆**企业家投身慈善事业获舆论好评**。在2011年美誉度排名前10位企业家中，陈光标、曹德旺因慈善捐款赢得了媒体和网友的好评。

陈光标积极发起春节行善捐款活动，并参与云南、日本、台湾等地抗震救灾，高调慈善获得多数网友力挺；曹德旺用"史上最苛刻捐款"的方式，开启了中国慈善问责的先河。

（人民网《网络舆情》（企业版），2012年第13期，4月9日）

附

江苏黄埔再生资源利用有限公司
企业发展质量报告

以科学发展为主题、加快转变经济发展方式为主线，是"十二五"期间我国经济社会发展的主题和主线，也应是各类企业发展的主题和主线。只有各类企业加快转变发展方式、切实提高发展质量，发展之路才能走得又好又快又稳，才能为国民经济整体发展方式的转变和发展奠定坚实的微观基础。江苏黄埔再生资源利用有限公司围绕着科学发展的主题，走过了8年的企业健康发展之路。

一、企业发展概况

江苏黄埔再生资源利用有限公司成立于2003年，致力于发展循环经济、绿色经济、可再生资源回收、加工和再利用。公司创办8年来，贯彻落实科学发展观，投入"节约型社会"建设，借鉴国外先进经验，引进先进设备，利用技术优势，提高资源利用效率，发展循环经济，变废为宝，初步形成以资源节约型、清洁生产型、生态环保型为特征的发展格局，实现了良好的经济效益和社会效益，为社会作出贡献，公司实现了又好又快发展。

公司拥有全国唯一一家省级建筑垃圾再生利用工程技术研究中心，2011年又在此基础上申报了国家建筑再生资源利用工程技术研究中心，并获科技部等单位的大力支持。多年来，公司先后承担了商务部4号、5号老办公大楼拆除工程、央视过火楼网架拆除工程、迎国庆60周年长安街拓宽改造工程、奥运会后辅助设施拆除工程、四川灾后活动板房的环保拆除工程以及国家"抓大放小、淘汰落后产能"范围内多家大型电厂、化工企业搬迁改造工程等，取得了良好的工程信誉。

公司倡导"分享、交流、达成"的工作氛围，以人为本，积极建设社会主义"和谐企业"。公司注重发挥人才的特长，鼓励员工创新，积极吸纳下岗职工、退伍军人和欠发达地区农民工就业，目前已安置下岗职工、退伍军人和农民工近千人，促进了社会稳定，逐步形成一个拥有核心竞争优势、敏锐创新思维和特色企业文化的知名品牌——江苏黄埔。

在做好企业经营的同时，公司还在董事长陈光标的带领下积极履行企业社会责任，本着"雪中送炭"的精神，围绕"基础教育、孤残儿童、老少边穷和突发灾难"四个方向进行捐助，履行了企业的社会责任，获得了极佳的社会美誉度。

因在经济建设和社会责任履行方面的突出贡献，公司荣获了全国总工会"五一劳动奖状"、"全国抗震救灾工人先锋号"，"中国诚信示范单位"、"中国最具生命力百强企业"等荣誉称号，还被江苏省政府授予"重合同守信用单位"称号。

二、企业发展质量解析

黄埔公司的发展凝聚了公司董事长陈光标和全体黄埔员工的心血与汗水，公司能够取得今天的发展成就，归纳起来主要得益于以下几点：

（一）守法经营，诚信立业。

依法依规经营是企业安身立命之本，是企业健康发展的基石，是企业经营的底线，也是企业发展质量的底线。黄埔公司自成立以来，就严格遵守法律法规，照章纳税，严格执行国家有关劳动保护与安全生产的规章制度。公司始终坚持业主利益高于一切的原则，诚信做企业，多年来均能保质保量按时完成业主交给的任务，从未收到过一起投诉。

公司作为工程施工企业，安全生产是企业可持续发展的前提条件。为此，公司坚持以人为本的科学理念，视安全为效益、安全为信誉、安全为竞争力，采取一切手段强化安全管理，调动一切力量抓好安全生产。公司每承接一项拆除工程，在进场前都要进行严格的安全教育和安全交底，并为员工配发安全帽、安全带等防护器具，并在施工场区悬挂醒目的安全宣传标语，营造"人人事事保安全"的氛围。公司还在为员工缴纳社保、医保等的基础上，为一线职工办理了人身意外伤害保险。公司成立以来，承接了数百项拆除工程，从未发生过安全责任事故，受到了业主的一致好评，并授予公司"安全无事故单位"等多项荣誉证书。

（二）致力于固体废弃物的再生利用技术研究与利用，打造企业的核心能力。

黄埔公司从事的再生利用产业属于"朝阳产业"，也符合国家可持续发展、绿色发展的政策要求，但也正因为其是一个新兴的产业，发展水平还不高。以建筑垃圾的再生处理为例，我国对建筑垃圾的再生利用研究起步较晚，目前对建筑垃圾的处理仍停留在较低水平，建筑垃圾处理及资源化利用技术水平落后，缺乏新技术、新工艺，而且设备落后，以至于很多建筑垃圾除废旧钢筋和部分木材被回收外，其余的大都采取混合填埋和焚烧的方式处理，既污染环境又危害人们健康，还有些地方将建筑垃圾随意堆放，不做任何处理，这不仅严重浪费了资源，而且造成了更严重的环境污染。

为全国知名的环保拆除企业，黄埔公司近年来在城市建筑垃圾再生利用方面进行了积极有益的尝试。公司联合知名科研机构和国际先进设备制造商，走出了一条建筑垃圾现场破碎、筛分，形成商品级再生集料直接提供利用的建筑物拆除"零排放"再生循环利用之路。

黄埔公司的具体做法是：采用水压、液压、静态预裂爆破拆除法等国际先进的拆除工艺对建筑物进行控制性拆除，使建筑垃圾尽可能地分类、分层堆放，以便于后道工序的分类处理，从源头上提高建筑垃圾的回收利用效率；将拆除下来的建筑垃圾按类别利用移动式破碎筛分设备在拆除现场进行处理，按照不同用途制成不同粗细的再生骨料，可用于生产相应强度等级的混凝土、砂浆或制备诸如砌块、墙板、地砖等建材制品；粗细骨料添加固化类材料后，还可作为三合土用于公路路面基层的铺设；渣土可用于筑路施工、桩基填料、地基基础等。对于公司承接的爆破工程，也在现场对爆破后的土石方进行筛分破碎，将可利用的石料破碎提取后用于建筑行业，碎石可用于填海等施工使用，渣土可用于制备三合土等。

黄埔公司以其丰富的施工经验结合科研院所的科技实力，于2010年成立了全国首家省级建筑垃圾再生利用工程技术研究中心，并在此基础上申报了国家级建筑再生资源利用工程技术研究中心，相信以此为平台，黄埔公司一定能够进一步充实其核心能力，为企业发展奠定坚实基础。

对生活垃圾的处理是黄埔公司致力发展的又一项核心能力。生活垃圾处理尤其是其中的PS（俗称泡沫）处理已经成为社会性问题，亟待解决，尤其对于四川地震灾区大量板房中存在的PS白色泡沫的科学处理，更为很多人关注，为此，黄埔公司联合高校等科研机构进行技术开发，并在绵阳筹建了科技研发中心，对上述生活垃圾和废旧泡沫塑料的处理技术进行研究。

在城市生活垃圾处理方面，公司采用了国外先进微生物处理技术，对垃圾在降解器内进行动态发酵，使其最终成为符合国家标准的粉状初级有机肥。该处理工艺将垃圾中可降解物和不可降解成分都进行了全量化处理，并且最终都形成原材料或产品，不存在二次填埋；同时对在处理过程中产生的异味气体和对土壤最有危害的渗滤液进行科学处理和回收再利用，因此达到零排放，避免了二次污染产生。

对废旧PS即聚苯乙烯的处理，同样采用国外先进技术，通过特殊工艺对其进行密化处理最终形成化工原料聚苯乙烯颗粒。对在处理过程中产生的气体进行科学处理，达到零排放。此技术可以及时、集中对大批量废旧的泡沫塑料进行规模化处理。

（三）投身公益慈善事业，彰显有道德的企业公民形象。

慈善精神是公司企业文化的亮点。这与公司董事长陈光标先生多年来一直积极投身慈善公益事业分不开。公司作为从事再生资源利用的环保型企业，享受国家税收减免的政策，把企业利润的30%～40%拿出来与社会分享，帮助那些需要帮助的人，并形成了制度，每年初公司财务预算中，慈善公益事业的预算开支，稳定在利润的30%～40%之间。在陈光标董事长的带领下，江苏黄埔公司坚持"在公司有投资业务的地方不作捐赠，在公司有捐赠的地方不作投资"的捐赠原则，本着"雪中送炭"的精神，围绕基础教育、孤残儿童、老少边穷和突发灾难四个方面进行捐助。

公司本着量力而行的发展原则，从未向银行贷过一分钱，都是依靠企业自身的利润扩大再生产，这也保证了公司慈善捐赠的底气。从公司创立之初几万元的捐款，到如今十多亿的捐赠总额，公司的慈善脚步一刻也没有停息。

（四）打造"黄埔人的大家庭"，彰显对员工的企业关怀。

履行企业社会责任同样需要内外兼修。如果说投身公益慈善活动是"外修"的话，那么处理好员工关系，建立员工对企业的归属感就是"内炼"了。

多年来，公司给予员工丰厚的福利待遇，树立起"公司是我家，发展靠大家"的内部氛围。前几年，在金融危机的背景下，公司不但没有裁员，还因工程任务饱和，又招聘了500多人，如今，公司员工已有4000多人。公司招聘的人中有很多是退伍转业军人、农村剩余劳动力，还有城市下岗工人，对促进就业作出了应有的贡献。公司与在职人员全部都签订了劳动合同，同时工会代表职工与公司签订了集体合同。公司为全体员工办理了社会保险，免费提供中、晚餐，为外地员工提供集体宿舍，员工生日，都会为其订购生日蛋糕并发放礼品券及生日贺卡。正因为此，公司与员工一直保持了和谐的劳动关系，至今没有发生过任何劳动争议，公司的员工也很认同公司的企业文化。

（五）倡导企业环境责任，做节能减排的标兵。

无节制地浪费能源资源、破坏生态环境的发展必然引起大自然对人类的报复。节约能源资源、保护生态环境，既是国民经济宏观可持续发展的必要条件，也是每个企业微观可持续发展的最终约束条件，清洁发展是可持续发展的必由之路。黄埔公司成立以来，就一直坚持环保发展、循环发展的原则，无论是发展建筑垃圾的再生利用技术，还是对生活垃圾处理和PS板处理技术的研究，公司核心能力的发展无不围绕着变废为宝、保护环境的宗旨。诚如公司董事长陈光标先生所言，我们的发展不能以牺牲子孙后代活下去的条件为代价。

综上所述，遵守法律法规、依托核心能力、具有高质量产出和理想效益、有利于环境和社会的企业发展才是高质量、可持续的发展。江苏黄埔再生资源利用有限公司通过多年来的发展正是这样一种高质量、可持续的发展。

（原载于2011年12月6日《人民网》）

图书在版编目（CIP）数据

陈光标如是说/陈光标著. —北京：中央文献出版社，2012.8
ISBN 978-7-5073-3616-0

Ⅰ.①陈… Ⅱ.①陈… Ⅲ.①陈光标—生平事迹②社会
科学—文集 Ⅳ.①K825.38②C53

中国版本图书馆CIP数据核字（2012）第191525号

陈光标如是说

著　　者/陈光标
责任编辑/董振瑞　彭　勇
封面设计/彭　勇
责任印制/寇　炫

出版发行/中央文献出版社
地　　址/北京西四北大街前毛家湾1号
网　　址/www.zywxpress.com
邮　　编/100017
销售热线/66513569、63097018、66183303
经　　销/新华书店
排版印刷/北京汇林印务有限公司

680×960mm　　16开　　29.5印张　　350千字
2012年8月第1版　　　　2012年8月第1次印刷

ISBN　978-7-5073-3616-0　　　　定价：50.00元